Bildnachweis:
Archiv Klaus Ampler (Schuenke S. 24; Rowell S. 31, 33, 35, 69, 70, 77, 84, 103, 122, 143, 146, 177, 186; Rohrlapper S. 59; Hänel S. 81, 133, 135; Sefeloge S. 85; Glocke S. 125; Ciesielski S. 140; Eckstein S. 158; Dabrowicki S. 166; Sarnowski S. 190; Schulze S. 211; Behrend S. 220; Schmidt S. 227; Märtin S. 231, 234, 235, 236, 238, 245, 249; Gohr S. 246)

Nicht alle Urheber der Fotos konnten ermittelt werden. Berechtigte Honoraransprüche bleiben erhalten.

Bei allen kursiv geschriebenen Textabschnitten handelt es sich um Zitate aus den über Klaus Ampler angefertigten Berichten des Ministeriums für Staatssicherheit. Besonderer Dank gilt den Mitarbeitern der Birthler-Behörde in Leipzig für die Bereitstellung der Unterlagen und die Unterstützung bei der Recherche.

Impressum:
1. Auflage 2005

Herausgeber: Klaus Ampler / Roland Ebert
Autor: Klaus Ampler
Layout / Satz / Druck: dmz Druckmedienzentrum Gotha
Langenscheidtstraße 5, 99867 Gotha

ISBN 3-9808816-9-5

Für Wolfang!

KLAUS AMPLER

Mein Leben für den Radsport

Gute Unterhaltung beim Lesen dieses Buches, alles Gute zum „75." und weiterhin Freude an sportlicher Betätigung wünscht Ihnen vielmals

Ihr

11.11.06

AUTOBIOGRAPHIE

Inhalt

Vorwort

Ich bin in den letzten Jahren immer wieder gefragt worden, wann ich denn einmal meine Biographie veröffentlichen würde. Da ich jedoch kein großer Schreiber bin, war mir der Gedanke daran, meine zahlreichen Lebensgeschichten zu Papier zu bringen, nicht besonders angenehm. Dennoch schienen mir die ständigen Nachfragen zu bestätigen, das durchaus ein Interesse daran besteht und so habe ich mich nun doch entschlossen, meine Erinnerungen an die Kindheit, die Zeit als Leistungssportler und an die als Trainer endlich einmal niederzuschreiben.

Die Fülle an Ereignissen, die große Anzahl von Rennen die ich als Aktiver selbst bestritten habe, oder als Trainer am Steuer eines Begleitfahrzeuges erlebte, lässt eine vollständige Darstellung natürlich nicht zu. Ich habe die meiner Meinung nach wichtigsten Ereignisse zusammengetragen, anhand derer auch die Entwicklung des Radsports im Osten Deutschlands nachvollzogen werden kann. Dabei konnte ich auf die Unterstützung einiger Mitstreiter von einst zurückgreifen, denen an dieser Stelle mein herzlichster Dank gilt. Mein Freund Dieter Kutz, mit dem ich viele Rennen im Jugendbereich bestritten habe, half mir ebenso wie der einstige Klassikerspezialist Rudi Kirchhoff, obwohl ich ihm einst seinen fünften Sieg bei „Rund um Berlin“ verdarb. Der leider zu früh verstorbene Günter Kumm, lange Zeit ein Radsport-Kampfrichter mit Leib und Seele, unterstützte mich mit seinen Erinnerungen genauso hilfreich wie mein Freund Roland Ebert, der als Inhaber eines einzigartigen DDR-Museums in Podelwitz / Rackwitz an diesem Projekt beteiligt war.

Als den wohl günstigsten Zeitpunkt für eine Veröffentlichung dieser Autobiographie habe ich mir meinen 65. Geburtstag ausgesucht. Ich denke, das ist ein guter Anlass auf die vergangenen Jahrzehnte zurückzuschauen, schließlich geht man an diesem Tag ganz offiziell in „Rente“. Der Radsport wird mich natürlich auch weiterhin beschäftigen, zumal mit unserem Enkel Rick nun schon die dritte Ampler-Generation auf dem Rennrad sitzt.

Ihr 

Auf der Flucht

Meine familiären Wurzeln liegen im ehemaligen Westpreußen, dem heutigen Polen. Ich erblickte am 15. November 1940, einem Freitag mitten im Zweiten Weltkrieg, in Marienburg das Licht der Welt. Die namhafte Stadt an der Nogat ist aber nur deshalb als Geburtsort in meinen Papieren eingetragen, weil es dort das nächstgelegene Krankenhaus gab. Zu Hause war unsere Familie zu dieser Zeit in Stuhm, einer kleinen Stadt etwa fünfzehn Kilometer südlich von Marienburg. Die Eltern unserer Mutter Maria hatten dort 1936 für sechstausend Reichsmark ein neu erbautes Siedlungshaus erworben. Es war zweistöckig, stand am Ende eines Straßenzuges und war mit etwa einem Morgen Land umgeben. Als meine Mutter mit mir nach Stuhm zurückkam, erwarteten mich neben den Großeltern bereits sechs Geschwister. So bin ich hinter Gertrud, Franz, Alfons, Ulla, Hansi und Bruno, mit sechs Jahren Abstand, als Jüngster der Familie Ampler eingezogen. Unser Vater Felix, gelernter Brunnenbauer und Schachtmeister, war im Tiefbau beschäftigt. Beim Bau der „Reichsautobahn 1" zwischen Elbing und Königsberg hatte er eine sichere Arbeit, war dadurch aber auch selten zu Hause. Mutter und Großmutter versorgten Haus und Grundstück, unser Großvater verdiente sein Geld als Landarbeiter.

Die Tätigkeit des Vaters hatte dann in der späten Phase des Krieges zur Folge, dass er in Kriegsgefangenschaft geriet, als die Rote Armee auf ihrem Vormarsch in Richtung Deutschland zuerst Ostpreußen erreichte. Ich war zu dieser Zeit gerade einmal vier Jahre alt und mir noch nicht der drohenden Gefahren bewusst, als wir am 5. Januar 1945 fluchtartig unser Elternhaus in Stuhm verlassen mussten. Wie mir mein Bruder Hansi erzählte, war er abends mit einem Freund vom Skifahren gekommen, als man uns die Nachricht überbrachte, man könne mit dem Zug die Stadt vor den immer näherrückenden sowjetischen Panzern verlassen. Mutter, Großeltern und meine Geschwister packten schnell die allerwichtigsten Sachen zusammen. Außer Vater, fehlten Franz und Alfons, die zu dieser Zeit als Soldaten der Wehrmacht an der Front eingesetzt waren. Da meine Schwester Gertrud schon einige Zeit zuvor nach Westdeutschland gezogen war, machten wir uns als siebenköpfige Familie, bei minus zwanzig Grad und kniehohem Schnee, auf den Weg zum Bahnhof. Das dauerte

Mit meiner Schwester Gertrud vor unserem Haus in Stuhm

Mutter mit Schwester Ulla bei der Hausarbeit

eine ganze Weile, weil er etwas außerhalb von Stuhm gelegen war. Dort mussten wir dann aber noch mehrere Tage lang in einem Güterwagen ausharren, ehe die keineswegs zügige Fahrt in Richtung Westen begann. Durch heftige Schneeverwehungen blieb der Zug oftmals stecken und musste von den Insassen freigeschaufelt werden. Die Kälte forderte viele Tote, vor allem kleine Kinder und alte Menschen. Sie wurden bei den unfreiwilligen Zwischenstopps aus den Waggons getragen und neben dem Gleisbett abgelegt.

Nach sechs langen Wochen erreichten wir die Stadt Kolberg. Der Zug hielt ungewöhnlich lange und als man die Schiebetüren öffnete um den Grund zu erforschen, wurde das Unglück sichtbar: man hatte die drei letzten Wagen abgehängt und stehengelassen. Wir stiegen alle aus und machten uns in der bereits in Schutt und Asche liegenden Stadt auf die Suche nach irgendeiner Unterkunft. Am Stadtrand fanden wir in einer Siedlung ein leerstehendes Haus. Die Bewohner hatten ihr Heim ebenso fluchtartig verlassen wie wir unseres in Stuhm, das Essen stand sogar noch auf dem Tisch. Wir hatten keine andere Wahl, als uns dort einzurichten. Meine Brüder Hansi und Bruno konnten sich nur sehr vorsichtig in der Stadt bewegen, weil sie ständig in Gefahr waren, noch stehenden Fußes zum „Volkssturm" eingezogen zu werden. Dennoch vollbrachten die beiden richtige Wunder. Um für mich regelmäßig Milch beschaffen zu können, zogen sie eine herrenlos herumlaufende Kuh von der Straße in den Schuppen hinter unserem Quartier. Dort baute Hansi unsere schwarz-weiße Errungenschaft mit Brennholzstapeln so ein, das niemand sie sah und uns das Milchglück nicht verdorben werden konnte.

Später, als die Stadt von den sowjetischen Truppen eingenommen war, gingen meine Mutter und Ulla in der Kolberger Zuckerfabrik arbeiten. Weil sie gut polnisch konnten, hatten sie dabei auch keine Schwierigkeiten. Meine Brüder klauten währenddessen den ganzen Tag alles zusammen was essbar war und beschafften Heizmaterial. Hansi wurde bei einer seiner gefährlichen Suchaktionen plötzlich steinreich, da auch auf die Kolberger Bank eine Bombe gefallen war. Überall lagen noch Geldbündel herum und schnell war ein ganzer Sack gefüllt. Weil die Banknoten aber nach Opas Meinung nichts mehr wert schienen, blieben sie zurück, als wir zwei Tage nach Kriegsende aus Kolberg ausgewiesen wurden und polnisches Gebiet verlassen mussten. Später hätten wir es noch gebrauchen können …

Zu Fuß, mit einem durch große Bretter verlängerten Handwagen, machten wir uns auf den langen Marsch nach Westen. Ich saß zusammen mit meiner Oma auf dem Gefährt, die anderen zogen und schoben abwechselnd. Wenn es möglich war, übernachteten wir unterwegs in Scheunen und Ställen. Den unglaublichen Hunger half unser Organisationstalent Hansi zu lindern, der immer etwas Essbares beschaffte. Über Stettin und Pasewalk erreichten wir am 17. Juli 1945 Rostock-Dierkow. Dort wurden wir in einem Barackenlager für Flüchtlinge aufgenommen und fanden ein erstes „Zuhause“. Zwar hatte unsere Mutter am Anfang unserer Flucht eigentlich noch bis zu Gertrud nach Oberhausen gewollt, doch jetzt waren wir alle froh, es überhaupt bis Mecklenburg geschafft zu haben. Mitte August wurden wir dann mit einem Pferdewagen nach Groß Siemen gebracht und dort an einem ehemaligen Gutshaus abgesetzt. Zusammen mit anderen Flüchtlingen richteten wir uns in dem großen Gebäude ein. Alfons, Franz und Vater, die bis September 1950 nach und nach aus der Kriegsgefangenschaft in Weißrussland entlassen wurden, vervollständigten später die Familie im kleinen mecklenburgischen Dorf.

In der neuen Heimat

In Groß Siemen war unser Interesse zu Anfang vor allem darauf gerichtet, uns richtig satt essen zu können. Ich erinnere mich noch gut daran, wie wir im sumpfigen Wäldchen hinter dem Gutshaus, wie Wilddiebe mit selbstgebauten Lanzen umherstrichen und Schlingenfallen konstruierten. Das war nicht nur für die Wildschweine gefährlich! Neben den rein praktischen Gründen, unsere Verpflegung zu verbessern, spielte die Abenteuerlichkeit unserer Unternehmungen natürlich die Hauptrolle.

Unsere Mutter hatte mit der Bodenreform ein vier Morgen großes Stück Land erhalten, das unsere Familie bewirtschaftete. Wir bekamen eine Kuh, ein Pferd, drei Schafe, einige Hühner, Gänse und zehn Schweine zugeteilt. Mein Liebling war ein schwarz-weißer Mischlingshund namens „Floki“. Alles was man damals erwirtschaftet hatte, wurde erfasst und in Abhängigkeit von der Kopfzahl jeder Familie, mussten bestimmte Erträge abgeliefert werden. Im kühlen Gewölbekeller des Gutshauses fanden daher die weniger vorschriftsmäßigen Aktionen statt. Aus Kartoffeln und Zuckerrüben wurde dort schwarz Schnaps gebrannt oder ebenso ungenehmigt mal ein Schwein geschlachtet.

Für mich begann 1946 im Alter von fast sechs Jahren „der Ernst des Lebens“. Zuerst besuchte ich im drei Kilometer entfernten Schmadebeck die Schule, wo auch schon meine Brüder Hansi und Bruno den halben Tag verbrachten, bevor sie nachmittags Mutter und den Großeltern tatkräftig die Neubauernschaft erleichterten. Da meine Schwester Ulla bereits ins naheliegende Kröpelin gezogen war, bestand mein Teil der Unterstützung darin, ihr ein- oder zweimal in der Woche frische Eier zu bringen. Da ich selbst noch kein eigenes Fahrrad hatte, nahm ich das von Hansi. Meine Mutter band einen Karton mit den Eiern hinten auf den Gepäckträger schön fest und ich fuhr, so schnell es nur ging, über die holprigen Straßen in die Stadt. Daran, das ich da rohe Eier transportierte, dachte ich während der Fahrt natürlich nicht und stellte immer neue Bestzeiten auf. Wenn ich bei Ulla angekommen war, tropfte es dann immer aus dem Karton heraus und Mutter machte mir wegen dem „Rührei" mächtigen Ärger. Meinen Versuchen, den Unebenheiten der Straßen durch höchstmögliche Geschwindigkeit zu trotzen, tat das aber keinen Abbruch. Als es Mutter mit dem Schwund zu viel wurde, verbot sie mir meine Eier-Fahrten und ich war froh – eine Arbeit weniger!

Wir wohnten acht Jahre lang auf dem Gutshof in Groß Siemen und zogen 1953 nach Altenhagen. Beide Orte lagen nur wenige Kilometer auseinander und so war es geografisch gesehen keine große Veränderung. Ich wechselte die Schule und mein Bruder Bruno die Fronten. Er hatte in Warnemünde auf der Werft gearbeitet und während des Aufstandes am 17. Juni eine rote Fahne heruntergerissen. Aus Angst dafür bestraft zu werden, ist er nach Westdeutschland abgehauen. In Altenhagen wohnten wir dann drei Jahre lang in einem Einfamilienhaus der Gemeinde direkt an der Hauptstraße. Ein kleiner Hof und ein kleiner Stall gehörten dazu, aber die familienbetriebene Landwirtschaft, wie wir sie aus den Anfangsjahren in Groß Siemen gewohnt waren, fand hier schon nicht mehr statt.

„Eierfahrrad" und Übermut

In der neuen Schule fühlte ich mich ganz wohl. Ich fand viele neue Freunde und in der Freizeit wurde uns nie langweilig. Eine große Rolle spielten bei uns sportliche Aktivitäten. Zuerst habe ich viel Fußball gespielt und mit den Jungen des Dorfes einen Fußballplatz gebaut. Dort stand ich meistens als Torwart im „Kasten". Im Winter zogen wir auf die Hügel an der Straße zwischen Altenhagen und Kröpelin.

Als Grundschüler vor dem Gutshaus in Groß Siemen

Dort konstruierten wir eine Sprungschanze und versuchten uns im „Skifliegen". Schon 1952 organisierte mein späterer Klassenlehrer Herr Langkabel, anlässlich des Kindertages am 1. Juni, ein Radrennen in Altenhagen. Ich ging dabei noch mit Hansi's „Eierfahrrad" an den Start. Es war eine rund fünf Kilometer lange Strecke zu absolvieren und tatsächlich: ich gewann! Im Jahr darauf war ich dann schon im Besitz eines eigenen Rades. Das hatte ich mir auf einer Müllkippe zusammengesucht. Im Rahmen war noch ein brauchbares Hinterrad eingespannt. Tretlager, Kettenblatt, Kurbel und Kette waren auch noch vorhanden. Einen Lenker bekam ich von meinem Freund Armin Leu, ein brauchbares Vorderrad besorgte ich mir bei einem Schäfermeister aus dem Nachbardorf. Anstelle der Pedale drehte ich mir lange Schraubbolzen in die Tretkurbeln. Zum Ärger meiner Eltern ramponierte ich mir damit zwar die Schuhsohlen, das war aber vergessen, als ich wenig später von meinem Freund Willy Winkeltau echte Pedale bekommen konnte. Zwar hatte ich damit technisch gesehen bessere Voraussetzungen als im Vorjahr, aber für das Kindertagsrennen des Jahrganges 1953, vor dem ich tagelang so richtig kribbelig war, reichte es nicht zur „Titelverteidigung". Ich belegte hinter dem Altenhagener Martin Geske den zweiten Platz. In den Folgejahren wurden die Rad-Wettbewerbe dann vom Juni auf dem August verlegt, wobei sie mit den Dorffesten anlässlich des Ernteabschlusses zusammenfielen.

Mit einem zweiten Sieg in der Tasche, saß ich an einem Septembersamstag 1954 in der Schulbank. Die DDR-Rundfahrt sollte auf dem Weg von Schwerin nach Greifswald auch durch Kröpelin führen. Das wollte ich mir nicht entgehen lassen und eigentlich wäre alles so einfach gewesen ...

Unser Klassenraum befand sich im Erdgeschoss des ziegelroten Schulgebäudes. Von außen konnte man mit einem Blick durchs Fenster die ganze Klasse beobachten. Daran muss ich in jener Mathestunde wohl nicht gedacht haben. Vorn erklärte uns der alte Professor Goldmied, umständlich uninteressante Rechenoperationen. Ich saß zusammen mit drei anderen Jungen in der letzten Reihe, vor uns die Mädchen. Aus lauter Übermut und Vorfreude auf das nahende Unterrichtsende, trieben wir ein bisschen Schabernack. Ich habe das Mädchen vor mir immer mit dem Lineal angestubbst, ahnte aber nicht, dass mich unser Klassenlehrer von draußen durch das Fenster beobachtete. Er war über 1,80 m groß und hatte keine Schwierigkeiten über die Höhe der Fensterbank zu sehen. Als die Stunde beendet war, rannten wir aus dem Schulhaus. Doch mich hielt plötzlich Herr Langkabel auf und sagte. „Klaus, du bleibst eine Stunde länger!“. Ich dachte, mich trifft der Schlag. Natürlich sagte er mir auch warum und ich war mir sicher, dass er das mit voller Absicht gemacht hatte, damit ich nicht nach Kröpelin fahren konnte. Diese Stunde war so furchtbar lang und ich war der unglücklichste Junge der Welt. So lange hatte ich auf diesen Moment gewartet und nun das.

Obwohl ich die DDR-Rundfahrt schon abgeschrieben hatte, machte ich mich dann trotzdem noch auf den Weg. Wie ein Wahnsinniger trat ich in die Pedale und wenn die Eierkiste hinten drauf geschnallt gewesen wäre, ich hätte sie wohl schon nach Hälfte der Strecke verloren. Doch dank der rasanten Fahrt schaffte ich es gerade noch so. Die ersten Fahrer kamen nur wenige Augenblicke später, passierten den Ort und nahmen die etwa dreihundert Meter lange Kopfsteinpflastersteigung, an deren Ende die Prämie ausgeschrieben war, unter die Räder.

Für mich war diese Ortsdurchfahrt ein wunderbares Ereignis. Das Geräusch der Räder auf dem Kopfsteinpflaster, das feine Rasseln der Ketten, die bunten Trikots, die angestrengten und verschwitzten Gesichter – alles faszinierte mich. Einige Fahrer trugen sogar Schutzbrillen gegen Sonne und Straßendreck. Was mussten das für harte Burschen sein?!

Auf der Rückfahrt nach Altenhagen war ich höchst motiviert und raste zu einem neuen Streckenrekord. Zu Hause angekommen stand für mich fest: ich will Rennfahrer werden!

Vom „Radsportvirus" infiziert

Der Radsport hatte bei uns spätestens mit dem ersten Friedensfahrtsieg von Täve Schur einen besonders hohen Grad an Popularität erreicht und Radrennen gab es vielerorts. Ich absolvierte 1955 vierzehnjährig mein letztes Schuljahr und sparte lange Zeit jede Mark für ein richtiges Rennrad. In den letzten Sommerferien konnte ich einiges bei der Ernte verdienen. Ich half beim Einfahren des Getreides oder betätigte mich beim Kartoffellesen. Zudem sammelten wir „Mutterkerne" und lieferten sie gegen Bezahlung in der Apotheke ab. Als ich endlich genug Geld zusammen hatte, kaufte ich mir ein gebrauchtes 55er Diamant-Rad bei einem aktiven Rennfahrer aus der Gegend. Das war zwar gegen den Willen meiner Mutter, weil sie diesen Sport viel zu gefährlich fand und ich durch das Training so oft nicht zu Hause war, doch ich hatte mir einen großen Traum erfüllt. Ich war einfach besessen vom Radsport und alles andere war für mich nur noch nebensächlich.

Zum Schulabschluss gewann ich noch einmal das Altenhagener Radrennen und wollte mich eigentlich erst bei „Motor Wismar" anmelden, der stärksten und am besten organisierten BSG. Doch daraus wurde dann nichts, weil ich zu spät mit dem Rad in Wismar ankam und im Dunkeln ohne Licht am Rad wieder heimfahren musste. Das war eine mächtig gefährliche Aktion, ich hatte richtig Angst.

Am 1. September begann auf der „Warnowwerft" in Warnemünde meine Lehre als Lichtbogenschweißer. Das war damals eine ganz neue Ausbildungsrichtung in der noch Lehrstellen zu besetzen waren und da mein Bruder Franz und mein Schwager bereits dort arbeiteten, musste ich nicht lange überlegen. Ich zog also ins Internat nach Warnemünde, wo dann auch meine Laufbahn als Leistungssportler beginnen sollte.

Neben Paul Weidt und Ullrich Plötz war Paul Russow einer der Meister und Lehrausbilder. Sein Fachgebiet war die Feinmechanik. Er fungierte zugleich auch als Trainer der Radsportsektion von „Motor Warnowwerft". Dort war man damals schon im Besitz von sechs Rennrädern, die allen Wettkampfteilnehmern zur Verfügung standen. Ich meldete mich also dort an und bekam meine erste Jugendfahrer-Lizenz. Russow, der selbst einmal aktiver Rennfahrer war, begleitete mich fortan bei vielen Trainingsstunden und Wettkämpfen. Wir haben eine tolle Zeit erlebt – aber davon wird noch die Rede sein.

Zuerst musste ich mich mit der Arbeit im Betrieb vertraut machen. Dort warteten noch viele umfangreiche Aufgaben auf uns. So habe ich später zum Beispiel am ersten 10.000 Tonner, der MS „Frieden" oder am sowjetischen Passagierschiff „General Nachymow" mitgearbeitet, das im Krieg gesunkenen und später wieder geborgenen worden war. Die Arbeitszeit war in Früh- (6.00–14.00 Uhr) und Spätschicht (14.00–22.00 Uhr) aufgeteilt. Paul Russow organisierte es dann so, dass seine Sportler über die Saison nur in der Frühschicht arbeiteten. Damit war gewährleistet, dass wir unsere Arbeitszeit komplett ausfüllten, andererseits aber an den Nachmittagen frühzeitig genug mit dem Training beginnen konnten. In den Wintermonaten arbeiteten wir dann wieder im normalen Schichtrhythmus, denn da stand uns in Warnemünde eine kleine Turnhalle der Ballsportler zur Verfügung. Dort waren wir unabhängig von Witterung oder Tageszeit und absolvierten unser Athletiktraining als Ergänzung zu langen Ausdauerläufen und Querfeldeintouren. Diese Halle existiert sogar noch heute.

Die Ostseewerften förderten nicht nur in ihren Vereinen sondern auch mit vielen Veranstaltungen den Radsport. So wurde zum Beispiel in jedem Jahr die „Lehrlingsetappenfahrt der Werften" organisiert, die später sogar international ausgetragen wurde. Zu meiner Zeit setzte sich das Fahrerfeld aus den Lehrlingen der Werften in Rostock, Stralsund, Wismar und Wolgast zusammen. Es wurde in verschiedenen Altersklassen gestartet und wie bei den „Großen" standen mehrere Etappen auf dem Programm. Der Zuspruch war enorm. Von Wismar führte die Strecke nach Rostock, von dort ging es dann über Stralsund nach Wolgast. In der Rennklasse der

Jugend bis 15 Jahre wurde ich überlegener Sieger. Mit diesem Erfolg sorgte ich bei meinem Ausbildungsbetrieb für viel Aufsehen.

Als ich mein erstes Lehrlingsgeld bekommen hatte, es muss so kurz nach der Lehrlingsetappenfahrt gewesen sein, fuhr ich mit ein paar Kumpels nach Westberlin. Natürlich stand Radmaterial ganz oben auf meiner Einkaufsliste. Im bekannten Kaufhaus „Hübner & Koch“ erstand ich außerdem noch eine schöne Lederjacke. Deren Einfuhr über die Sektorengrenze nach Ostberlin war aber nicht gestattet. Also hatten wir uns Wasserfarbe mitgenommen und beschmierten das gute Stück so, das die Jacke gebraucht aussah. Das muss uns recht gut gelungen sein, denn es gab keine Probleme bei den Kontrollen. Zu Hause angekommen, musste natürlich sofort das neue Material ans Rad gebaut werden.

Nach wie vor war ich in meiner Begeisterung für den Radsport nicht zu bremsen. Ich trainierte meistens allein und orientierte mich an einem Taschenbuch mit dem Titel „Der erfolgreiche Radrennfahrer“ von den beiden österreichischen Spitzenfahrern Franz Dusika und Max Bulla. Das hatte ich in einem Altpapierhaufen entdeckt und es sollte für lange Zeit mein Begleiter bleiben. Ich las es immer wieder und schaute mir die Bilder oft stundenlang an. Ich stellte mir vor, dass ich eines Tages auch mal bei jenen Rennen fahren würde, von denen darin die Rede war. Da man bei uns damals, mit einigen Tagen Verspätung allerdings, auch noch die französische Sportzeitung „L' Equipe“ kaufen konnte, verfolgte ich zwar ohne die entsprechende Sprachkenntnisse, aber dennoch mit unbändigem Interesse, auch die Berichterstattung von den großen Rennen der Berufsfahrer. In den Resultatsübersichten und auf den vielzähligen Bildern machte ich meine Idole aus. Meine Mutter wurde bald verrückt, weil ich die Fotos ausgeschnitten und die ganze Wand damit tapeziert hatte.

Erste Erfolge

Auf meiner Trainingsstrecke versuchte ich den Idolen dieser Zeit nachzueifern. Von Warnemünde aus ging es immer zuerst nach Bad Doberan. Dort startete ich in meine Runde über Heiligendamm, Kühlungsborn, den

Bastorfer Berg und Kröpelin. Von dort fuhr ich wieder nach Bad Doberan und dann wieder zurück zum Warnemünder Internat. Zusammen waren das rund achtzig Kilometer mit ständig wechselnder Windrichtung, eine ordentliche Belastung im Jugendalter. Anfang 1956 bestätigten die Resultate in den noch rund 30 km langen Wettkämpfen einen richtigen Weg. Im Mai gewann ich das Jugend-Rennen bei „Greifswald – Ribnitz – Greifswald" und holte mir in Rostock-Dierkow, dort wo wir einst als Flüchtlinge Aufnahme fanden, den Kreismeistertitel. Danach setzte ich bei der Rostocker Bezirksmeisterschaft Mitte Juni mit einem weiteren Sieg die tolle Erfolgserie fort. Trotzdem beschwor mich meine Mutter immer wieder: „Quäl Dich doch nicht so mein Junge!". Sie hatte viel Mitleid und kümmerte sich darum, dass ich immer mit gutem Essen versorgt war. Mein Vater machte sich darüber nicht so viele Gedanken.

Zwischendrin begegnete ich zum ersten Mal der Friedensfahrt. Mit vier Freunden fuhr ich mit dem Rad nach Neubrandenburg. Dort stiegen wir in den Zug nach Berlin, wo wir im „Walter-Ulbricht-Stadion" Platzkarten in unmittelbarer Nähe zur Stadioneinfahrt hatten. Täve Schur war am Vortag Etappensieger in Görlitz geworden und fuhr auf dem Weg nach Berlin im Gelben Trikot. Das vollbesetzte Stadion hoffte nun darauf, dass er auch als Spitzenreiter die Stadioneinfahrt passieren würde. Doch der Stadionsprecher berichtete von Defekten und einem späteren Sturz Täves. Eine Spitzengruppe ohne den „Gelben" war auf dem Weg zum Ziel. Schließlich war es endlich soweit und gleich zwei DDR-Trikots stürmten an der Spitze in das Stadion. Wir waren aus dem Häuschen und Lothar Meister I sorgte mit Dieter Lüder für einen Doppelsieg. War das ein tolles Ding! Abends übernachteten wir dann in einem Schlafwagen an der Warschauer Brücke. So hatten wir am nächsten Tag noch die Möglichkeit, am Straßenrand den Start zur Etappe nach Leipzig mitzuerleben.

Im Sommer bereitete sich unsere Sektion ganz gezielt auf das Turn- und Sportfest in Leipzig vor. Die Werft unterstützte uns dabei sehr großzügig. Die guten sportlichen Ergebnisse waren in gewisser Weise unser Dank dafür. Meine Meister, Ausbilder und der Werftdirektor verfolgten sie sehr aufmerksam am „Schwarzen Brett" unseres Betriebes, wo sie immer aushingen. Ich war sehr stolz.

Inzwischen trainierte ich auch nicht mehr so oft alleine, sondern absolvierte in der Trainingsgruppe, zu der u.a. mein Freund Dieter „Wlady" Kutz gehörte, die täglichen Einheiten. Trainer Paul Russow und dessen Partner Wilhelm Otto begleiteten uns nebenher auf einer alten „RT". Das gab ein Bild! Russow mit einer ledernen Fliegerkappe und Otto mit einer Knickebockerhose. Sie agierten auf dem Motorrad als unnachsichtige Antreiber auf dem Kurs durch die „Kühlung". Trotz der Schinderei hatten wir immer viel Spaß. Ein beliebter Haltepunkt war bei uns immer die Milchbar in Rostock. Von dort bekam ich immer Bananen für die nächsten Rennen. Wlady meint, ich hätte bei den Damen um Frau Strobel „einen Stein im Brett" gehabt. So muss es wohl gewesen sein.

Zum Leipziger Sportfest fuhren wir dann mit dem Zug. Untergebracht waren wir für sechs Tage in einer Schule im Stadtteil Taucha. Für uns war das alles sehr beeindruckend, zumal wir ja nicht alle Tage in solch eine Großstadt kamen. Wir haben zwar nicht die Sportschau im Stadion miterlebt, weil wir die Zeit zum Training nutzen mussten, aber die Menschenmassen und die vielen bunten Fahnen waren schon ein großartiges Erlebnis.

Die Spartakiade-Rennen führten dann von Leipzig über Lützen nach Weißenfels. Dort wurde gewendet und wieder zurückgefahren. Das Ziel befand sich unmittelbar am Zentralstadion und ich kann mich noch erinnern, dass es auf den Straßenbahnschienen dort eine Reihe von Stürzen gab. Einen vorderen Platz haben wir zwar nicht belegt, aber das „Erlebnis Sportfest" möchte ich trotzdem nicht missen.

Im Rahmen des „Kleinen Grenzverkehrs" bestand damals für uns noch die Möglichkeit, nach Westdeutschland zu fahren. So unternahmen wir am Karfreitag einmal eine ausgiebige Tour mit den Rädern über Lauenburg bis nach Hamburg. Damit es nicht zu teuer wurde, haben wir in einem Hamburger Asylbewerberheim geschlafen. Es lag in der Nähe der Reeperbahn und so besichtigten wir am Abend die dortigen „Sehenswürdigkeiten". Damit unsere Räder über Nacht nicht den Besitzer wechseln konnten, wurden sie mit dem Pedalriemen am Fuß festgemacht. Jeder Seitenwechsel war dadurch mit Schmerzen verbunden. Ich hatte mich außerdem per Brief mit einer ehemaligen Schulfreundin, die mit ihren

Eltern in den Westen gegangen war, in Hamburg verabredet. Das machte damals noch keine Probleme. Ich habe mich auch tatsächlich mit Bärbel getroffen, doch ich verabschiedete mich dann etwas enttäuscht mit dem Gedanken: Frauen gibt es noch genug!

Zu Hause gab es bei uns dann einige Veränderungen. Wir zogen von Altenhagen in die Rostocker Altstadt. Meine Eltern hatten in der Grubenstraße eine 2½ Raum-Wohnung im ersten Stock bekommen. Von meinem „halben" Zimmer sah ich direkt auf die Hafenkräne. Das war ein herrlicher Anblick und ich freute mich, dass ich am Aufbau unserer Schiffbauindustrie auch selbst einen kleinen Anteil hatte.

Mein erstes richtiges Wettkampfjahr klang schließlich mit zweiten Plätzen beim „Großen Rügenpreis" in Rostock und bei einem Rundstreckenrennen in Neustrelitz aus. Für die folgende Saison hatte ich mir schon wieder neue Ziele gesteckt und so ging es im Winter mit noch mehr Engagement zur Sache. Besonders stark bezogen wir das Geländetraining in die Vorbereitungen ein. Zu jener Zeit gab es noch viele Querfeldein-Veranstaltungen, wo sich ein gutes Training auch in Platzierungen auszahlen konnte. So begann die Saison 1957 sehr erfolgversprechend, wenngleich ich bei der Rostocker Bezirksmeisterschaft durch einen Sturz nur auf den dritten Platz kam. Mitte Februar fuhren wir mit dem Zug zur Deutschen Meisterschaft nach Erfurt. Dort sollte 1958 die Querfeldein-WM ausgetragen werden und so testete man Kurs und Organisation zuvor mit den nationalen Titelkämpfen. Das Rennen meiner Altersklasse lief gut für mich, ich wurde Vizemeister. Aber nicht nur deshalb ist mir Erfurt in guter Erinnerung. Als wir auf den Hauptbahnhof kamen, stand dort eine riesige Menschentraube. Man wartete auf den Zug, der hier eingesetzt werden sollte und mit dem auch wir über Leipzig nach Rostock zurückfahren mussten. Ich sah uns schon mit Material und Gepäck irgendwo in den Gängen kampieren. Doch zum Glück war wieder Wilhelm Stichert, neben Trainer Paul Russow einer unserer umsichtigen Begleiter. Er hatte als Fleischermeister in Rostock damals schon ein eigenes Geschäft, aus dem er uns immer großzügig versorgte. Jedenfalls verschwand Stichert ganz plötzlich und als der Zug dann endlich einfuhr, hing er winkend aus einem der Wagenfenster heraus, um zu signalisieren, das er uns gerade ein schönes Abteil reserviert hatte. Damit stand uns wieder eine gemütliche Heimfahrt bevor.

Im gesamten Jahresverlauf waren wir viel auf Achse. Oft fuhren wir mit einem Betriebs-LKW zu den Rennen und es kam nicht selten vor, dass dessen Reifen schon völlig durchgescheuert waren. Als ich kürzlich einmal durch Aschersleben gefahren bin, fiel mir eine besondere Begebenheit ein. Dort starteten wir einmal bei einem riesigen Rennen. Aus heutiger Sicht ist es fast unvorstellbar, dass sich dort etwa 350 Fahrer am Start aufgestellt hatten. Die Teilnehmer standen hintereinander in einem großen Karree. Wer da am Ende des gigantischen Feldes stand, konnte sich erst viele Minuten später in Bewegung setzen und kam nie mehr nach vorn. Der Radsport war damals beliebt wie selten zuvor.

Anfang Juni nahmen wir erstmals in Berlin an einem Wettkampf teil. Anlässlich des vom „Neuen Deutschland“ veranstalteten Klassikers „Berlin – Cottbus – Berlin“, stand für meine Altersklasse ein Rennen über 80 km auf dem Programm. Im Finale war ich mit dem Henningsdorfer Dreieck allein vorn und wir hatten vielleicht eineinhalb Minuten Vorsprung auf die Verfolger. Nach dem Endspurt konnte ich den ersten Sieg außerhalb unseres Bezirkes bejubeln und zwei Wochen später gelang mir in Wismar dann auch die Verteidigung meines Bezirksmeistertitels. Mein Ehrgeiz wurde größer. Jeder Erfolg trieb mich immer wieder voran, zeigte mir aber auch, dass meine Einstellung richtig war.

Im Herbst beendete ich dann meine Lehre als Lichtbogenschweißer und wurde von der Warnowwerft übernommen. Dort arbeitete ich weiterhin im Schichtsystem, hatte aber während der Wettkampfperiode weiterhin die Möglichkeit, meine Arbeitszeit ausschließlich in die Frühschicht zu verlegen. Warum man später einmal schrieb, dass ich zum Trainieren frei bekam und meine Kollegen für mich mitgearbeitet hätten, weiß ich nicht. Soweit konnte Verständnis für den Sport noch nicht verlangt werden. Meinen Vereinskameraden ging das nicht anders. Zumal fanden die Jugendrennen ja meist nach Feierabend und vor allem an den Wochenenden statt, um sie nicht mit den Arbeitszeiten kollidieren zu lassen.

Gegen Ende der Saison wurde unsere kleine Radsportabteilung von „Motor Warnowerft“ aus rein praktischen Gründen dem größeren Verein von „Motor Rostock“ angegliedert, der zur Neptunwerft gehörte. So wechselten wir zwar das Trikot, doch viel änderte sich für uns dadurch nicht. Bereits im neuen Team ging es dann in die Querfeldeinsaison. Ich ging dabei in Potsdam bei „Rund um den Ravensberg“ an den Start. Das war ein sehr schwerer und sandiger Kurs mit vielen steilen Anstiegen und Abfahrten. Die Starterfelder bei den Männern und den Jugendfahrern waren gut besetzt. Ich konnte mich in unserem Wettbewerb bis zur letzten Runde mit vorn behaupten. Zusammen mit dem Henningsdorfer Pickareck ging ich in die letzte Runde, verlor aber dann sein Hinterrad und kam auf den zweiten Platz. Mitte Dezember beendete ich das Jahr 1957 beim Wismarer Rennen „Querfeldein durch das Köppernitztal“ als Sieger vor meinem Teamkameraden Helmut Maybaum und konnte auch mit dem Saisonabschluss sehr zufrieden sein. An den Winterwochenenden widmeten wir uns verstärkt den Vergnügungen und machten die Tanzflächen der Umgebung unsicher.

Das hieß aber nicht, das die Vorbereitung auf die Querfeldeinrennen später nicht wieder mit großer Motivation betrieben wurden. Für die Rostocker Meisterschaft im Januar 1958 war ich daher rechtzeitig in guter Verfassung und lag in der letzten Runde auch allein vorn, als plötzlich ein schwerwiegender Defekt die Fahrt stoppte. Ich konnte ihn nicht beheben, das Hinterrad blockierte und anstatt es auf die Schulter zu heben, legte ich das Rad an die Seite und lief einfach ohne weiter ins Ziel. Dort wurde ich aber disqualifiziert, da man ohne sein Rad nicht „vollständig“ war. Nachher habe ich mir das ein- für alle Mal gemerkt. Nun war aber der Bezirksmeistertitel zugleich die Fahrkarte zur DDR-Meisterschaft, die wieder im Erfurter Steigerwald stattfand. Unsere Sektion meldete mich für das Rennen an und keinem fiel auf, dass ich nach der Disqualifikation diese Startberechtigung nicht erlangt hatte. Ich stand schon am Start und wartete darauf, dass es in wenigen Minuten losgehen würde. Da erschien der Berliner Trainer Erich Ussat und meinte, ich dürfe hier überhaupt nicht starten, da ich in Rostock ja disqualifiziert worden wäre. Es war das einzige Mal, das ich mich unverrichteter Dinge wieder umziehen musste und nur als Zuschauer das Rennen verfolgen konnte. Auch wenn Ussat

An der Spitze im Feld der Jugendfahrer

Recht hatte, so war es auch die gelungene Revanche dafür, das wir seine Jungen bei unseren letztjährigen Straßenrennen im Norden ein paar Mal abgehangen hatten.

Die Straßensaison in meinem letzten Jugendjahr begann fast so, wie sie im vorangegangenen aufgehört hatte. Im April gewann ich bei einem Rennen in Neubrandenburg im Spurt vor den Schwerinern Hein und Donner.

Siegesjubel beim Rostocker Vögenteich-Rennen

Auch während uns im Mai dann die Friedensfahrt wieder einmal in ihren Bann zog, waren für uns eine Reihe von Wettkämpfen ausgeschrieben. So auch in Malchow, wo ich bei einem Rundstreckenrennen über 60 km siegreich war. Wenige Tage später fand das „Doberaner Bäderrennen“ statt. Das war schon fast ein „Heimrennen“, denn schließlich gehörten die Straßen durch Bad Doberan zu meiner Trainingsstrecke. Am Ende gewann ich mit zwei Sekunden Vorsprung auf Maybaum und damit gab es erneut einen Doppelerfolg für „Motor Rostock“. Ähnlich war das Resultat dann beim Bäderrennen in Ahlbeck. Dort gewann Maybaum und ich wurde Zweiter. Gerade hier hatten die Berliner wieder deutlich das Nachsehen und ich war versöhnt. Wir hatten zudem viel Spaß und die gut besuchten Bäderrennen, die in der Leistungsklasse auch von namhaften Aktiven wie Rudi Kirchhoff, Werner Malitz oder Günther Oldenburg gefahren wurden, waren damals sehr schöne Veranstaltungen. Unser besonderes Interesse galt dort natürlich auch den Mädchen und wir Rennfahrer waren bei ihnen nicht gerade unbeliebt. Ich erinnere mich, dass ich nicht der Einzige war, der zu dieser Zeit morgens auch einmal im Strandkorb mit einer Bekanntschaft vom Vorabend aufwachte.

Im Sommer bestritten wir die bis dahin wohl anspruchsvollsten Radrennen. Zuerst ging es am letzten Juni-Sonntag zur „Harzrundfahrt“, wo wir eine 100 km lange Distanz zu bestreiten hatten. Start und Ziel in Magdeburg war im „Stadion der Bauarbeiter“. Einige hundert Rennfahrer und auch zwei Dutzend Rennfahrerinnen, die hier ihre Meisterschaft ausfuhren, standen auf der Bahn und warteten in den verschiedenen Alters- und Leistungsklassen, ähnlich wie bei dem schon erwähnten Rennen in Aschersleben auf den Start. Zuerst gingen die Fahrer der Leistungsklasse I um die Friedensfahrtteilnehmer wie Täve Schur, Egon Adler, Erich Hagen oder Roland Henning ins Rennen, die auch den gesamten Kurs einschließlich der Bergpassagen bestreiten mussten und etwa die doppelte Strecke zurückzulegen hatten als wir. Etwa eine Viertelstunde später fiel auch das Startsignal für uns. Unterwegs profitierten wir von der tollen Zuschauerkulisse, die vor allem wegen der Leistungsklasse zustandegekommen war. Im Finale waren wir zu dritt. Der Karl-Marx-Städter Kaminski, später das Steher-As der DDR schlechthin, der Leipziger Simon und ich. Kaminski gelang es sich mit einem langen Spurt noch vor dem Stadion abzusetzen und das Rennen auf dem Zementoval des Magdeburger Stadions als Sieger zu beenden. Ich spurtete vor Simon auf den zweiten Platz. Die Verfolger trafen einzeln ein, der fünfte Rang von Maybaum komplettierte unsere positive Rostocker Bilanz. Das Finale der Männer sahen wir nicht mehr, denn eine lange Heimfahrt stand uns bevor. Sonst hätten wir den Leipziger Doppelsieg durch Erich Hagen und Berhard Eckstein erleben können.

Wenige Tage später konnten wir sehen, was wir in Magdeburg verpasst hatten, denn die DDR-Rundfahrt führte von Berlin aus direkt in den Norden. Im sonnenüberfluteten Rostocker Ostsee-Stadion war die erste Zielankunft. Wir Jugendfahrer waren im Trainingsanzug am äußeren Rand der Stadionbahn positioniert und konnten die Zielankunft hautnah verfolgen. Mit großem Vorsprung erreichte ein Trio das Ziel und das Resultat glich dem Einlauf der Harzrundfahrt: Hagen vor Eckstein. Täve Schur belegte den dritten Platz.

In Bad Blankenburg bestritten wir Ende August, einen Tag nachdem Täve Schur seinen ersten Weltmeistertitel in Reims erobert hatte, den Harzer Bergpreis der „Tribüne“. Unser Rennen führte diesmal über 60 km, also wieder etwa die Hälfte der Distanz, die die Leistungklasse I zu absolvieren hatte. Karl-Heinz Kazmierzak wurde Sieger im Spurt eines Spitzenreiterduos. Ich fuhr zusammen mit Maybaum, der vierzehn Tage zuvor den DDR-Meistertitel in unserer Altersklasse gewonnen hatte, nur wenige Sekunden später ins Ziel und belegte hinter ihm den vierten Platz.

Wie wir erst später erfuhren, hatte er aber das Geburtsdatum auf seiner Lizenz manipuliert und war bei der DDR-Meisterschaft damit in einer falschen Altersklasse gestartet. Den Titel musste er wieder abgeben. Das war für unsere BSG natürlich eine sehr unangenehme Sache. Sein negatives Verhalten hatte uns schon längere Zeit beschäftigt und war keineswegs als „Ausrutscher“ zu betrachten. Eigentlich saßen wir ja immer alle in einem Boot, nur er stellte sich stets ins Abseits. Dieter Kutz hatte sich sogar bemüht, dass er auf der Neptunwerft eine Arbeitsstelle bekam. Dort sorgte er dann für Unmut, kam zu spät, schwänzte die Ausbildung und legte auch so eine schlechte Arbeitsdisziplin an den Tag.

Lehrgeld

Das Jahr 1958 brachte noch zwei wesentliche Veränderungen mit sich. Zum einen zog ich mit meinen Eltern in eine neue Wohnung. Von der Grubenstraße am Hafen ging es in die Stephanstraße in der Nähe des Bahnhofes. Dort bekamen wir im Keller einer Villa eine etwa 60 m² große Wohnung, deren Fenster unmittelbar in Straßenhöhe lagen.

Die zweite und nicht gerade positive Veränderung betraf meine Situation als Radsportler. Der 5. Oktober war für mich ein folgenschwerer Tag. Am Rostocker Vögenteichplatz, wo im Frühjahr und im Herbst alljährlich das „Vögenteichrennen" veranstaltet wurde, fand das Rennen „Rostock – Bergen – Rostock" statt. Während die Männer ihr Rennen auf der ausgeschriebenen Strecke zwischen der Bezirks- und Inselhauptstadt absolvierten, gab es für den Nachwuchs verschiedene Rundenrennen um Start und Ziel herum. In meiner Altersklasse fuhr ich in der Spitze, hatte aber meine Sturzkappe abgesetzt und am Zielrichterwagen „hinterlegt". Daraufhin zeigten mir die Männer vom Wettkampfausschuss, ich müsse ausscheiden. Das nahm ich aber erst nicht zur Kenntnis, dann habe ich mich zu ein paar unhöflichen Äußerungen hinreißen lassen. Anschließend hielt ich an, nahm die Sturzkappe wieder auf und fuhr weiter. Nach dem Rennen bestellte mich WA-Obmann Günter Kumm zu sich, der wegen der Abnahme einer Kampfrichterprüfung dem Rennen beiwohnte. Er wies mich darauf hin, dass die Kampfrichter hier auch für mich ihre Freizeit opfern und ich wegen meines Verhaltens nun mit Konsequenzen zu rechnen hätte. Der Leser der „Radsport-Woche" Nr. 42 erfuhr diese in folgendem Wortlaut: „Auf Antrag des WA-Obmannes erhält der Spfr. Klaus Ampler (Motor Rostock) wegen der Vorkommnisse beim Rundenrennen am 5. Oktober 1958 in Rostock, ab sofort eine Startsperre für alle Radsportwettbewerbe bis einschließlich 15. April 1959. gez. Richter, Vorsitzender". Das waren mehr als sechs Monate! Dieser dumme, unüberlegte Ausrutscher trug mir eine bittere Lehre ein, das sollte mir nicht noch einmal passieren. Äußerlich war ich cool, aber innerlich schmerzte diese Geschichte gewaltig.

Die Zwangspause fiel damit genau in den Übergang von der Jugendklasse in den Männerbereich. In der Sperre sah ich einen berechtigten Denkzettel, für meine Laufbahn als Rennfahrer hatte ich etwas gelernt. Das Wintertraining nahm ich dadurch nur noch viel ernster, um bei den ersten Rennen im Frühjahr richtig Druck machen zu können. Schließlich galt es, sich mit Erfolgen von der dritten Leistungsklasse nach oben zu qualifizieren und das wollte ich möglichst innerhalb des Jahres 1959 schaffen.

Meine gute Form hatte ich dann wohl auch einer ganz besonderen Trainingseinheit zu verdanken, die mir gut in Erinnerung geblieben ist. Wir fuhren am Sonntag immer in einer 10-Mann-Gruppe auf einer meiner Lieblingsrunden Rostock – Güstrow – Bad Kleinen – Wismar – Kröpelin – Rostock. Das waren insgesamt 150 km. Mir brach an jenem Tag schon in Güstrow die Sattelstütze weg. Da wir kein Begleitfahrzeug dabei hatten und ich nicht umdrehen wollte, fuhr ich die verbleibenden 120 km im Stehen. Ich war so motiviert, das mir selbst so ein Defekt die Vorbereitung nicht verhageln konnte.

Da ich mein Wettkampfrad bis April nicht zum Einsatz bringen konnte, baute ich es auseinander und schickte den Rahmen nach Leipzig, um ihn bei „Preisser" verkürzen, an Gabel und Ausfallenden verchromen und grün lackieren zu lassen, so wie ein Original-„Erich Bautz-Rad". Die Aufkleber kreisten damals unter den Rennfahrern und wenn ich mir schon so eine Maschine nicht leisten konnte, dann sollte mein Rad wenigstens danach aussehen. Später gab es dann mal Gerüchte, ich hätte das Rad von Bautz persönlich bekommen, was zeigte, dass die Umgestaltung doch sehr originalgetreu war. Mit dem „neuen" Rad stieg ich dann nach Ende meiner Sperre in der zweiten Aprilhälfte in die Wettkämpfe ein.

Endlich im Männerbereich

Am ersten Mai stand die Rostocker Bezirksmeisterschaft mit Start und Ziel in Bergen auf dem Programm. Der Rennkurs führte in zwei 66 km langen Runden über Binz, Prora und Sassnitz. Ich brannte vor Ehrgeiz und es kam mir vor, als wäre es mein erstes Rennen. Meine ganze Renntaktik war nur auf den Sieg ausgerichtet.

Vom Start weg ging es gleich zur Sache. Mein Motor-Teamkamerad Grube machte sich aus dem Staub und fuhr schnell einen ordentlichen Vorsprung heraus. Am Ende der ersten Runde geriet er aber wieder in Sichtweite und kurz danach war alles wieder beisammen. Ich versuchte längere Zeit das Feld auseinanderzureißen. Als es gelang, waren wir zu dritt in Front: mein Mannschaftskollege Hofstetter und der Wismarer Hein. Im Zielspurt gab es einen scharfen Sprint, den ich knapp vor Hofstetter gewann. Etwa eine Minute später kam ein Verfolgerduo mit meinem Freund „Wlady" Kutz, der Fünfter wurde. Mit diesem Sieg qualifizierte ich mich für die Leistungsklasse II und damit war der nächste Schritt gemacht.

Beim Bäderrennen rund um Ahlbeck fuhr ich im Juni erneut zu einem schönen Erfolg, bevor ich auch das Hitze-Rennen um den Rostocker Vögenteich für mich entscheiden konnte. Dritter dieser Entscheidung wurde übrigens „Eule" Ruthenberg, der mittlerweile ja schon viele Jahre als Physiotherapeut des Telekom-Teams bekannt ist.

Meine Qualifikation für die erste Leistungsklasse erwarb ich mir aber in Thüringen. Dort fand in Waltershausen zum ersten Mal das Rennen „Rund um das Gummiwerk" statt, wo die Schlauchreifen für unsere Rennräder hergestellt wurden. Die Qualität war ausgezeichnet, weshalb auch viele ausländische Fahrer auf die Kowalit-Reifen schwörten.

Zweimal war in Waltershausen eine 53 km lange Runde zu fahren und ich war mit dem Berliner Loth davongezogen. Wir hatten einige Minuten gutgemacht, ehe ich mich am Ende von meinem Begleiter lösen konnte und dann als Solist, mit ein paar Sekunden Vorsprung, den Sieg errang. Mein Ziel, so schnell wie möglich in die höchste Rennklasse aufzusteigen, war also erreicht!

Doch damit wurde es ja nicht einfacher. Die Herausforderungen steigerten sich praktisch von Woche zu Woche. Während wir bis dahin, oftmals noch im Anschluss an unsere Rennen, die großen Asse bei ihren Siegspurts beobachtet hatten, fuhr ich von nun an mit ihnen zusammen. Hilfreich war da die Einladung zu einem Trainingslehrgang nach Greiz. Diese erhielt ich, weil man aus mehreren Betriebssportgemeinschaften eine Landsport-Mannschaft zusammenstellte, die Ende August bei den „Landsportspielen" in Bulgarien die Farben der DDR vertreten sollte.

In diesem Trainingslager arbeiteten wir sehr hart, denn wer mit guten Resultaten zurückkehren würde, hatte möglicherweise die Chance, in einen Sportclub aufgenommen zu werden. Das wollte ich mir natürlich nicht entgehen lassen, schließlich war das meiner Meinung nach der erste Schritt zu einem späteren Profivertrag.

Weichenstellung

Zum Abschluss dieses Trainingslagers folgte am 28. Juni die Teilnahme am „Großen Renak-Preis". Dabei ging es 150 km lang rund um das vogtländische Reichenbach. Mit dem Friesener Berg war in jeder der fünf Runden eine ordentliche Steigung zu absolvieren und starker Wind machte das aktionsreiche Rennen zusätzlich schwer. Als sich schließlich ein kräftiges Gewitter zusammenbraute, waren noch zwanzig Kilometer zurückzulegen. Ich attackierte fünf Kilometer weiter in Frauenreuth und kam allein davon. Durch den einsetzenden Regen war ich schnell aus Sichtweite der Verfolger und konnte meinen Vorsprung zügig ausbauen. Ich erreichte 3:15 min vor Roland Hennig als Sieger das Ziel.

Nach dem Rennen unterhielt ich mich mit Hennig, der für den Sportclub DHfK Leipzig fuhr. „Mensch Junge, du bist ja bärenstark! Woher kommst du denn?" fragte er. Ich sagte ihm, dass ich für „Motor Rostock" fahre. Als er dann wissen wollte, ob ich Lust hätte zum SC DHfK zu kommen, dachte ich für einen Moment, nicht richtig gehört zu haben. Doch falsch verstanden hatte ich Hennig nicht, denn er versicherte mir, dass er mit Trainer Weisbrod darüber reden wolle und ich über dessen Meinung Bescheid bekommen würde. Diese Aussichten hatten mir auf der Heimfahrt natürlich keine Ruhe gelassen. Trotz eines guten Schlafwagenplatzes machte ich im Zug nach Rostock kein Auge zu. Ich hatte eine reale Chance zum Sportclub nach Leipzig zu kommen, dort wo solch erfolgreiche Rennfahrer wie Schur, Eckstein, Hagen, Hennig und Braune fuhren! Am nächsten Tag erzählte ich das gleich meinem Trainer Paul Russow. Der freute sich natürlich mit und spornte mich an, weiter mit so viel Fleiß und Ehrgeiz zu trainieren.

Etwa Mitte Juli fand in Bad Doberan mit dem „3. Bäderrennen" ein 170 km langer Auswahlwettbewerb für die Straßen-Nationalmannschaft

Die Landsport-Mannschaft bei der DDR-Rundfahrt 1959

statt. Schon nach wenigen Kilometern war ich an einer dreiköpfigen Spitzengruppe beteiligt und ackerte nach der Devise „alles oder nichts". Das Trio hatte aber nicht lange Bestand, andere Fahrer überholten uns und wir agierten dann als deren Verfolger. Im Verlaufe des Rennens schloss das Hauptfeld zu uns auf und danach war es auch bald um die Spitze geschehen. Das Rennen begann praktisch von vorn. Die Entscheidung fiel ausgerechnet in Kröpelin, an jener Stelle, wo ich fünf Jahre zuvor noch als Schüler gestanden hatte und das vorüberziehende Feld bestaunte. Jetzt war ich selber dabei, allerdings nicht, als vorn endgültig die Post abging. Etwa zwanzig Fahrer setzten sich an der rund tausend Meter langen Kopfsteinpflastersteigung ab. Ich hatte aber nichts mehr zuzusetzen, weil ich hier, unmittelbar „vor der Haustür", alles besonders gut machen wollte und dabei über meine Kräfte gefahren war. Damit war die Chance auf einen guten Platz verpasst, aber ich hatte wieder etwas dazugelernt. Sieger wurde Johannes Schober, ich kam mit dem Feld einige Minuten später ins Ziel.

Unmittelbar vor dem Start zur DDR-Rundfahrt wurde Ende Juli in Venusberg die Deutsche Straßenmeisterschaft ausgetragen. Bei bestem Sommerwetter und vor einer riesigen Zuschauerkulisse ging es dort von Anfang an zur Sache. Ein sechs Kilometer langer Anstieg in Gelenau trennte Runde für Runde die Spreu vom Weizen. Während vorn schließlich „Täve" als amtierender Weltmeister auch den nationalen Titel eroberte, kam ich in einer siebenköpfigen Gruppe um Egon Adler und Erich Hagen auf den zwölften Rang. Mit diesem Abschneiden war ich zufrieden, konnte ich doch meine erreichte Leistungsfähigkeit auch unter der komplett versammelten Spitzenklasse bestätigen.

Mit der in Greiz vorbereiteten Landsport-Mannschaft ging es danach zur DDR-Rundfahrt. Sie war mein erstes internationales Etappenrennen und ich stand mächtig aufgeregt bei der öffentlichen Startnummernausgabe in Berlin. Für unser Team waren noch Klaus Kellermann, Wilhelm Klink, Harald Müller, Edgar Papajewski und Heinz Schur, der Bruder von „Täve", nominiert. Das nach der Friedensfahrt wichtigste Rennen war wie immer gut besetzt. Neben unseren Assen, waren u. a. Teams aus England, Belgien und aus Westdeutschland am Start, dazu natürlich alle großen Sportgemeinschaften unseres Landes.

Im Jahn-Stadion fiel dann der Startschuss zur ersten Etappe. Von Beginn an gab es eine wilde Raserei, denn es waren an jeden Tag eine Menge Prämien gestiftet worden. Dadurch konnte man die Fahrer ganz besonders anstacheln, trotz der Sommerhitze, immer aktiv zu bleiben. Am Ziel der ersten Etappe in Güstrow holte sich Täve Schur, vor einer riesigen Zuschauerkulisse, den ersten von insgesamt fünf Etappensiegen im Verlaufe dieser DDR-Rundfahrt. Das Feld war mächtig zersplittert und wir Landsportler hatten schon zum Auftakt einige Minuten Rückstand kassiert. Erst am dritten Tag gelang es Klaus Kellermann in Dessau, als Dreizehnter einmal ins Vorderfeld zu fahren. Über Weimar, Plauen, Freiberg und Cottbus ging es schließlich nach Frankfurt (Oder). Dort konnte ich mich hinter einer 11-köpfigen Spitzengruppe als Spurtzweiter des Hauptfeldes ebenfalls einmal etwas weiter vorn zeigen. Aber schon einen Tag später sollte es noch viel besser kommen.

Hinter Edler (Westdeutschland) und vor dem späteren Profiweltmeister Jan Jansen (rechts) belegte ich in Potsdam den zweiten Platz bei der Schlussetappe der DDR-Rundfahrt

In der zweiten Hälfte der Schlussetappe zwischen Frankfurt (Oder) und Potsdam hatte sich der Niederländer Frans Balvert vom Feld abgesetzt. In der Endphase schmolz sein Vorsprung immer mehr und als wir Babelsberg erreichten, startete ich zusammen mit dem Westdeutschen Edler einen Ausreißversuch. Wir erreichten Balvert etwa fünf Kilometer vor dem Ziel. Er konnte uns nicht mehr folgen und wurde vom Feld geschluckt. Auch uns drohte der große Pulk jeden Moment zu erreichen, doch wir erreichten das Stadion noch als Spitzenreiter. Gegen Edler hatte ich im Spurt keine Chance und wurde Etappenzweiter. Gleich dahinter kam schon der Niederländer Jan Janssen, der spätere Profiweltmeister, als Erster des Feldes ein. Mit rund 1:20 h Rückstand auf Gesamtsieger Täve Schur, belegte ich in der Endabrechnung einen 56. Platz und war hinter Kellermann zweitbester Fahrer unserer Landsport-Truppe. Insgesamt und vor allem durch den zweiten Rang zum Abschluss, war das natürlich keine schlechte Leistung, aber es machte sich schon bemerkbar, dass mir noch die nötige Übersicht und Abgeklärtheit fehlte. Zudem musste ich lernen, kräftesparender zu fahren. Viele haben mir Mut gemacht, „Du bist noch jung und wirst noch große Rennen gewinnen!". Ich hatte in diesem Moment allerdings erst einmal das Gefühl, kräftemäßig ziemlich am Ende zu sein und etwas kürzer treten zu müssen. Doch dafür blieb aber vorerst keine Zeit.

Premiere bei „Rund um Berlin“

Eine Woche nachdem Täve seinen Weltmeistertitel in Zandvoort erfolgreich verteidigt hatte, rief die „Berliner Zeitung“ zur 53. Auflage von „Rund um Berlin“. In den verschiedenen Altersklassen starteten insgesamt wohl mehr als eintausend Fahrer, die Erfolge der DDR-Spitzenfahrer hatten damals einen riesigen Radsportboom ausgelöst. Die Entscheidung des international besetzten Rennens über 185 km ähnelte dann der des Renak-Preises. Nachdem ich mich in der schwülen Hitze von Gruppe zu Gruppe nach vorn gekämpft hatte, gehörte ich der Spitzengruppe an, als wir vierzig Kilometer vor dem Ziel Wandlitz erreichten und plötzlich ein heftiges Gewitter niederging. Die Straßen waren in ganz kurzer Zeit richtig überspült und zusammen mit Klaus Kellermann nutzte ich diesen Zeitpunkt zu einer kräftigen Attacke. Wir fuhren wie um unser Leben. Der Vorsprung schwankte, hinter uns wurde kräftig geackert, schließlich wollten sich die Stars im Feld wie Egon Adler oder Weltmeister Schur nicht von uns Unbekannten die Butter vom Brot nehmen lassen. Aber wir blieben vorn, auch als die Straßen wieder abgetrocknet waren und Berlin erreicht wurde. In der Hauptstadt konnte ich Klaus Kellermann dann noch abschütteln und allein erreichte ich das vollbesetzte Stadion an der Cantianstraße. Mir wurde ein toller Empfang bereitet, auch wenn mich auf den Rängen noch keiner kennen konnte. Kellermann kam mit etwas mehr als einer Minute Rückstand ins Ziel, noch rechtzeitig vor Egon Adler, der an der Spitze der Verfolger, vor dem Niederländer Jan Janssen, auf den dritten Platz fuhr.

Am Rande traf ich dann DHfK-Trainer Herbert Weisbrod. Er stand mir plötzlich gegenüber und gratulierte mir. Dann sagte er „Wenn Du aus Bulgarien zurück bist, erwarten wir dich bei uns in der DHfK.“ Das klang richtig machtvoll. Ich bekam in meiner Aufregung nur ein leises „ja“ der Zustimmung heraus.

Der riesige Siegerkranz und der wassereimergroße Kristallpokal blieben in Berlin, denn unmittelbar nach dem Rennen starteten wir zur Reise nach Bulgarien. Ein Direktflug war allerdings nicht möglich. Zuerst flogen wir nach Prag. Von dort ging es dann über Budapest, Clus, Bukarest und Sofia nach Pleven.

Premierensieg beim Klassiker „Rund um Berlin“

Abschied von Rostock

Bei den „IV. Internationalen Sportspielen der Landjugend“ trafen wir auf Sportler aus mehreren Nationen und dabei auch auf erfahrene bulgarische und polnische Spitzenfahrer. Am ersten Tag wurde ein Mannschaftszeitfahren über 100 km ausgerichtet. Das gesamte fünfköpfige Aufgebot mit Manfred Jörke, Klaus Kellermann, Harald Müller, Heinz Schur und mir, ging bei 40 °C im Schatten und auf nicht abgesperrten Straßen als zweites Team hinter den Rumänen an den Start. Uns folgten die Mannschaften der Sowjetunion, Bulgariens und Polens. Wir waren gerade einmal dreiundzwanzig Kilometer gefahren, als ich einen Defekt am Sattel hatte und meine Gefährten ziehen lassen musste. Das bemerkten natürlich die Teams hinter uns und gaben „Vollgas“. Auch Harald Müller, den der umständliche Hinflug mächtig geschafft hatte und der dennoch viel für das Tempo im Team gab, fiel zehn Kilometer vor dem Ziel noch durch Reifenschaden zurück. Dennoch hatte unsere Mannschaft schon so viel Vorsprung, dass wir am Ende die Goldmedaille gewannen und Bulgariens Auswahl um eine halbe Minute auf den zweiten Rang verweisen konnten. Nicht erst nach diesem Erfolg war die Begeisterung der Zuschauer für unser Team groß. Besonders Heinz Schur musste tausende Hände schütteln und keiner der Plevener wollte ihm glauben, dass er nicht der Weltmeister, sondern dessen Bruder ist.

Zwei Tage später war dann noch das Straßeneinzelrennen über 150 km zu absolvieren. Da bildete sich schon in der Anfangsphase ein hochkarätiges Spitzenquartett mit dem Polen Fornalczyk, dem Bulgaren Kozew, einem sowjetischen Fahrer und unserem Klaus Kellermann. Schnell gewannen sie an Vorsprung und als dieser nach etwa einem Drittel der Distanz schon bei drei Minuten lag, attackierte ich und versuchte allein nach vorn aufzuschließen. Ich glaube, es waren achtzig Kilometer, die ich von nun an allein zurücklegen musste. Denn erst zehn Kilometer vor dem Ziel sah ich die vier Mann vorn. Um mir den Anschluss schneller zu ermöglichen, lies sich Klaus Kellermann zurückfallen. Zusammen schlossen wir dann wenig später auf und hofften, im Spurt den gestandenen Friedensfahrern etwas entgegensetzen zu können. Um Kozew zu schlagen, reichte es zwar nicht, aber ich wurde Zweiter. Hinter dem UdSSR-Fahrer kam dann Kellermann als Vierter ein. Das große Feld mit unseren drei Teamkameraden folgte mit über sieben Minuten Rückstand. Für meinen ersten Einsatz im Nationaltrikot war das eine sehr schöne Bilanz.

Aus Bulgarien zurück, stand sportlich gesehen mein Abschied von „Motor Rostock“ bevor. Am ersten September-Wochenende startete ich etwas wehmütig aber dennoch stolz auf das Erreichte, zusammen mit „Wlady“ Kutz, Helmut Maybaum und Jürgen Hofstetter in Lübben bei der Deutschen Meisterschaft im Mannschaftsfahren. Mit unseren Betreuern Wilhelm Otto und Gerdi Zander wohnten wir vorher in einer Herberge mitten im Spreewald. So schön es dort war, aber die Mücken haben uns damals bald aufgefressen. Bei der Meisterschaft war ein riesiges Teilnehmerfeld gemeldet. Schon ganz früh waren die Jugend-Teams gestartet. Nach ein paar Senioren-Mannschaften gingen dann etwa vierzig Vierer der sogenannten „Juniorenklasse“ an den Ablauf. Dort starteten wir mittendrin in ein windiges Rennen über Luckau, Hohenbucko, Kolochau und zurück. Unsere Platzierung war am Ende recht ordentlich, der Rostocker „Motor“ tuckerte auf den achten Platz. Der zweite Leipziger Rotations-Vierer um Egon Adler und Lothar Höhne holte sich die Meistertrikots überraschend vor der ersten DHfK-Auswahl um Schur, Eckstein, Hagen und Lörke.

Willkommen im Klub

Nach der Lübbener Meisterschaft zog ich dann von Rostock nach Leipzig, ins Internat des berühmten Leipziger Sportklubs. Dort wurde ich relativ kurz und unproblematisch von Herbert Weisbrod eingewiesen. Dann gingen wir in den Keller, wo die Rennbekleidung anprobiert wurde. Zuletzt besuchten wir den Mechaniker, bei dem ich mein neues Diamant-Rad empfing. Anschließend sah ich mich in meinem Zimmer um. Vom Fenster aus konnte man auf den Hof schauen, auf dem die Klub-Mitarbeiter gerade den Heimweg antraten. In diesem Moment klopfte es und Herbert Weisbrod schaute nochmal vorbei. Er sprach mit mir über viele Dinge und bat darum, mich bei Fragen und Problemen gleich bei ihm zu melden. Dieser Moment war für mich als Neuling wie Balsam auf die noch unsichere Seele.

Mein neuer Trainer wurde Otto Busse, Anfang der 50er Jahre selbst einmal Friedensfahrt-Teilnehmer. Er brachte mich zu meinem neuen Arbeitsplatz im Leipziger Kirow-Werk. Dort wurde ich von der Brigade herzlich begrüßt. Meine neuen Arbeitskollegen meinten: „Fahre erfolgreich Rad, die Schweißarbeiten machen wir für dich mit!". Das war für mich natürlich ein riesiger Ansporn und ich achtete darauf, dass ich von allen wichtigen Rennen regelmäßig Kartengrüße schickte, um sie am „Schwarzen Brett" immer auf dem Laufenden zu halten. Das man Vertrauen aber auch nicht leichtfertig auf's Spiel setzen darf, dass mahnte mich ein Vorfall, kurze Zeit später.

Als erstes Rennen im Trikot der DHfK stand für mich die WM-Revanche auf dem Sachsenring bevor. Das war ein sportlicher Test für die DDR-Nationalfahrer und zugleich für die Organisatoren, denn 1960 sollten die Weltmeisterschaften auf dem Sachsenring stattfinden. Weil ich mich dafür gern qualifiziert hätte, war mir dieses Revanche-Rennen sehr wichtig. Ich fühlte mich nach dem schweren Wettkampfprogramm der letzten Wochen etwas kaputt und so wollte ich es in den Tagen vor dem Rennen etwas ruhiger angehen lassen. Von einem der alten Hasen ließ ich mich verleiten, statt zur Arbeit mal ins Kino zu gehen. Ich fuhr mit dem Rad zum „Capitol" und stellte es davor ab, schloss es aber nicht an. Ich kannte die Tricks von Otto Busse nicht, der gelegentlich seine Fahrer kontrollierte und auf einer solchen Inspektionstour mein Rad vor dem Kino stehen sah. Er nahm es kurzerhand mit in den Klub und ich bekam fast einen Herzschlag, als ich aus dem Kino kam. Mein Rad war weg – drei Tage vor dem Sachsenring-Rennen! Ich suchte und fragte überall herum, aber es war nicht zu finden. Voller Angst machte ich mich auf den Weg zum Sportklub. Otto Busse stand am Tor, den Zigarrenstummel im Mundwinkel. Er verzog keine Miene als ich ihm völlig fix und fertig erzählte „Herr Busse, mein Rad wurde geklaut!". Dann feixte er und sagte: „Klaus, ich bin für eure Erziehung verantwortlich. Ich habe dein Rad mitgenommen und hoffe, dass du in Zukunft deine Pflichten erfüllst!". Das war eine klare Ansage und ich hatte wieder einmal etwas gelernt.

Meine Hoffnungen, mich beim Rennen auf dem Sachsenring gut zu präsentieren, zerstoben leider schon frühzeitig. In der zweiten Runde fuhr ich einem Belgier hinterher, wobei sich schließlich eine fünfköpfige Spitzengruppe bildete. Lange hatte sie aber keinen Bestand und am Ende des Badberges war das Feld wieder zu uns aufgeschlossen. Kurz darauf war ich aber erneut in einer kleinen Spitzengruppe vertreten, doch da dauerte es wieder nicht lange, bis der große Pulk vereint war. Dann krachte es plötzlich und meine Gangschaltung verließ mich für immer. Ich war unglaublich enttäuscht und konnte mir fortan das Rennen aus Blickrichtung der etwa 50.000 Zuschauer ansehen. Der Däne Niels Baunsoe hatte sich später mit unserem Bernhard Eckstein abgesetzt und das Rennen im Spurt gegen meinen neuen Clubkameraden für sich entscheiden können.

Schon am folgenden Samstag sollte es besser rollen. In Sebnitz wurde ein weiterer „Großer Preis des Deutschen Sportechos“ ausgetragen. Die Einwohner hatten sich bei der Organisation viel Mühe gemacht und wurden mit gutem Wetter und einem internationalen Starterfeld belohnt. Neben Belgiern, Österreichern und Niederländern war zum Beispiel auch eine BDR-Vertretung angereist. Die ersten der insgesamt zwanzig 6,5 km-Runden legte das Feld geschlossen zurück. Dann attackierte ein Belgier an der Bergwertung, wodurch wenig später eine Spitzengruppe entstand. Aus dieser blieb dann der Österreicher Damm in Front und ich führte die Verfolger in der elften Runde vor mehreren Belgiern an. Dann verlor ich den Kontakt und fiel ins Feld zurück. Zusammen mit meinem Klubkameraden Schwarz setzte ich mich noch einmal ab und kämpfte um den Anschluss an die Spitzengruppe. Innerhalb einer Runde konnte der Rückstand von einer Minute halbiert werden. In der fünfzehnten Runde war ich dann herangefahren und versuchte ohne eine Erholungsphase weiter Tempo zu machen. Die Österreicher konnten nicht mehr folgen, ich lag daher nun mit dem Belgier Geris und CSR-Fahrer Rennen in Front. Bei den Bergwertungen, die in jeder Runde ausgeschrieben waren, punktete ich noch zweimal klar vor meinen Begleitern. Sie lagen an der Steigung immer einige Meter zurück und so hoffte ich, in der vorletzten Runde allein wegzukommen. Als ich antrat, vermochten sie mir nicht mehr zu folgen und unter dem beeindruckenden Jubel der vielen Zuschauer vergrößerte ich meinen Vorsprung immer weiter. Im Ziel war etwa eine Minute vergangen, als die beiden um die Podiumsplätze spurteten und sich der Belgier den zweiten Platz sicherte. Ich hatte mein erstes Rennen für den SC DHfK gewonnen und war überglücklich.

Der nächste Sieg gelang mir schon in der folgenden Woche beim Rennen „Rund um die Spitze“ in Forst. Ich gewann dort bei einer Stadionankunft vor meinem Klubkameraden Wolfgang Braune. Er war es auch, der meinen Spitznamen prägte. Wolfgang meinte „Wer von der Küste kommt, der muss Neptun heißen!“. Es hat sich dann „Neppe“ oder „Neppi“ daraus entwickelt, was ich recht lustig fand. Ich konnte jedenfalls gut damit leben.

Anfang Oktober fuhr ich dann auch mal wieder zu Hause in Rostock ein Rennen. Die Herbstausgabe von „Rund um den Vögenteich“ stand dort auf dem Programm. Mit dabei waren natürlich meine ehemaligen Kameraden von „Motor Rostock“ wie „Wlady“ Kutz oder Jürgen Hofstetter. Da gab es natürlich ein großes „Hallo“, denn auch sie hatten verfolgt, dass mein Auftakt im Leipziger Trikot nicht ohne Erfolg geblieben war. Ich attackierte gleich nach dem Start, wollte mich auch hier unbedingt von der besten Seite zeigen. Es blies ein heftiger Wind und weil der bei einem Alleingang besonders viele Kräfte forderte, hoffte ich auf Begleiter. Die fanden sich aber nicht und so wartete ich auf das Feld. Dann sprangen die Motor-Fahrer gleich zu dritt davon und ich heftete mich an ihre Fersen. Am Ende ging es mit einem größeren Feld zum Massenspurt, den ich zu meinen Gunsten entscheiden konnte.

Nach einem kurzen Aufenthalt zu Hause bei meinen Eltern, ging ich anlässlich des „Tages der Republik“ in Magdeburg und Haldensleben an den Start und belegte dort vordere Plätze. Zum Abschluss der Straßensaison war Mitte Oktober dann der „Oberlausitzer Grenzlandpreis“ in Leutersdorf zu fahren. In der ersten Hälfte des 90 km langen Rennens blieben Ausreißversuche erfolglos, das Feld blieb zusammen. Alles ging zunächst ganz locker zu, wir hatten viel Spaß. Erst am Ende wurde es härter und ich startete einen Soloritt. Wie schon in Forst gewann ich vor meinem Leipziger Klubkameraden Wolfgang Braune, diesmal allerdings mit rund einer Minute Vorsprung.

Einen besseren Saisonausklang hätte es kaum geben können. In der Jahreswertung der „Radsportwoche“ belegte ich den achten Platz und man bescheinigte mir einen „kometenhaften Aufstieg“. Ich wollte mich weiter steigern und hatte im Leipziger Klub nun wohl die besten Ausgangsbedingungen dafür. Es lag an mir, im Winter daraus etwas zu machen, um im Olympiajahr 1960 mein Ziel zu erreichen, an der Weltmeisterschaft auf dem Sachsenring teilnehmen zu können.

Im Land der Pharaonen

Gleich im Januar flogen wir unter Leitung von Werner Schiffner mit einem fünfköpfigen Nationalteam zur Ägypten-Rundfahrt. Mit dabei: Wolfgang Braune als Kapitän, Manfred Brüning, Kurt Müller, Horst Oldenburg und ich als Jüngster des DDR-Aufgebots. Wir landeten per Direktflug in Kairo und erlebten den ägyptischen Winter, der bei uns noch allemal einen ordentlichen Frühling hergeben würde. Im Land der Pharaonen hatten wir also gute Bedingungen uns auf die ersten großen Rennen vorzubereiten, wenngleich hier auch schon Leistungen erwartet wurden. Die DDR-Teams hatten bei den ersten Ägypten-Rundfahrten mehrfach schon eine sehr gute Rolle gespielt. Im Vorjahr war mit Gerhard Löffler zum zweiten Mal einem unserer Auswahlfahrer der Einzelsieg gelungen.

Von Kairo aus ging es per Bahn ins 700 km entfernte Luxor, wo die Rundfahrt gestartet wurde. Die erste Etappe führte über 221 km nach Sohag. Der Kurs war flach aber dennoch sehr schwer, denn die Lehmstraßen hatten immer einen mehreren Zentimeter hohen „Zusatzbelag“ aus Wüstensand, der durch den zumeist heftigen Wind heraufgeschoben wurde. Nach der Hälfte des Rennens attackierte ich zusammen mit Kurt Müller. Uns schloss sich noch CSR-Fahrer Revay an und schnell machten wir uns im wahrsten Sinn des Wortes „aus dem Staube“. Im Feld bremsten unsere drei übrigen Mannschaftsgefährten ordentlich, so dass sich der Vorsprung immer weiter ausbauen ließ. In Sohag hatte dann Kurt die schnellsten Beine, ich belegte den zweiten Rang. Damit war das Gelbe Trikot gleich zu Beginn in der DDR-Mannschaft – ein Auftakt nach Maß! Erstaunlich war das Regenerationsvermögen von Hussein Aduf, einem ägyptischen Fahrer, der mit einer halben Stunde Rückstand ins Ziel kam. Im Hotel gab er nur wenig später eine artistische Einlage, die es mir kalt über den Rücken laufen ließ. Zuerst betete er zu Alah und dann machte er auf einem Treppengeländer in der dritten Etage einen sauberen Handstand.

Wir trauten unseren Augen nicht. Hussein war ein netter Kerl. Auf den folgenden Etappen hatten wir gemeinsam noch viel Spaß.

Am nächsten Tag waren wir noch erfolgreicher. Die Etappe war nur halb so lang wie die des Vortages. Als bei heftigem Kantenwind ein griechischer Fahrer ausriss, setzten wir ihm zu dritt nach. Am Ende gewann Horst Oldenburg die Etappe, „Kutte" Müller fuhr im Gelben Trikot auf den zweiten und ich auf den dritten Platz. Besser konnte es eigentlich nicht laufen – oder doch? Zwanzig Kilometer vor dem Ziel der dritten Etappe in Minjeh attackierte ich zusammen mit Manfred Brüning. Mit zweieinhalb Minuten Vorsprung trafen wir im Zielort ein und ich übernahm nach dem Tageserfolg auch das Gelbe Trikot des Führenden. Für Kurt Müller sollte der Verlust der Spitzenposition jedoch nicht endgültig sein …

Horst Oldenburg holte sich am Folgetag am Ende eines besonders staubigen Rennens seine zweiten Etappensieg im Spurt einer größeren Gruppe. Ich konnte die Führung verteidigen, ebenso wie am Ende der fünften Etappe, als Manfred Brüning unsere Erfolgsserie fortsetzte. Diese wurde erst in Suez gestoppt. Nicht zum ersten Mal lief ein Esel auf die Straße, sorgte aber diesmal dafür, dass das Feld geteilt wurde. Dabei setzte sich eine Spitzengruppe ab, in der von uns immerhin Manfred Brüning und Wolfgang Braune fuhren. Den Sieg erspurtete sich CSR-Fahrer Fagala, in der Spitze der Gesamtwertung blieb alles wie gehabt.

Nach einem dritten Etappensieg von Horst Oldenburg war ich dann wieder „dran". Ich attackierte energisch und fuhr trotz starkem Seitenwind ein langes Solo. Am Ende kam ich mit 2:45 min Vorsprung ins Ziel und vergrößerte mein Zeitpolster in der Gesamtwertung zu „Kutte" auf fast sieben Minuten. Doch Erfolg und Misserfolg, Glück und Pech liegen ganz nah beieinander.

Die neunte Etappe führte über 145 km von Chebin nach Damietta, immer am Suez-Kanal entlang. Es waren gerade 65 km zurückgelegt, als wir durch eine kleine Ortschaft fuhren, in der sich eine ganze Menge Zuschauer versammelt hatte. Ich fuhr auf der linken Seite einer langgezogenen Staffel. Ein Polizist stand zwischen den Leuten und hatte ein Karabiner-

Gewehr umgehangen, dessen Kolben nach vorn zur Straße gerichtet war. Das konnte ich nicht sehen und selbst wenn, wäre ein Ausweichen kaum möglich gewesen. Ich donnerte mit der Schulter davor und stürzte. Meine Mannschaftskameraden warteten alle auf mich, ich bekam ein Ersatzrad gereicht, aber die Fahrt war entsetzlich. Ich konnte nur mit einer Hand den Lenker halten und schließlich nahm mich unser Mannschaftsarzt, Dr. Israel aus dem Rennen. Es bestätigte sich ein Schlüsselbeinbruch. Das konnte doch nicht war sein! Ich war totunglücklich, so nah an einem internationalen Rundfahrtsieg und dann so ein Pech.

Ich wurde dann mit einem Rucksackverband nach Kairo, zu einer Familie in unserer Botschaft gebracht. Die Familie hat mich sehr gut betreut und mir alle Wünsche erfüllt. Nach einigen Tagen machten sie mit mir

Etappensieg bei der Ägypten-Rundfahrt

einen Tagesausflug zu den Pyramiden, der für mich zu einem unvergesslichen Erlebnis wurde. Bei dieser Familie blieb ich dann, bis die Rundfahrt beendet war und ich in Kairo meine siegreichen Kameraden begrüßen konnte. „Kutte" Müller hatte nach mir das Gelbe Trikot übernommen und es bis zum Ziel in der ägyptischen Hauptstadt nicht mehr abgegeben. Dort hatte sich zum vierten Mal Horst Oldenburg einen Etappensieg geholt, nachdem am Vortag Wolfgang Braune der Erfolg durch einen auf die Straße gelaufenden Ordner verdorben wurde. Glücklicherweise war er wenigstens nicht zu Fall gekommen.

Höhepunkte noch ohne mich

Als die Verletzung auskuriert war, ging ich dann Anfang März auf der Berliner Winterbahn an den Start eines Mannschaftsrennens. Aber meine Hallenbahn-Premiere dauerte nicht lange, schon in einer der ersten Runden passierte es. Ich stürzte und fand mich mit Verdacht auf Schlüsselbeinbruch im Innenraum wieder. Zum Glück war es „nur" eine Schulterprellung. Dennoch hatte ich Bedenken, ob ich für den Start der Straßensaison noch rechtzeitig wieder in Form kommen könnte. Doch der Ärger über das Missgeschick fand Anfang April ein versöhnliches Ende.

Beim Rennen „Rund um Potsdam" wurde der Saisonauftakt vollzogen. Drei große Runden waren zurückzulegen. Nach der Hälfte der Distanz war das Feld mächtig zusammengeschrumpft. Dreißig Kilometer vor dem Ziel attackierte Rudi Kirchhoff, er fuhr einen heftigen Zwischenspurt. Ich konnte mit Wolfgang Braune und Kurt Müller zu ihm aufschließen, alle anderen verloren den Kontakt. Dann hieß es, den Vorsprung auszubauen. Während ich vorn das Tempo machte, hatte Rudi Kirchhoff an dritter Position auf dem Kopfsteinpflaster von Neufahrland eine folgenschwere Idee. Wie er mir später verriet, wollte er Wolgang Braune abhängen, von dem er wusste, dass er ihn im Spurt wohl nicht schlagen könnte. Also lies er abreißen und tat so, als ob er nicht mehr könne. Nun sollte Braune die entstandene Lücke mit aller Kraft zufahren. Doch der sagte zu Rudi: „Da musst Du schon selbst hinfahren!". Wir hatten bei dieser Aktion jedoch schnell Boden gewonnen und zogen zu zweit davon. Im Potsdamer „Ernst

Thälmann-Stadion“ hatte ich dann die Nase vorn und verwies „Kutte“ Müller auf den zweiten Rang. Nach den beiden Verletzungspausen, war es somit also doch noch zu einem glücklichen Saisonbeginn gekommen.

Obwohl ich nicht zum Friedensfahrt-Kaderkreis gehörte, wollte ich mich bei den Rennen mit unseren Auswahlfahrern immer von der besten Seite zeigen. Noch waren die Weltmeisterschaft im eigenen Land oder sogar die Olympischen Sommerspiele in Rom ein lohnendes Ziel. Beim Klassiker „Berlin – Leipzig“ belegte ich im Spurt der Spitzengruppe nur einen vierzehnten Platz. Beim großen ND-Preis in Leipzig stand ich dann schon wieder als Dritter auf dem Podium. Während sich die Friedensfahrt-Mannschaft bereits in Prag auf den Start der Fahrt vorbereitete, gewann ich am Maifeiertag ein windiges und verregnetes Straßenrennen in Döbeln. Wolfgang Braune wurde Zweiter und so sorgten wir für einen DHfK-Doppelsieg.

Schon eine Woche später stand dann in Venusberg eines unserer DDR-Auswahlrennen an. Für alle Sportklub-Fahrer der ersten Leistungsklasse, die nicht gerade internationale Aufgaben hatten, war die Teilnahme daran Pflicht. Das anspruchsvolle Rennen führte über zehn Runden zu je 15,5 km. In der sechsten Runde ging am Gehlenauer Berg die Post ab. Ich konnte mich zusammen mit Lothar Höhne und zwei weiteren Fahrern absetzen. Später attackierte Höhne. Er kam weg, ich folgte ihm allein. Am Ende belegte ich mit etwas mehr als zwanzig Sekunden den zweiten Platz. Doch trotz guter Ergebnisse hat nie ein Trainer meine Leistungen gewürdigt. Waren die Plätze für die WM auf dem Sachsenring oder die Olympischen Spiele in Rom bereits vergeben?

Die vielen Etappensiege unseres Friedensfahrt-Sextetts sorgten allerorten für eine tolle Stimmung. Das letzte Drittel des Rennens führte durch die DDR und nach Frankfurt (Oder) und Dresden gab es schließlich auch im Leipziger Zentralstadion eine Zielankunft. Der riesige Kessel war voll besetzt. Einhunderttausend Zuschauer auf den Rängen – wir Klubsportler unten im Innenraum. Ersatzfahrer Manfred Weißleder hatte das Gelbe Trikot, nachdem er bereits vier Etappen gewonnen hatte. Unser Team trug von Beginn an die „Blauen“, denen damals mehr Bedeutung zugeschrieben wurde, als der Einzelwertung. Die Spannung, was nun in Leipzig passieren könnte, war riesig. Als die Fahrer dann durch das Stadiontor spurteteten, brach der Jubel los. Drei Blaue Trikots und das „Gelbe“ fuhren an der Spitze auf die Bahn. Vorn Erich Hagen, dann Adler, dahinter Weißleder und Eckstein – ein Vierfachsieg! Die Stimmung im Stadion war unbeschreiblich. Noch musste ich mich mit der Rolle als Zuschauer zufrieden geben, doch im nächsten Jahr wollte ich unbedingt selbst dabei sein, wenn es dann von Warschau über Berlin nach Prag gehen sollte.

Im Sommer 1960 wurde für die erfolgreiche DDR-Friedensfahrtmannschaft, mit der unser Klubkamerad Erich Hagen buchstäblich in der letzten Minute den Einzelsieg errungen hatte, eine große Feier für alle Aktiven und Angestellten der DHfK veranstaltet. Bei schönem Wetter haben wir draußen auf dem Hof des Klubgeländes gefeiert. Es wurde gegrillt und auf den großen Erfolg auch ausnahmsweise Bier und natürlich ein Glas Sekt gereicht. Als alle Reden (das waren ja damals nicht wenige) abgeleiert waren, wurde auch getanzt – vornehmlich mit den Ruderinnen, die an diesem Abend besonders stark vertreten waren. Ich war damals noch sehr schüchtern, aber nach einem Glas Sekt und zwei Bieren war ich aufgetaut. So bat ich eine Ruderin mit Namen Waltraut zum Tanz, auf die ich schon seit einiger Zeit „ein Auge geworfen“ hatte. Sie studierte an der DHfK Sport und Deutsch und ruderte im Vierer und im Achter. Nach der Feier sahen wir uns nur ab und zu einmal, weil gerade in den Sommermonaten sowohl für mich, als auch für sie ja Trainingslager und viele Wettkämpfe auf dem Programm standen. Manchmal bekamen wir uns gleich mehrere Wochen nicht zu Gesicht.

Erst im Winter, nachdem es für mich weder mit einem Startplatz bei der WM oder den Olympischen Spielen geklappt hatte, war für Waltraut und mich etwas mehr Gelegenheit, um Kino-, Theater- oder Tanzveranstaltungen zu besuchen. Die Beziehung zwischen Waltraut und mir entwickelte sich. Im Laufe der Zeit gab es natürlich auch mal kleinere Krisen, weil unsere Ansichten nicht immer gleich waren. So ist Waltraut schon dann und wann mal schnell nach Zerbst heimgefahren, ohne dass ich etwas wusste und ich ging wiederrum schon mal mit meinen Freunden auf „Tour“. Auch mein großes Interesse am Schachspielen nahm viel Zeit in

Anspruch und oft dauerten Partien bis in die Morgenstunden. Schließlich fand ja in Leipzig 1960 die Schachweltmeisterschaft statt! In der Liebe plätscherte es daher etwas gemächlich dahin. Nach vielem Hin und Her waren wir dann aber doch fest entschlossen zusammenzubleiben.

Schwärmereien im „Grand Hotel"

Im Januar 1961 fuhr ich mit dem fünfzehnköpfigen Nationalmannschaftskader in die Hohe Tatra nach Stary Smokovec, einem schönen slowakischen Wintersportort in der Nähe von Strebske Pleso. Nach zwölfstündiger Zugfahrt waren wir zwei Wochen lang im „Grand Hotel" untergebracht. Die Zimmeraufteilung war sehr gemischt. Ich wohnte zusammen mit meinem Clubkameraden Erich Hagen. Mit dem aktuellen Friedensfahrt-Sieger das Zimmer zu teilen, war eine besondere Ehre.

Wir trainierten täglich im spärlichen Schnee, spielten Eishockey und kletterten in den Bergen. Es war mit 15 bis 20 Grad minus sehr kalt. Unsere Räder, die wir mitgenommen hatten, nutzten wir nicht. Am Abend habe ich mich meist sehr lange mit Erich ausgetauscht. Er war zwar vier Jahre älter, dennoch verstanden wir uns sehr gut. Während ich mit Waltraut damals gerade erst eine Freundin gefunden hatte, war er schon verheiratet. Unser Hauptthema war jedoch selbstverständlich der Radsport und so kamen wir auch immer wieder auf den Profisport zu sprechen. Durch meinen Klubkameraden Wolfgang Braune hatte ich bereits im November 1960 schon einmal Kontakt zum Metier der Berufsfahrer. Wolfgang fragte mich damals, ob ich Lust dazu hätte, mit ihm zum Westberliner Sechs-Tage-Rennen zu fahren. Ich sagte natürlich sofort zu und wir fuhren in seinem Mercedes zur „Deutschlandhalle". Was ich dort dann erlebt habe, hat mich sehr beeindruckt. Bis dahin kannte ich ja nur die Berichte aus den Zeitungen. Das war ein Trubel! Die Halle war voll und Wolfgang kannte viele der Aktiven. Er stellte mich ihnen vor und das machte mich richtig stolz. Auf der Bahn erkannte ich schon eine ganze Reihe von Fahrern, darunter Rudi Altig, Hennes Junkermann, Rolf Wolfshohl, Klaus Bugdahl, Rik an Steenbergen und andere. Erst am frühen Morgen gegen drei Uhr fuhren wir wieder zurück nach Leipzig und dabei brannte in mir plötzlich ein ganz anderes Feuer.

Mit diesen Erlebnissen vor Augen fachsimpelte ich mit Erich in unserem Smokovecer Hotelzimmer über Profirennen und wir malten uns aus, wie es wäre, wenn wir auch dort fahren könnten. Erich sagte mir eines Abends, er hätte gute Beziehungen zu Leuten, die im Profiradsport arbeiten, zum Beispiel Erich Bautz in Dortmund oder Otto Ziege in Westberlin. Mit denen könne man wegen eines Profivertrages reden. Für den Moment machte mich das neugierig, aber so schnell es gesagt war, so schnell geriet das danach auch wieder in Vergessenheit. Wir hatten schließlich noch viele andere Themen rund um die Familie, die Wohnung oder Autos zu besprechen. Mit der Heimkehr zog dann wieder der Alltag ein – Training, Arbeit und Freizeit. Das große Ziel für mich war ein Platz in der DDR-Friedensfahrtmannschaft 1961!

Am Boden zerstört

Mitte März ging es für uns ins Trainingslager in der Dübener Heide. Danach fuhren wir nach Rumänien, um weitere Trainingskilometer zu sammeln. Wir starteten auch beim rumänischen Saisoneröffnungsrennen, das Täve Schur knapp vor Manfred Weißleder gewann – ich kam kurz dahinter als Fünfter ein. Ich fühlte mich dabei in guter Form, fuhr bei den Vorbereitungsrennen in Leipzig dann ebenfalls stark, war aber mit den Platzierungen nicht so ganz zufrieden. Dennoch rechnete ich mit einem Platz in der FF-Mannschaft. Meine Bolzerqualitäten und die offensive Fahrweise, die ich in so vielen Rennen schon gezeigt hatte, schienen mir ein starkes Argument zu sein. Lediglich der Gedanke an die Erfolge des DDR-Teams vom Vorjahr machte mich noch unsicher. Nimmt man die alte Mannschaft noch einmal, oder sollte ich dabei sein?

Dann kam Mitte April schon der Tag der Nominierung in Leipzig. In den Räumen jenes Sportclubs, in dem ich mich schon fast zwei Jahre lang auf das „große Rennen" vorbereitet hatte, sollte nun die Entscheidung verkündet werden. Auch nach der Einschätzung der Kaderfahrer durch die Trainer war ich weiterhin optimistisch, aber mit der namentlichen Nominierung von Täve Schur, Egon Adler, Bernhard Eckstein, Erich Hagen, Lothar Höhne und Manfred Weißleder brach für mich dann eine Welt zusammen. Die Mannschaft war nur an einer Position verändert worden.

Dort, wo ich mich gesehen hatte, setzte man Lothar Höhne ein. Mir kam die Rolle des ersten Ersatzfahrers zu. Ich fühlte mich, als würde ich neben mir sitzen. Was müssen wohl die anderen in diesem Moment aus meinem Gesicht abgelesen haben? Die Journalisten stellten den sechs Nominierten und den Trainern viele Fragen, nur aus der hinteren Reihe wollte ein Einzelner wissen, warum ich lediglich als Ersatzmann im Aufgebot sei. Als später noch Auskünfte bei mir selbst eingeholt wurden, kamen mir die Tränen. Auch die guten Worte von Täve Schur halfen mir nicht – im Gegenteil. Aus meiner Sicht hatte er sich nicht genug für seinen Klubkameraden eingesetzt, zumal er als Kapitän großen Einfluss auf die Nominierung des Teams nahm.

Anschließend stand der Termin für das traditionelle Mannschaftsfoto auf dem Programm. Auch für den Ersatzmann war Teilnahme Pflicht. Gleich danach zog ich mich aber auf mein Zimmer zurück. Ich versteckte mich vor den Journalisten, die gemerkt hatten, wie nah mir diese Entscheidung ging und wollte damit der Situation aus dem Wege gehen, noch völlig aus der Rolle zu fallen.

Trotz der vielen Tröstereien, insbesondere durch Erich Hagen und Wolfgang Braune, verstand ich einfach die Welt nicht mehr. Abends nahm ich dann mein Rad und ballerte in Leipzig durch die Straßen – irgendwie musste ich mich abreagieren. Von diesem Zeitpunkt an beschäftigten mich viele Dinge.

Nachdem man im Vorjahr noch kurz vor dem Start den Ersatzmann Manfred Weißleder von seinem Heimatort Weimar nach Prag bringen musste, bevor er dann sage und schreibe vier Etappen gewann, war 1961 für den „Reservisten" die Mitfahrt zum Startort Warschau nicht zu umgehen. Ich hegte dennoch überhaupt keine Hoffnungen auf solch einen Einsatz, zumal dann einer der nominierten Fahrer hätte erkranken müssen. Das wünschte ich niemanden. Zwar hatte sich dann ausgerechnet Täve Schur ein wenig erkältet, doch so gefährdet, wie es später in den Zeitungen zu lesen war, ist sein Start kaum gewesen. Nicht einen Moment lang hat mir seine Halsentzündung Hoffnung gemacht.

Gut, dass man nicht Gedanken lesen kann, dachte ich mir und machte einen Plan: Wenn ich wieder zu Hause bin, suche ich Kontakt zum Profiradsport bei Otto Ziege in Westberlin! Bis dahin trainierte ich zusammen mit unserer Mannschaft entlang der Weichsel, dachte daran, wie ich zwei Stunden später wieder im Hotelzimmer verschwinden werde. Dort war es sehr ruhig, die Journalisten kümmerten sich um die anreisenden Teams. Am 2. Mai fuhr ich mit der Mannschaft ins Stadion ein. Zu gern hätte ich dieses Gefühl genossen, denn einhunderttausend Menschen warteten im vollbesetzten Oval auf den Start zur ersten Etappe. Als dieser dann vollzogen war, verspürte ich eine gewisse Erleichterung, denn ich hatte ja nun neue Ziele im Visier.

Die Auftaktetappe dieser Friedensfahrt führte „Rund um Warschau" und dreimal durchquerte das Fahrerfeld das Stadion. Als der bunte Pulk dann ein viertes Mal hereinspurtete, ging es um den Tagessieg, das „Gelbe" und die Blauen Trikots. Ausgerechnet Lothar Höhne gewann vor UdSSR-Fahrer Gainan Saidchushin und bestätigte spätestens damit die Richtigkeit seiner Nominierung. Unsere Mannschaft holte sich gleich zum Auftakt die begehrte Führung in der Teamwertung. Die Trainer hatten wohl klug entschieden, nicht mich, sondern Lothar in die Mannschaft zu nehmen.

Bei mir konzentrierte sich alles auf die Rückreise. Noch am Abend gegen 22 Uhr ging der Schlafwagenzug nach Berlin. Ob ich von dort aus dann weiter nach Leipzig oder Rostock fahren würde, wusste ich noch nicht. Ich wollte auf jeden Fall nach meiner Ankunft in Berlin einen Abstecher zum Funkturm im Westteil der Stadt machen. Entschlossen und wieder etwas gelassener, verabschiedete ich mich nach dem Abendessen von unserer Mannschaft. Ich saß an diesem schönen Maiabend dann noch mit Journalisten auf einer Bank und plauderte über alles Mögliche. Anschließend unterhielt ich mich noch lange mit Klaus Huhn, einem der Renndirektoren und zugleich Sportchef des „Neuen Deutschlands". Auch er versuchte Trost zu spenden und machte mir Hoffnungen auf das nächste Jahr.

Man brachte mich mit dem Auto zum Hauptbahnhof. Ich zählte ungeduldig die letzten Minuten bis zur Abfahrt des Zuges. Als er dann anrollte, fing ich an auf dem Bett des Schlafwagenabteils die Erlebnisse der letzten Tage etwas Revue passieren zu lassen. Ich hoffte einerseits, mich nicht um Kopf und Kragen geredet zu haben, andererseits mich schnell aus dieser Enttäuschung befreien zu können. Sollte ich meinen Aufenthalt in Berlin wirklich dazu nutzen, um die Fühler nach einem Profivertrag auszustrecken? Die Schwärmereien aus dem Wintertrainingslager könnten nun vielleicht ganz schnell Realität werden. Ab und zu schlief ich für kurze Zeit ein, aber je näher die Grenze kam, desto stärker beschäftigte mich dann doch der Weg zum Funkturm. Bei der Passkontrolle sagte der freundliche Grenzer zu mir: „Na Herr Ampler, im nächsten Jahr sind sie auch dabei!“ Ich grinste und sagte überzeugend „Natürlich!“. Der junge Mann konnte meine Gedanken nicht erahnen.

In Berlin angekommen, betrat ich den Bahnsteig des Ostbahnhofs und obwohl nur wenige Leute auf ihre Züge warteten, fühlte ich mich von jedem beobachtet. Ich glaubte, alle würden jetzt verfolgen, ob ich weiterfahre oder den Bahnhof verlasse. Nach wenigen Minuten saß ich in der S-Bahn in Richtung Funkturm. Die Fahrt kam mir unendlich lang vor und immer wieder quälte mich das Unbehagen, etwas „Verbotenes“ zu tun. Je näher dann das Ziel kam, umso aufgeregter wurde ich. Von der S-Bahn-Station waren es dann nur noch wenige Schritte, schnell stand ich vor der Bürotür von Otto Ziege. Die Klingel schrillte laut und eine junge Frau öffnete die Tür. Auf meine Frage nach Herrn Ziege sagte sie mir, dass er gerade in Westdeutschland wäre und erst in der nächsten Woche wieder im Büro anzutreffen sei. Sie fragte mich, ob sie ihm etwas ausrichten solle, doch das was ich zu sagen hatte, war nur persönlich zu besprechen. Ich verabschiedete mich und war erneut unglaublich enttäuscht. War in diesem schönen Monat denn nur alles gegen mich? Jetzt musste ich neue Pläne schmieden und dabei hoffen, dass niemand der Verantwortlichen von meinem Vorhaben erfahren hatte. Sollte ich es wenigstens Waltraut erzählen?

Ich nahm den nächsten Zug nach Leipzig, schlief fast die gesamte Fahrt über und war somit schnell wieder im Sportclub. Waltraut traf ich dort nicht an, sie war nach Berlin ins Trainingslager gefahren. Der Nachmittag reichte aus, die wichtigsten Sachen einzupacken und den Abendzug nach Rostock zu nehmen. Dort kam ich schließlich hundemüde bei meinen Eltern an, denn dieser Tag war härter und aufregender als ein schweres Radrennen. Am folgenden Sonntag startete ich schon wieder zum Rostocker „Vögenteichrennen“, das ich gewinnen konnte. Naja, für einen FF-Ersatzmann gehörte sich das wohl auch so.

Eine Woche später war ich auch bei „Rund um das Saaletal" in Pößneck siegreich und startete am folgenden Wochenende bei einem DDR-offenen Mannschaftsrennen über 60 km in Lübben. Wir gingen als „SC DHfK Leipzig I" an letzter Stelle in den Wettbewerb. Meine drei Teamkollegen fuhren mit so hohem Tempo von Start weg, dass ich bereits nach zehn Kilometern total übersäuert war und den Anschluss verlor. Ich traute mich gar nicht zurückzukehren. Ich dachte, Herbert Weisbrod reißt mir den Kopf ab. Weil Wolfgang Grabo dann auch noch zwei Reifenschäden bekam, kehrten Günter Lörke und Günter Lux noch vor Erreichen der Wendemarke wieder um. Unser Vierer war damit aus dem Rennen. Eine Blamage, nachdem wir dort als Favoriten gestartet waren! Ich hatte nun Bange, dass wegen dieser Vorstellung mein geplanter Start in Wien flachfallen würde. Es blieb aber trotzdem bei der Nominierung.

Italienische Offerte

Am ersten Juniwochenende fuhren wir dann mit einem fünfköpfigen Auswahlteam nach Österreich. Dort wurde das Zwei-Etappenrennen „Wien – Gresten – Wien" ausgetragen und neben mir waren für unsere Mannschaft Wolfgang Braune, Manfred Brüning, Günter Lörke und Jörg Grunzig am Start. Am Sonnabend stand der erste Abschnitt zwischen Wien und Gresten auf dem Programm. Die Strecke war recht bergig, und regnerisches Wetter mit starkem Gegenwind waren unsere ständigen Begleiter. Wir begannen schon früh zu attackieren. Die österreichischen Rennfahrer zeigten sich stark und parierten unsere Angriffe. Vor allem Schattelbauer war immer im Bilde und startete selbst einige Vorstöße, die wir aber mit Gegenattacken vereiteln konnten. Kurz vor dem Finale hatte sich die Spitze durch das hohe Tempo auf etwas mehr als ein Dutzend Fahrer reduziert. Als die letzten 15 Kilometer angebrochen waren, startete ich erneut einen Angriff. Schnell gewann ich Vorsprung, wenngleich Schattelbauer versuchte, mein Hinterrad zu erreichen. Er schaffte es nicht und fiel in die Verfolgergruppe zurück. Dort beteiligten sich meine Teamkollegen natürlich nicht mehr an der Führungsarbeit und so erreichte ich in Gresten als Sieger mit eineinhalb Minuten Vorsprung das Ziel.

Auf der sonntäglichen Rückfahrt nach Wien hatten wir erneut schlechtes Wetter und wieder zeigten sich die Österreicher in bester Verfassung. Das aktionsreiche Geschehen führte dazu, dass viele Fahrer das Rennen vorzeitig beendeten. Von unserem Team waren nur noch Günter Lörke und ich dabei. Trotzdem hielten wir den angriffslustigen Schattelbauer zumindest so weit in Schach, dass er erst kurz vor dem Ziel in Wien in einer etwa achtköpfigen Spitzengruppe davon kam und den Endspurt vor Lörke gewann. Meinen Vorsprung in der Gesamtwertung konnte er aber nicht wesentlich verringern. Nach der Siegerehrung sagte der Betreuer der italienischen Mannschaft plötzlich zu mir: „Klaus, komm steig ein, Du kannst bei uns in Italien ein großer Profi werden!". Ich lehnte spontan ab, weil mich die Erfolge der letzten Tage wieder viel optimistischer gestimmt hatten und ich die Verwirklichung meiner Profiträume auf unbestimmte Zeit verschoben hatte.

Solch ein Angebot schmeichelte mir natürlich sehr und so habe ich mich auch im engeren Freundeskreis hin- und wieder einmal dazu hinreißen lassen, mir meine Möglichkeiten besonders farbenfroh auszumalen. Natürlich achtete ich darauf, dass meine Profi-Schwärmereien nicht zu weite Kreise zogen und hielt die Zahl der „Mitwisser" übersichtlich. Wichtiger als die Überlegungen zu den sportlichen Zielen der Zukunft waren aber ohnehin die Rennen der Gegenwart und die Qualifikation für die Weltmeisterschaft in Bern.

Auf dem Wege dahin gelang mir ein Überraschungserfolg. Ich überraschte aber nicht die Zuschauer oder die Fachleute, sondern eher mich selbst. Mitte Juni wurde im Rahmen des Pressefestes der „Leipziger Volkszeitung" ein Straßenrennen veranstaltet. Schon früh war dort eine fünfköpfige Spitzengruppe entkommen. Ich hatte mich später allein auf die Verfolgung gemacht, erreichte aber nur einen abgefallenen Fahrer und wähnte mich als Fünfter im Ziel. Ich war völlig verblüfft, als mich der Wettkampfausschuss anschließend zum Sieger erklärte, doch die Spitzengruppe hatte eine geschlossene Bahnschranke zu Fuß umgangen und das verstieß gegen die Wettkampfbestimmungen. Ohnehin hatten Bahnschranken das Rennen an diesem Tag stark beeinträchtigt. Das Hauptfeld war sogar gleich zweimal mitten in der Verfolgung der Spitzenreiter gestoppt worden.

WM-Start fest im Visier

Nachdem ich den Juni mit drei weiteren Siegen bei nationalen Straßenrennen sehr erfolgreich abgeschlossen hatte, startete ich im Monat darauf mit der ersten DHfK-Auswahl bei der „II. Ostseewoche". Im Rahmen dieses internationalen Sporttreffens der Ostseeländer, fand dort wieder eine hochkarätige Rad-Etappenfahrt statt. Während ich im Vorjahr als Etappenfünfter in Güstrow noch mein bestes Einzelresultat herausgefahren hatte und am Ende Siebenter der Gesamtwertung geworden war, gelang mir der Einstieg in diesem Jahr gleich mit einem Etappensieg in meiner alten Heimatstadt Rostock. Der Erfolg wäre eigentlich an den Magdeburger „Kutte" Müller gegangen, der sich am Ende der total verregneten Etappe etwas von der Spitze absetzen konnte, sich dann aber unmittelbar vor dem Stadion verfuhr. Mit dem Erfolg übernahm ich zugleich das Gelbe Trikot, das mir am Ende des zweiten Tages Dieter Ruthenberg, wieder abjagen konnte. Nach dem Einzelzeitfahren von Güstrow nach Rostock holte ich es mir jedoch als Tageszweiter wieder zurück und verteidigte es mit einem zweiten Etappensieg in Greifswald am vorletzten Tag auch bis zum Schluss. Mein Ziel, für das WM-Team unseres Landes nominiert zu werden, rückte mit diesem Erfolg ein ganzes Stück näher.

Eine Woche später fand dann unsere Straßenmeisterschaft statt. In Gersdorf bei Kamenz wurde der Titelkampf ausgetragen. Die Entscheidung um das Meistertrikot fiel erst in der letzten Runde ausgangs eines Anstieges, als sich Täve Schur mit Bernhard Eckstein absetzen konnte und ihn im Zielspurt klar distanzierte. Beide hatten damit für einen DHfK-Doppelsieg gesorgt. Ich spurtete in der Gruppe der Verfolger auf Rang acht.

Der Sommer 1961 hielt vor der Weltmeisterschaft in der Schweiz dann noch die DDR-Rundfahrt für uns bereit, bei der die Würfel um die Nominierung unseres Nationalteams fallen sollten. Vier Tage vor dem Start in Berlin, fuhr ich noch das Rennen „Rund um Buna", das für die WM-Kader ebenfalls in Form eines Qualifikationswettbewerbes angelegt war. Dieser Renntag ist mir bis heute sehr nachdrücklich in Erinnerung geblieben.

Schock am 13. August

Als ich am Sonntag, dem 13. August als Erster um 6.00 Uhr in unseren Klub-Bus stieg, hatte der Fahrer das Radio eingeschaltet und dort verlas der Sprecher gerade die Meldung, dass an der Sektorengrenze in Berlin ein „antifaschistischer Schutzwall“ errichtet worden sei. Ich glaube, mir sind dabei alle Gesichtszüge entglitten. Von einem Moment auf den anderen wurde mir bewusst, dass mir mein Mai-Ausflug nach Westberlin und meine dem einen oder anderen durchaus bekannten Profiträume jetzt zum Verhängnis werden könnten. Ich bekam sogar Angst, dass man mich einsperren würde und ich sportlich überhaupt keine Pläne mehr zu machen bräuchte. Meine Enttäuschung und die schlimmen Befürchtungen verwandelten sich bei mir aber binnen kürzester Zeit in die unglaubliche Motivation, es jetzt allen zeigen zu wollen. Sie sollten es nicht leicht haben, mich trotz der vielen Erfolge so einfach aus dem Verkehr zu ziehen! Beim Rennen mit Start und Ziel in Merseburg und einer großen Schleife bis Eisleben, schüttelte ich rund dreißig Kilometer vor dem Ziel meine Begleiter in der Spitzengruppe ab und kam mit rund zwei Minuten Vorsprung als Sieger auf der Merseburger Radrennbahn ein. Trotz des begeisterten Empfanges durch die vielen Zuschauer konnte ich mich nicht richtig freuen. Ich hatte einfach Angst, wie es mir nun ergehen sollte.

Erst einmal lief alles weiter wie gewohnt. Am folgenden Donnerstag stand ich im Trikot der ersten DHfK-Auswahl am Start der DDR-Rundfahrt in Berlin. Dass sich inzwischen das Ministerium für Staatssicherheit mit mir beschäftigte, befürchtete ich wohl, aber wie intensiv man es zu diesem Zeitpunkt bereits tat, sollte ich erst 41 Jahre später erfahren. Meine Akteneinsicht bei der Birthler-Behörde präsentierte mir ein recht genaues Bild der Geschehnisse im Hintergrund.

Zu meinem Erstaunen war es nicht etwa mein misslungener Besuch im Büro von Otto Ziege in Westberlin, der von den Mitarbeitern des Geheimdienstes ausspioniert worden war. Eine Person aus meinem damaligen Bekanntenkreis war dummerweise ein „Geheimer Mitarbeiter“ und hatte meine besondere Schwärmerei für den Profisport direkt nach „ganz oben“ gemeldet. Am 14. Juli 1961, an jenem Tag, an dem ich die fünfte Etappe der „Ostseewoche“ gewann, schrieb der stellvertretende Abteilungsleiter der MfS-Hauptverwaltung / Abteilung IV an die Hauptabteilung V: *„Durch einen zuverlässigen GM wurde uns bekannt, dass sich Obengenannter mit dem Gedanken trägt, die DDR zu verlassen, um in der westdeutschen Bundesrepublik einen Vertrag als Berufsfahrer zu unterzeichnen. Der Vermittler dieses Vertrages soll ein gewisser Manager des Sportpalastes sein. Es sollte bereits Anfang Juni dieses Jahres zu einem Vertragsabschluss kommen, was aber bisher noch nicht geklappt hat. Diese Angaben sind bei der Auswertung konspirativ zu behandeln, da diese auf die Quelle gewisse Rückschlüsse geben könnten. Um Kenntnisnahme und sofortige Weiterleitung wird gebeten.“*

Wenn auch von einem bevorstehenden Vertragsabschluss nie die Rede war, löste die Information sofort Maßnahmen des Ministeriums aus. Man informierte sofort die MfS-Bezirksverwaltung Leipzig, traf sich mit dem „Geheimen Informator Arndt“ und beschrieb von da an jede Menge Papier. Auch wurden die Parteimitglieder unserer Trainingsgruppe befragt, ob man bei mir bereits ein auffälliges Verhalten festgestellt hätte, dass auf eine geplante Flucht Rückschlüsse ziehen lassen könnte. Bestätigen konnten sie es nicht, wurden aber angewiesen, mich genau im Auge zu behalten und sofort Meldung zu machen, falls ich beginnen sollte, mein Hab und Gut zu veräußern.

Inzwischen hatte in Berlin die DDR-Rundfahrt begonnen, der letzte große Test vor der Weltmeisterschaft. Diesmal startete man sie nicht, wie bei ihrer letzten Austragung 1959, im Jahn-Stadion. Das befand sich seit vier Tagen nicht mehr nur unmittelbar an der Sektorengrenze, sondern damit auch am gerade erst errichteten „Schutzwall“. Die Verabschiedung des Feldes ging nunmehr in der Stalinallee von statten.

Täve Schur gewann die erste Etappe von Berlin nach Forst, ich kam im Hauptfeld ins Ziel. Am zweiten Tag war vormittags ein Einzelzeitfahren über 42 km zu absolvieren. Nach Halbzeit des Rennens lag ich mit deutlichem Vorsprung in Front, wurde am Ende aber von Schur um vier Sekunden überflügelt und belegte den zweiten Rang. Am Nachmittag führte der andere Teil dieser zweiten Etappe von Cottbus nach Zwickau. Nachdem ich in den Straßen des Zielortes nicht vom Feld weggekommen war, gelang mir im Spurtfinale der Sieg. Im Gesamtergebnis der Etappe blieb es bei einem zweiten Rang, den ich von da an auch im Gesamtklassement belegte. Die dritte Etappe von Zittau nach Aue wurde ebenfalls die Beute von Täve Schur, mit dem ich allein ins Stadion gekommen war. Wir hatten uns erst mit Müller und Scheibner aus einer etwa zehnköpfigen Spitzengruppe abgesetzt, dann zog Schur davon, bevor auch ich die beiden Begleiter abschütteln konnte. Täve wartete vorn auf mich und wir fuhren die letzten 15 km zusammen. Der Einlauf in Aue war klar: Schur vor Ampler.

Ich hatte ein ganz komisches Gefühl. Sollte man bereits an meinem Rausschmiss arbeiten? Mir schien, als sollte ich um keinen Preis hier noch etwas gewinnen. Damit wäre es dann auch einfacher, mich im Anschluss aus dem Verkehr ziehen zu können. Ich wollte aber denen, die daran drehten, unbedingt die Suppe versalzen.

Am Ende der vierten Etappe war also Schluss mit der Einträchtigkeit. Auf dem schweren Tagesabschnitt von Aue nach Jena hatte sich eine Spitzengruppe gebildet und zusammen mit Täve ging ich auf die Verfolgung, der sich einige wenige Fahrer anschließen konnten. Am Ende versuchte ich mich allein abzusetzen. Zwar erreichte ich auch das voll besetzte Ernst-Abbe-Stadion mit wenigen Sekunden Vorsprung, aber auf den letzten Metern schoss ausgerechnet Täve an mir vorbei und holte sich den Etappensieg. Ich war richtig sauer und konnte mich nur schwer beherrschen, weil ich meinen Verdacht nun endgültig bestätigt sah und glaubte, er wäre absichtlich gegen mich gefahren. Der Wortlaut der kurzen Auseinandersetzung, die wir nach der Zielankunft führten und an den ich mich heute nur noch oberflächlich erinnern kann, findet sich in den Akten des MfS wie folgt wieder:

„Während der DDR-Rundfahrt gab es einmal eine prekäre Situation. Als nämlich (Schur) den davongestürmten Ampler im Stadion noch niederspurtete. Folgendes Gespräch entspann sich als heftiger Wortwechsel, bei dem nur (Schur) die Ruhe behielt und ruhig, aber eindeutig antwortete:

Ampler: ‚Das hat (Schur) nicht nötig gehabt. Er hätte mir die Etappe lassen können!'

(Trainer): 'Sei ruhig Klaus! (Schur) hat die Truppe gebremst, wo er nur konnte. Am Schluss war er eben der Bessere!'

Ampler: ‚Der kriegt ja immer Recht!'

(Schur): ‚Klaus, nun werde ich Dir mal etwas sagen. Gestern habe ich, als ich abgefahren war, auf Dich gewartet und habe Dich mitgenommen. Hättest Du heute nicht ebenso warten können? Nein, Du musst allein losdonnern! Was dabei herauskommt, hast Du erlebt. Hättest Du auf mich gewartet, der Etappensieger hieße heute Ampler.“

Im Grunde genommen, war das die erste richtige Diskussion, die ich während meiner Anfangsjahre im Sportklub überhaupt mit Täve geführt habe. Nachdem er dann in Nordhausen die fünfte Etappe hintereinander gewonnen hatte, platzierte ich mich bis auf das Einzelzeitfahren zum Kyffhäuser, wo ich zeitgleich mit Scheibner den dritten Rang belegte, nicht mehr im Vorderfeld. Ich verteidigte bis zum Endziel in Potsdam meinen zweiten Gesamtrang, was eine Nominierung für die Weltmeisterschaft ganz klar rechtfertigte.

Hinter meinem Rücken braute sich inzwischen aber immer mehr zusammen. Das MfS zog Erkundigungen über mich ein, bestellte Kopien meiner Kaderakte. Im Grunde genommen erhärtete sich der Verdacht einer geplanten Republikflucht in den MfS-Akten nicht. Der Vorwurf stand im Raum und weil die Weltmeisterschaft in Bern und damit im „nichtsozialistischen“ Ausland stattfinden sollte, war die Möglichkeit, ich könne nach dem Rennen stiften gehen, durchaus gegeben. Das dies den Verantwortlichen nicht einerlei sein konnte, ist mir auch heute noch verständlich. Ich allerdings, dachte zu diesem Zeitpunkt gar nicht daran, ich wollte einfach nur mein Ziel erreichen, nach der verpassten Friedensfahrt wenigstens an der WM teilnehmen zu können. Einer der MfS-Offiziere schrieb in seinem Bericht am 19. August: *„Von Seiten des Radsportverbandes … muss eine offene Aussprache mit Ampler über seinen Plan Profi zu werden, durchgeführt werden. Dabei muss erreicht werden, dass Ampler das Versprechen abgibt, bei Auslandsstarts nicht flüchtig zu werden. Ein Nichteinsatz bei der Weltmeisterschaft in der Schweiz würde bei ihm erneut Verärgerung hervorrufen und seinen Absichten neuen Auftrieb geben.“*

Eine nachvollziehbare, aber dennoch falsche Einschätzung über mich gab dem MfS der „Geheime Informant“ „Heinz Mohr“ , der am 26. August

Mit Täve Schur auf der Ehrenrunde nach dessen Tagessieg bei der DDR-Rundfahrt in Jena →

ein Szenario entwickelte, was mein WM-Start, inklusive einer anschließenden Flucht, auslösen könne:
„1. Eine Republikflucht des AMPLER wäre für uns im gegenwärtigen Zeitpunkt politisch nicht vertretbar. AMPLER ist praktisch nach (Schur) der zur Zeit Beste Straßenfahrer der DDR. Er belegt bei der DDR-Rundfahrt den 2. Platz in der Gesamteinzelwertung.
2. AMPLER könnte während des Weltmeisterschaftsrennens versuchen einen möglichst guten Platz zu belegen, damit er sich als Profi so teuer wie möglich verkaufen kann. Er würde in diesem Moment ein Hindernis für die gesamte DDR-Mannschaft sein.
3. Es besteht sogar die Möglichkeit, dass vor dem Rennen Vereinbarungen mit dem WD (westdeutschen) Abwerber … getroffen werden, nach denen die gesamte WD (westdeutsche) Mannschaft für AMPLER fährt, um zu erreichen, dass er einen möglichst guten Platz belegt.“

Um all diese Möglichkeiten auszuschalten, gab es sogar von jemanden einen Plan, wie man meinen WM-Start ohne großes Aufsehen verhindern könnte: *„AMPLER wird für die DDR-Mannschaft zur Weltmeisterschaft offiziell nominiert. … organisiert, dass A. zwei bis drei Tage vor Abfahrt der Mannschaft leicht erkrankt und aus diesem Grunde nicht mitfahren kann. In dem Falle könnte für A. der als zuverlässig bekannte DHfK-Fahrer … eingesetzt werden.“*

Man hätte mir wohl etwas „in den Tee“ geschüttet oder irgend etwas untermischen wollen – zum Glück kam es dazu aber nicht, denn sowohl die DTSB-Führung als auch die Staatsicherheit hatten andere Ansichten. Das MfS schätzte ein, dass der Verdacht auf Republikflucht bei mir durchaus auch weiterhin bestünde. Dennoch hätte man keine Einwände gegen meinen WM-Start. Es sollte mit mir, den Trainern, sowie der gesamten Mannschaft vorher noch eine Aussprache durchgeführt werden. DTSB-Chef Manfred Ewald erkundigte sich schließlich, ob diese Aussprache stattgefunden hätte. Weil es nicht dazu gekommen war, teilte er der MfS-Hauptverwaltung telefonisch mit, das er ohne diese Aussprache meiner Nominierung nicht zustimmen könne. Alles nachfolgende habe ich also denjenigen zu danken, die jene geforderte Maßnahme nicht zustandekommen ließen.

„Freiwilliger" Verzicht

Ohne zu wissen, was sich zur gleichen Zeit auf der Ebene größter Verschwiegenheit entwickelte, bereitete ich mich am vorletzten Augusttag im Mechanikerraum des Sportklubs gerade auf die Abfahrt zur Weltmeisterschaft vor. Plötzlich kam Trainer Herbert Weisbrod und bestellte mich in das Zimmer des Klubleiters. Mit gemischten Gefühlen ging ich nach oben. Der Weg kam mir irrsinnig lang vor. Spätestens beim Betreten des Raumes, in dem der Clubleiter, Herbert Weisbrod, Werner Schiffner, der Parteisekretär und zwei fremde Männer saßen, wusste ich sofort Bescheid. Hier stand das Thema „Republikflucht" zur Diskussion!

Die Anwesenden brachten zur Sprache, darüber informiert zu sein, dass ich die Absicht hätte, als Profi in den Westen zu gehen. Von einem Brief war die Rede, den ich nach Westberlin geschickt haben soll. Dabei hatte ich zwar mal einen Brief an Erich Bautz in Dortmund geschrieben, doch mein einziger Versuch einer realen Kontaktaufnahme war letztlich vor Otto Zieges Büro gescheitert. Ich habe den Brief an Bautz nie abgeschickt, hatte das aber im kleineren Bekanntenkreis mal so erzählt. Ich versuchte dennoch schnell alle Fragen zu beantworten und hoffte, ebenso schnell das „Urteil" hören zu können. Es machte keinen Sinn, die Vorwürfe in Frage zu stellen, es war klar, dass man mich nicht nach Bern fahren lassen wollte. Man legte mir ans Herz, aus Sicherheitsgründen und in meinem eigenen Interesse nicht an der WM teilzunehmen, stattdessen die Rumänien-Rundfahrt zu fahren und umgehend meine Freundin Waltraut zu heiraten. Zudem sollte eine offizielle Presseerklärung vorbereitet werden, in der ich „einen Fehler" eingestehen und verkünden sollte, dass ich auf den WM-Start freiwillig verzichte. Was blieb mir übrig? Scheinbar konnte das Ganze nochmal glimpflich ausgehen, eine weitere Bestrafung schien nicht vorgesehen. Ich sollte mich durch Leistung rehabilitieren und das schien mir möglich. Unter einem vorgeschrieben Text fehlte nur noch meine Unterschrift.

So kam es, dass Anfang September folgende Erklärung abgedruckt wurde: *„Auf Anraten des Deutschen Radsportverbandes und meines Sportclubs habe ich mich entschlossen auf eine Teilnahme an den Weltmeisterschaften im Straßenradsport der Amateure 1961 zu verzichten. Vor einigen Monaten* *habe ich mich aus einer augenblicklichen Verärgerung heraus mit dem Gedanken getragen, unseren Arbeiter- und Bauernstaat zu verlassen. Ich habe damals mit westdeutschen Radsportkreisen Verbindung aufgenommen. In der Zwischenzeit habe ich erkannt, dass ich im Begriffe war, einen für mich und unseren Staat schädigenden Schritt zu tun. Ich habe aber zu spät den Mut gefunden, mich offen zu diesem Fehler zu bekennen. Ich möchte vermeiden, dass durch meine Teilnahme an der Weltmeisterschaft westdeutschen reaktionären Kreisen die Möglichkeit geboten wird, unserer Mannschaft Schaden zuzufügen und ich selbst in eine schwierige Lage gebracht werde. Mir ist bekannt, dass im Zusammenhang mit der Beseitigung der offenen Grenze nach Westberlin die reaktionären Kräfte in Westdeutschland jede Möglichkeit zu Provokationen nutzen, sobald Sportler der DDR den Boden kapitalistischen Auslandes betreten. In diesem Zusammenhang möchte ich zum Ausdruck bringen, dass ich treu zu unserem Arbeiter- und Bauernstaat stehe und die Möglichkeiten die mir unser Staat bietet gewissenhaft nutzen werde, um durch hohe sportliche Leistungen und klares persönliches Verhalten zu seiner Stärkung und Festigung beizutragen.“*

An meiner Stelle wurde mit der Startnummer 48 der Berliner Lothar Appler ins WM-Rennen geschickt. Zuvor hatte die Schweizer Zeitung „Sport“ unter der Überschrift „Wer verriet Ampler“ einen Artikel veröffentlicht, der ebenfalls meiner MfS-Akte beigeheftet wurde. Dort hieß es: *„Die Zonen-Spitzensportler haben Spitzel in ihren eigenen Reihen. Hier ist der Beweis: Klaus Ampler, augenblicklich das größte Radsporttalent der Zone, wurde wenige Stunden vor der Abfahrt zur Straßenweltmeisterschaft nach Bern aus der Zonenmannschaft ausgeschlossen! ‚Ich war im Begriff aus einer augenblicklichen Verärgerung heraus unser Land zu verlassen. Ich habe jetzt aber erkannt, dass ich im Begriff war, einen für mich und unseren Staat schädigenden Schritt zu tun‘, musste daraufhin der von Rostock zur ‚Hochschule‘ nach Leipzig zwangsversetzte Ampler öffentlich erklären. Die Polittruks wussten also über ihn und seinen Plan, in die Bundesrepublik zu flüchten, Bescheid. Sie schlugen für ihn das Tor zur Freiheit zu. Es bleibt die Frage: Wer hat Klaus Ampler verraten? Oder glaubt jemand im Ernst, dass er die Fahrkarte in die Freiheit freiwillig verschenkt hat? War es vielleicht sogar der linientreue Exweltmeister Gustav Adolf Schur selbst, der Verräter an seinem Konkurrenten?“*

Die Vermutung, Täve Schur wäre der Tipp-Geber gewesen, stimmt aber nicht. Das geht aus der Akte eindeutig hervor. Abgesehen davon, hatte ich ihm auch nie etwas von meiner Begeisterung für den Profisport erzählt. Schließlich war seine Haltung dazu jedem bekannt. Auch als während der Friedensfahrt 1997 eine Story veröffentlicht wurde, in der man ihn des „Verrates" an mir bezichtigen wollte, hatte ich sofort das Gefühl, dass dies eine Ente sei, mit der man Schur's Ansehen schädigen wollte.

Das Weltmeisterschaftsrennen „durfte" ich mir zu Hause in Rostock, am Fernseher meiner Eltern ansehen. Bernhard Eckstein war auf den Berner Bremgartenkurs als Titelverteidiger gestartet, diesmal endete die Rundenjagd jedoch mit mäßigen Resultaten. Nachdem Lothar Appler infolge eines Hitzschlages ins Krankenhaus gebracht werden musste, kam „Ecke" als Vierzehnter und bester Fahrer unserer Mannschaft, rund eineinhalb Minuten hinter dem neuen Weltmeister, dem Franzosen Jean Jourden ein. Das einzige freudige Ereignis dieses Tages war wohl, das am gleichen Abend die Tochter der Ecksteins zur Welt kam.

Meine „Rehabilitations-Tour", die Rumänien-Rundfahrt, fuhr ich dann ab der zweiten Septemberwoche und stand dabei unwissentlich unter der besonderen Beobachtung des „IM Tempo". Dieser hatte seiner MfS-Bezirksverwaltung in Karl-Marx-Stadt sechs wichtige Fragen zu beantworten, die von der Berliner Hauptverwaltung erarbeitet wurden.:

1. *Wie äußerte sich A. zu seinem Rücktritt aus dem Weltmeisterschaftsaufgebot?*
2. *Was sagte er zu seinen ehem. Plänen, die DDR zu verlassen? Gab es von seiner Seite neue Momente, die auf eine RF (Republikflucht) hindeuten?*
3. *Äußerte sich A. in Rumänien über andere Radsportler des SC Wissenschaft, z.B. Hagen – wenn ja, was brachte er zum Ausdruck?*
4. *Wie reagierte A. auf seinen kurzfristigen Einsatz für die Rumänienrundfahrt?*
5. *Gibt er Hinweise über seine Pläne in sportlicher und beruflicher Hinsicht für 1962?*
6. *Wie ist das Verhalten des A. in der Mannschaft, in Rumänien insgesamt und seine Leistungen bei der Fahrt einzuschätzen? …*

Leider finden sich in meiner Akte die dazugehörigen Anworten nicht. Eine ganz besondere Bedeutung kam wohl der dritten Frage zu. Mein Klubkamerad Erich Hagen hatte nämlich nicht soviel Glück wie ich.

Genauso wie sich meine Profiträume herumgesprochen hatten, so waren auch seine Vorstellungen und scheinbaren Kontakte zum Metier der Berufsfahrer in jenem Moment „aktenkundig“ geworden, als man den Fluchtverdacht gegen mich bis in höchsten Geheimdienstkreise meldete. Während man mir eine neue Chance gab, waren die Folgen für Erich sehr hart. Auch er wurde zum Sachverhalt angehört und soll laut eines MfS-Berichtes „eine sehr undurchsichtige Rolle“ eingenommen haben. Seine angeblichen Verbindungen wurden auch von Seiten des Sportklubs verurteilt und sein Ausschluss aus dem SC DHfK gefordert. Der Friedensfahrtsieger des Vorjahres wurde schließlich sogar zur BSG „Motor Schkeuditz“ strafversetzt! Natürlich war Hagen auch auf mich sauer. Er musste annehmen, das alles nur wegen mir so gekommen war.

Rehabilitation

Mit der Gewissheit in der Tasche, dass Waltraut voll auf meiner Seite stand und mich moralisch unterstützte, reiste ich mit der DDR-Auswahl nach Bukarest. Zusammen mit Jörg Grunzig, Günther Hoffmann, Klaus Kellermann und Johannes Schober absolvierte ich dort meine von höchster Stelle verordnete „Bewährungsprobe“. Ich steigerte mich von Tag zu Tag, nachdem ich auf der vierten Etappe aus mannschaftstaktischen Gründen ganze sieben Minuten Rückstand kassiert hatte. Eine Spitzengruppe mit zwei Fahrern unseres Teams war davongefahren. Ein Versuch von mir, da noch Anschluss zu finden, hätte mir bei Misserfolg eine schlechte Beurteilung einbringen können. Ich wollte zeigen, dass ich nicht nur an mich dachte und auch für das Kollektiv fahren kann, selbst wenn dabei viel Zeit verloren ging. Unmittelbar nach dem ersten Ruhetag eroberte ich in Oradea den Tagesssieg, nachdem es mir gelang, mich allein abzusetzen. Am Tag darauf wurde ich im Einzelzeitfahren hinter dem populären Rumänen Dumitrescu Vierter, was mich in der Gesamtwertung auf den neunten Platz vorrücken ließ. Diese Position behauptete ich dann auch bis zum Finale, das nach schweren Karpatenpässen und insgesamt dreizehn Etappen in der Hauptstadt Bukarest ausgetragen wurde und den Rumänen Cosma als Gesamtsieger sah.

Nach der Heimkehr nach Leipzig war für mich die Straßensaison beendet. Im November startete ich noch auf der Winterbahn in der Leipziger Messehalle II und gewann dort die „Stunde der Bolzer", ein Punktefahren der Straßenspezialisten mit Rundenvorsprung. Während damit die äußerst turbulente Wettkampfsaison 1961 endgültig ausklang, hatte die Vorbereitung auf das nächste Jahr bereits begonnen. Würden die Funktionäre tatsächlich ihr Wort halten und mich ohne Einschränkungen im Nationalmannschaftskader behalten?

Das ganze Theater schadete meiner Beziehung zu Waltraut nicht. Im Dezember lernten wir gegenseitig unsere Familien kennen. Zuerst war ich mit zu Waltraut nach Zerbst gefahren und wurde dort gut aufgenommen. Zu Weihnachten führte ich Waltraut dann in meine Familie in Rostock ein. Trotz ihrer Aufregung war es ein guter Einstand. Die Bedenken meiner Eltern, dass ich noch zu jung für eine feste Bindung wäre, zerstreuten sich schnell. Danach war alles viel harmonischer zwischen uns, wenngleich uns wieder die Trainingslageraufenthalte trennten. Wir waren nun einmal beide sehr ehrgeizig und wollten in unseren Sportarten etwas erreichen.

Im Januar wurde ich im Sportclub zu einem Gespräch geladen, bei dem ich gleich auf drei MfS-Mitarbeiter traf. Die wollten mir, nunmehr mit dem Abstand einiger Monate nach meinem „WM-Rücktritt", erneut auf den Zahn fühlen. Ich sollte die gesamte Geschichte um meine „geplante Republikflucht" noch einmal erzählen und Fragen zu diesem Brief beantworten, den ich ja nie abgeschickt hatte. Auch war mein Verhältnis zu Erich Hagen erneut Gesprächsthema, doch dazu gab es nichts Neues zu erzählen – wir hatten keinen Kontakt. Es schien den Herren aber wichtig, dass ich zu Erich wieder Verbindung aufnahm, um ihn eventuell zu besänftigen. Doch seinen Ausschluss aus dem Klub hätte dies nicht rückgängig machen können. Vielleicht wollten sie über mich an Informationen herankommen? Die drei MfS-Gesandten signalisierten mir schließlich, dass man weiter Kontakt zu mir halten würde und verpflichteten mich zu Stillschweigen über dieses Gespräch.

Neue Motivation

Meine Situation im Klub entwickelte sich indessen positiv, ich hatte keine Schwierigkeiten und hoffte mich mit einem starken Saisonbeginn endlich für einen Friedensfahrt-Start empfehlen zu können. Täve Schur sollte zum ersten Mal seit 1952 nicht in der Mannschaft sein, er wollte die Zeit für sein Sportstudium nutzen und die Fahrt als Begleiter verfolgen. Wir scherzten oft und meinten, er würde im Mai dann ja doch noch in der Mannschaft sein, man war es seit 1952 schließlich so gewohnt.

Ein solches Studium lag für mich zu diesem Zeitpunkt noch in weiter Ferne, Zukunftspläne wurden aber dennoch gemacht – im Februar verlobte ich mich mit Waltraut. Für das MfS gab es dadurch wieder einiges zu tun, schließlich führte man *„umfangreiche Ermittlungen über die Braut des A.“* und leitete eine Postkontrolle unseres Briefwechsels ein. Diese ermöglichte mir übrigens jetzt, nach vier Jahrzehnten, noch einmal die sorgfältig angefertigten Kopien aller Briefe zu betrachten, die ich an Waltraut geschrieben habe. Die Originale hatten wir selbst irgendwann einmal weggeworfen, allerdings ohne je geahnt zu haben, das sie noch vor der Ankunft bei der Empfängerin von Dritten begutachtet worden waren.

Waltrauts Ruder-Trainer Dr. Dieter Harre war ständig um seine Frauen besorgt, weil er mit der mühsam aufgebauten Trainingsgruppe noch große Erfolge zu Stande bringen wollte. Der Februar 1962 muss für ihn wohl ein rabenschwarzer Monat gewesen sein, denn Waltraut wurde schwanger und zusammen mit einer Teamkollegin, der das gleiche Glück wiederfahren war, musste sie sich aus ihrer Trainingsgruppe verabschieden.

Die Vorfreude auf unser erstes Kind beflügelte mich bei meiner Saisonvorbereitung ganz besonders. Wir trainierten damals von Mitte März bis Mitte April im bulgarischen Plovdiv, wo wir gute Bedingungen vorfanden und mit den bulgarischen Fahrern gemeinsam Rennen fahren konnten. Außerdem wurde für unsere FF-Kandidaten ein Einzelzeitfahren mit Nominierungscharakter veranstaltet, das ich gewann. Es wurden dabei alle möglichen Werte ermittelt, die man im weiteren Saisonverlauf bis zur Mannschaftsnominierung als Auswahlkriterien heranzog.

Nach unserer Rückkehr Mitte April, fiel das traditionelle „Berlin-Angermünde-Berlin“ wegen „infektiöser Darmerkrankungen“ im Raum Berlin aus, das als erstes von zwei FF-Auswahlrennen stattfinden sollte. Ersatz fand sich gleich durch einen Wettkampf mit Start und Ziel in Leipzig. In einer rennentscheidenden Situation hatte ich aber dann Probleme mit der Kette und verpasste den Anschluss an eine davonjagende Gruppe. Mit engagierten Mitstreitern kam ich wieder nahe heran, aber der Anschluss gelang nicht mehr – vorn gewann Egon Adler, ich kam als Neunzehnter ein. In der folgenden Woche fand für alle FF-Kandidaten ein weiterer Zeitfahrwettbewerb, diesmal auf der Originalstrecke der Friedensfahrtetappe Erfurt – Jena statt. Ich gewann diesen Test vor Hans Scheibner und Lothar Höhne und sah meine Chancen bestätigt. Egon Adler hatte ausgerechnet eine Darmverstimmung erwischt und so konnte er seine gute Form aus der Vorwoche nicht erneut unter Beweis stellen. Manfred Weißleder, ein zweiter wichtiger FF-Kandidat, wurde aus dem Kader ausgeschlossen, weil man ihm mangelnde Trainingsdisziplin vorwarf und er sich nach Meinung der Trainer nicht richtig ins Kollektiv einordnen konnte. Mit dem pausierenden Täve Schur und dem nach Schkeuditz abgeschobenen Erich Hagen, konnten damit vier Fahrer aus der vorjährigen FF-Mannschaft nicht eingesetzt werden. Es war damit schon klar, das der Kurs zwischen Berlin, Prag und Warschau dieses Mal mit einem Team aus überwiegend international noch unerfahrenen Aktiven beschickt werden musste.

Nach dem Zeitfahrtest stand in Leipzig ein langes Rennwochenende mit drei Veranstaltungen auf dem Programm. Vor der Nominierung der FF-Mannschaft fuhren wir zusammen mit den sowjetischen Auswahlfahrern „Rund um das Scheibenholz“, wo ich auf dem elften Platz landete. Gleich im Anschluss wurde von den verantwortlichen Trainern die endgültige Besetzung unserer DDR-Mannschaft für die Friedensfahrt benannt. Bernhard Eckstein wurde Kapitän und Lothar Höhne kam als zweiter Mann mit FF- Erfahrung ins Team. Dazu wurden vier Neulinge benannt: Klaus Kellermann, Hans Scheibner, Dieter Wiedemann und ich. Der Ersatzfahrer, also mein „Nachfolger“ in dieser Funktion, war diesmal der Berliner Manfred Brüning.

Damit hatte ich endlich mein erstes großes Ziel erreicht, wenn mich dabei auch eher die Frage bedrückte, ob wir in dieser Besetzung bereits die großen Erwartungen der oftmals träumenden Funktionäre und die unserer zahlreichen Fans erfüllen konnten.

Am Tag nach der Nominierung stand das bergige und winklige Rennen „Quer durch den Bezirk Leipzig“ auf dem Programm. Es war ein Ostersonntag mit Bilderbuchwetter. Nach Hälfte der 185 km langen Distanz attackierte Hans Scheibner, dem ein sowjetischer Fahrer und Günther Lux folgten. Da mit Scheibner nur ein Fahrer der FF-Mannschaft vorn dabei war, sprang ich hinterher, zweifelte aber zunächst noch am Gelingen meiner Aktion. Schließlich gelang es mir aber zu den drei Spitzenreitern aufzuschließen. Später stieß noch Immo Rittmeyer nach vorn, während Lux mit einem Hungerast zurückfiel. Wir hatten fast vier Minuten Vorsprung und auch ein Schrankenaufenthalt in Markranstädt veränderte die Rennsituation nicht wesentlich. Nachdem ein Ausreißversuch von Scheibner nicht gelungen war, attackierte ich etwa zehn Kilometer vor dem Ziel und kam davon. Ich erreichte das Ziel rund eine Minute vor den anderen und feierte einen Erfolg, der mir für den Start der Friedensfahrt weiteren Auftrieb gab. Dass die UdSSR-Fahrer um Tscherepowitsch und Saidchushin erst zwei Minuten hinter mir eintrafen, durfte aber keinesfalls übermütig machen.

Bis zum Start in Berlin verblieben noch eineinhalb Wochen Zeit. Privat liefen ganz „nebenbei“ die Vorbereitungen zu unserer Hochzeit, die wir kurz nach der Friedensfahrt planten. Doch gleich im Anschluss, also praktisch anstelle der Hochzeitsreise, wurde mir ein Start bei der „Schwedenwoche“ offeriert. Das sollte mein erster Start im kapitalistischen Ausland werden, nachdem ich auf die WM-Teilnahme in Bern verzichten musste. Ein großer Vertrauensbeweis als Hochzeitsgeschenk, oder?

Vorher meldeten sich die MfS-Verantwortlichen ein weiteres Mal und gaben mir zu verstehen, dass man großes Vertrauen in mich setzen und daher den Schweden-Start befürworten würde. Ich staunte nicht schlecht über das beinahe schon großzügige Entgegenkommen und war froh, dass damit wohl endlich die Flucht-Geschichte abgehakt war, zumal sich das Thema für mich schon so lange erledigt hatte.

Gut gelaunt vor dem Sieg bei „Quer durch den Bezirk Leipzig“

Friedensfahrt-Premiere

Die letzten Tage vor dem Start der Friedensfahrt absolvierten wir unser Training gemeinsam mit den sowjetischen Fahrern. Sie waren mit exakt derselben Mannschaft wie im Vorjahr angereist, als sie mit Juri Melichow den Einzelsieg erobert, insgesamt neun Etappensiege geholt, und dazu auch noch den Teamerfolg gesichert hatten. Wir fuhren täglich etwa 80 bis 100 km, wunderten uns aber, dass die Männer aus der UdSSR bei den Trainingsfahrten immer schon nach 40 km wendeten und zurückfuhren. Noch mehr beschäftigte mich bis zum Start allerdings die Frage, ob unsere Mannschaft mit nur zwei FF-Erfahrenen wie Bernhard Eckstein und Lothar Höhne überhaupt erfolgreich abschneiden könnte. Die wenigen internationalen Vergleiche die wir hatten, und die dann durch den Mauerbau ja ohnehin noch geringer geworden waren, verstärkten die Zweifel deutlich.

Meine Startnummer „61" bei dieser fünfzehnten Friedensfahrt war nach meinen Schwierigkeiten im Vorjahr schon beinahe symbolisch. Ich fühlte mich gut in Form und ersehnte den Startschuss, wollte von Beginn

Ich starte zusammen mit Dieter Wiedemann, Klaus Kellermann, Lothar Höhne, Bernhard Eckstein und Hans Scheibner (v.l.n.r.) in meine erste Friedensfahrt

an möglichst nichts anbrennen lassen. Ich hätte nie gedacht, dass man vor einem Rennen so aufgeregt sein kann!

Im Berliner „Walter-Ulbricht-Stadion“ wurde am Nachmittag des 2. Mai dann endlich die Auftaktetappe der gestartet. Mit 116 km war dieser erste Abschnitt nicht sehr lang, aber die Distanz eines Rennens macht nicht gleichzeitig auch seine Härte aus. Hier ging es von Beginn an voll zur Sache und wir jagten bei Wind und eiskalten Regenschauern auf die erste Schleife in Richtung Wuhlheide. Noch bevor wir dort die Prämienmarkierung erreichten, hatte sich eine Spitzengruppe gebildet. Von den sowjetischen Fahrern waren dort Viktor Kapitonow und Anatoli Tscherepowitsch dabei, unsere Mannschaft war durch Dieter Wiedemann und mich vertreten. Es schlossen danach noch weitere Fahrer auf und bald war das Peloton wieder vereint. Ein Massensturz vor Friedrichshagen zersplitterte das Feld in viele Gruppen und auch ich war dabei etwas ins Hintertreffen geraten. Zusammen mit dem sowjetischen Vorjahressieger Juri Melichow war ich vielleicht in der vierten Gruppe und wir mussten hart arbeiten, um wieder nach vorn zu fahren. Etwa fünfundzwanzig Kilometer vor dem Ziel war ich dann wieder in einer siebenköpfigen Fluchtgruppe vertreten und erneut war auch der schnelle Tscherepowitsch dabei. Wir konnten den Vorsprung zum Feld auf rund eine Minute vergrößern und näherten uns im immer noch strömenden Regen dem Ziel im Stadion. Die letzten Kilometer hatte ich noch gut von meinem ersten „Rund um Berlin“ – Sieg 1959 in Erinnerung. Allerdings fuhr nunmehr Tscherepowitsch als Erster auf die Bahn und kam souverän zum Sieg. Ich spurtete auf den vierten Rang und schrammte knapp am Podium vorbei – schade. Um schon zum Auftakt eine der begehrten Zeitgutschriften zu ergattern, hätte man aber wenigstens Zweiter werden müssen, denn für den Sieger gab es damals noch eine Minute Bonifikation, für den zweiten Rang noch dreißig Sekunden. Das machte natürlich sehr viel aus und konnte im Gesamtklassement einige Verschiebungen hervorrufen.

Mit meinem FF-Einstand war ich nicht zufrieden. In der Mannschaftswertung, die damals eine unglaubliche Bedeutung für uns hatte, waren wir zeitgleich zur UdSSR-Equipe geblieben, da jeweils nur ein Fahrer unserer Teams in der Spitze vertreten war. Die Herstellung des personellen Gleichgewichts in Gruppen war besonders wichtig, denn immer die Fahrzeiten der ersten drei Fahrer einer Mannschaft wurden für die Teamwertung summiert und wenn man dort erfolgreich sein wollte, galt es, darauf die gesamte Renntaktik zu konzentrieren. Heute ist das nicht mehr vorstellbar.

Am zweiten Tag führte uns eine 210 km lange Etappe von Berlin in die Heimat, nach Leipzig. Wieder fühlte ich ein besonderes Kribbeln am Start, denn am Ziel wusste ich Waltraut und einhunderttausend Zuschauer im Zentralstadion, vor denen ich mich natürlich von der besten Seite zeigen wollte. Die Schwierigkeiten auf dem flachen Kurs bestanden in den Witterungsbedingungen und so sorgte neuerlicher Regen und scharfer Seitenwind dafür, das sich schon vor Hälfte des Rennens das Peloton spaltete. Nach dem Buffett in Bitterfeld, etwa vierzig Kilometer vor dem Ziel, hatte sich Melichow mit unserem Klaus Kellermann gelöst. Ich konnte mit Tscherepowitsch zu den beiden aufschließen und schließlich ergänzten noch fünf weitere Fahrer unsere Spitzengruppe. Wieder pendelte der Vorsprung um die sechzig Sekunden und erneut war es im Finale dann Tscherepowitsch, der als Etappensieger über die Ziellinie spurtete. Hinter dem Niederländer Nijdam und Melichow wurde ich wieder Vierter. In der Gesamtwertung machte ich aber einen Sprung nach vorn und lag nun auf dem zweiten Rang. Nach der Zielankunft gab es dann ein kurzes Wiedersehen mit Waltraut, die mich im Hotel besuchte und der ich nur zu gern einen Blumenstrauß von der Siegerehrung mitgebracht hätte. Doch es sollte nicht die letzte Gelegenheit dazu gewesen sein.

Nach einem weiteren sowjetischen Tagessieg durch Petrow in Erfurt, erwarteten uns am vierten Tag gleich zwei Etappen, morgens das 47 km-Einzelzeitfahren nach Jena, am Nachmittag dann ein 157 km – Abschnitt zwischen Jena und Karl-Marx-Stadt. Für uns gab es also damals schon den „langen Samstag". Beim Zeitfahren ging dann der Stern von Henk Nijdam auf, den ich schon am Vortag sehr stark erlebt hatte, mit dem ich mich gut verstand und während dieser Fahrt noch Freundschaft schloss. Er war auf diesem Abschnitt der Schnellste und distanzierte den Zweiten, Ferdinand Bracke aus Belgien, um über zwei Minuten. Ich wurde mit etwas mehr als drei Minuten Rückstand als bester Fahrer unserer Mannschaft Siebenter, hatte mir aber eigentlich viel mehr ausgerechnet. Am Nachmittag startete die Mannschaft um Tscherepowitsch eine Vielzahl von Vorstößen, schüttelte Nijdam aber nicht ab. Als wir durch Greiz fuhren, erinnerte ich mich sofort, wie ich hier als Solist und noch für Motor Rostock den „Renak-Preis“ gewonnen hatte. Nun rollte ich im großen Feld der Friedensfahrt über einen Teil dieses Kurses, bevor ich mich etwas später, genau wie damals, rund 25 Kilometer vor dem Ziel in Karl-Marx-Stadt, mit einem Fluchtversuch vom Feld absetzte. Jetzt wollte ich es mit der „Brechstange“ versuchen, doch ich kam über eine Dreiviertelminute Vorsprung nicht hinaus. Das Feld hatte mir energisch nachgesetzt und mich sechs Kilometer vor dem Ziel wieder eingeholt. Vor dem Stadion enteilten dann die beiden Polen Zielinski und Kudra und sicherten sich den Erfolg auf diesem Tagesabschnitt. Ich rollte im Feld, Seite an Seite mit Nijdam ins Ziel, der die Gesamtetappenwertung gewann und damit auch das Gelbe Trikot des neuen Spitzenreiters übernahm. Ich war nun Dritter des Einzelklassements, was einen guten Zwischenstand ergab, doch in der Mannschaftswertung waren wir hinter den nun führenden Niederländern auf den vierten Platz zurückgefallen. In mir brodelte es, denn mein Ziel, auf DDR-Gebiet eine Etappe zu gewinnen, hatte ich mir nicht erfüllen können.

Nach dem ersten Ruhetag gab es auch am Ende einer bergreichen fünften Etappe in Karlovy Vary einen Doppelsieg für das Team der UdSSR. Petrow gewann, wie schon in Erfurt, vor Tscherepowitsch. Unser Kapitän Bernhard Eckstein war im Etappenfinale noch auf den zehnten Platz gefahren, doch litt er bereits unter starken Magenbeschwerden.

Am Tag der Befreiung war die tschechische Hauptstadt Prag Tagesziel und schon frühzeitig versuchten die sowjetischen Fahrer einen Angriff auf das Gelbe Trikot von Henk Nijdam. Eine Spitzengruppe mit Tscherpowitsch und Kapitonow war entstanden, in der jedoch kein DDR-Fahrer und auch nicht der führende Niederländer vertreten war. Schnell war ihr Vorsprung auf fast vier Minuten angewachsen. Wir hatten mächtig zu kämpfen, um den Anschluss wiederherzustellen und ich hatte böse Vorahnungen für die Mammut-Etappe am folgenden Tag. Als wir die Spitzengruppe nach dem Buffet doch noch eingefangen hatten, setzten sich der Rumäne Dumitrescu und der Franzose Pallier ab. Sie erreichten das Ziel in der Goldenen Stadt mit einigen Sekunden Vorsprung vor einer größeren Verfolgergruppe, in der ich der einzige Vertreter unserer Mannschaft war. Der Franzose sicherte sich den Tagessieg, Nijdam hatte erneut sein „Gelbes“ verteidigt. Obwohl er jeden Tag sehr gefordert wurde, fuhr er äußerst stark. Ich entschied mich, nur noch in seiner Nähe zu bleiben, denn unsere Ziele passten gut zusammen.

Der Weg von Prag nach Brno war 222 km lang und die erste Hitzeetappe dieser Fahrt. Wie erwartet, machten die Sowjets mächtigen Wirbel, attackierten schon gleich nach dem Start. Nijdam fuhr allein zur Spitze hin, ich konnte ihm jedoch nicht folgen. Waren das die ersten Anzeichen einer Schwäche? Ich hatte schon auf den ersten Etappen viele Körner gelassen und das schien sich nun bemerkbar zu machen. Als es nach etwa fünfzig Kilometern begann bergig zu werden, machte sich erst ein Spitzenreitertrio mit Melichow auf dem Weg. Diesem folgte später noch eine größere Gruppe mit Saidchushin und unserem Lothar Höhne, die bald Anschluss an die Führenden fand. Ich steckte im Hauptfeld, das immer mehr in Rückstand geriet. In Brno waren es sieben Minuten Differenz zum polnischen Tagessieger Gazda und hinter Gainan Saidchushin, dem neuen Träger des Gelben Trikots, fand ich meinen Namen auf Rang elf der Gesamtwertung wieder. Im Mannschaftsklassement lagen wir als Fünfte schon mit über zehn Minuten Rückstand auf die sowjetische Mannschaft zurück. Ich war fix und fertig. Einerseits hoffte ich darauf, mich wieder fangen zu können und mich vielleicht mit neuen Kräften nach dem Ruhetag wieder zu steigern. Andererseits schraubte ich meine Erwartungen auf das Minimalziel herunter, wenigstens Warschau zu erreichen, wo vor einem Jahr beinahe meine Karriere zu Ende gegangen wäre. Meine Grübelei nahm kein Ende. In unserer unerfahrenen Mannschaft gab es keine vernünftige Linie. Bei den Trainern herrschte Kopflosigkeit, wussten sie doch selbst, dass es der Mannschaft gerade in diesem Jahr an Erfahrung fehlte. Eigentlich fuhr bei uns jeder sein eigenes Rennen, es fehlte einfach die führende Hand.

Die relativ kurze Etappe nach Gottwaldow sah das DDR-Team dann wieder etwas aktiver, mit aller Gewalt versuchten Wiedemann und Scheibner etwas zu erreichen. Die beiden gehörten einer frühen Spitzengruppe an, die inklusive der stärksten Sowjets einen ordentlichen Vorsprung herausholte. Ich fuhr dahinter in einer Verfolgergruppe zusammen mit etwa einem Dutzend Fahrer. Der „Gelbe“ Saidchushin gewann die Etappe, Scheibner wurde Fünfter. Ich kam mit fast sieben Minuten Rückstand auf den elften Platz. In der Teamwertung machten wir zwei Plätze gut – wenigstens etwas.

In Gottwaldow verlebten wir den sehnlichst erwarteten Ruhetag. Bernhard Eckstein, unser Kapitän, litt immer noch an heftigen Magenbeschwerden, die von einem Geschwür herrührten. Nun wurde klar, er musste das Rennen aufgeben. Das war für uns ein mächtiger Schock, denn die „Ecke“ war unser wichtigster und erfahrenster Mann. Ohne ihn blieb noch nicht einmal etwas in unserem Team, was an die erfolgreichen Mannschaften einstiger Friedensfahrt-Jahrgänge erinnern konnte. Anstelle von Bernhard wurde Lothar Höhne zum Kapitän bestimmt, er hatte uns schließlich eine Friedensfahrt und einen Etappensieg voraus. Dass uns ein solcher Erfolg diesmal einfach nicht gelingen wollte, ließ den Druck auf unsere Trainer von Tag zu Tag größer werden. Vor zwei Jahren hatte das DDR-Team noch zehn Etappensiege geholt. Im Vorjahr waren es schon „nur“ noch zwei gewesen. Die Fans mussten maßlos enttäuscht sein, schließlich war die Friedensfahrt bei uns ein Ereignis von höchstem Interesse.

Doch nicht nur wir hatten Sorgen, auch die Niederländer waren in Schwierigkeiten. Ausgerechnet Henk Nijdam klagte über Sitzbeschwerden. Der Arzt hatte ihm zur Aufgabe geraten, doch Henk hoffte auf den Ruhetag. Den wollte er im Bett verbringen und alle Kräfte sammeln, um es dann noch bis zum Endziel zu schaffen. Schließlich lag er als Vierter der Einzelwertung noch ausgezeichnet platziert. Doch bis in die polnische Hauptstadt war noch ein schwerer und langer Weg.

Die zehnte Etappe führte uns dann von der CSSR nach Polen. Henk Nijdam war trotz seiner Sitzprobleme auch an diesem Tag gestartet, das freute mich. Wir unterhielten uns oft und hatten ein sehr freundliches Verhältnis. Dass für ihn ein gutes Abschneiden bei der Friedensfahrt eine gute Ausgangsbasis für einen Profivertrag bedeuten könnte, war mir sehr verständlich. Ich wünschte ihm ganz besonders, dass er sich von Tag zu Tag retten kann. Doch im Rennen selbst war auf diese Schwierigkeiten kaum Rücksicht zu nehmen. Bei hohem Tempo kam schon wieder früh eine Spitze mit Melichow, dem „Gelben“ Saidchushin, Zielinski und mir zu Stande. Nach sechzig Kilometern hatte das Feld jedoch wieder aufgeschlossen. Hans Scheibner empfahl sich danach zusammen mit einem jugoslawischen Fahrer und gewann dann gleich beide Prämien des Tages. Als die beiden wieder eingefangen waren, ging eine 12-köpfige Spitzengruppe auf die Reise. Von uns waren Lothar Höhne und ich dabei. Dahinter kämpfte Henk Nijdam mit einigen anderen Fahrern um den Anschluss, der schließlich auch gelang. Zuvor hatte sich aber aus unserer Gruppe Ferdinand Bracke verabschiedet. Der Belgier hatte noch vierzig Kilometer vor sich, aber gewann schnell an Boden. Zuerst sprangen Saidchushin und Melichow hinterher, dann gelang erst mir und schließlich noch dem „Violetten“ Tscherepowitsch der Anschluss. Saidchushin drückte mächtig aufs Tempo und bedeutete mir, dass wir unbedingt noch mehr fahren müssen um Bracke zu erreichen. Ich hatte allerdings mit einem Hustenanfall zu kämpfen und war völlig verblüfft, als Gainan mir seine Hand herüber hielt und mir einige Hustenpillen anbot. Ich lehnte aber ab und beruhigte meinen Hals mit einem Schluck aus der Trinkflasche. Auch später erwies sich der immer zu einem Späßchen aufgelegte Tartare mit dem Bärtchen jeder Situation gewachsen, und das wahrlich nicht nur auf dem Rad. In den vielen Jahren unserer Bekanntschaft habe ich noch oft sein Talent als „Fliegender Händler“ erleben können. Er organisierte alles, von grünem Bohnenkaffee, den wir in einer Leipziger Rösterei genießbar machen ließen, über Schlauchreifen und vieles andere. Als er später Trainer war, fuhr er einen Transporter, der eher einem Gemischtwarenladen glich, als einem Materialwagen. Saidchushin war charakterlich einfach völlig anders, als seine Teamkollegen. Die meisten waren bärenstark aber distanziert. Sicher lag das schon allein an den Verständigungsschwierigkeiten. Besonders schwierig war Juri Melichow. Der war für seine brutale Fahrweise bekannt, hatte 1961, im Jahr seines FF-Gesamtsieges u. a. die bis heute unvergessene Auseinandersetzung mit Manfred Weißleder bei der Zielankunft in Poznan. Doch abgesehen davon, die sowjetischen Fahrer hatten uns damals so einiges voraus. Wenn Saidchushin durch einen Sturz ins Hintertreffen geraten wäre, hätte Melichow bereitgestanden, das Gelbe Trikot zu übernehmen. Bei uns im Team hatte hingegen jeder mit

---

Als Zweiter der FF-Etappe in Opole →

sich selbst zu kämpfen. Der nahtlose Übergang von den „Alten“ zu den „Jungen“ war bei uns nicht zu Stande gekommen und der Radsport in der DDR schien seinen Glanz einzubüßen. Doch zurück zum Renngeschehen jenes Tages. Wir kamen noch sehr nah an Bracke heran, doch ganz reichte es nicht. Aus dem Stadion in Opole stiegen Leuchtkugeln auf, als wir uns dem Oval näherten. Bracke kam mit vier Sekunden Vorsprung ins Ziel. Ich hatte mich leicht von meinen drei sowjetischen Begleitern absetzen können und folgte als Zweiter. Endlich durfte auch ich eine Siegerehrung erleben! Dass Bracke ganz oben stehen konnte, freute mich sehr für ihn, denn ich hatte den sympathischen Belgier bereits vor der Friedensfahrt kennengelernt.

Nach diesem erfolgreichen Renntag wartete zwischen Opole und Wroclaw ein 100 km-Mannschaftszeitfahren auf die Teilnehmer. Die Zeiten flossen „nur“ in die Teamwertung um die begehrten Blauen Trikots ein. Klarer Favorit war die UdSSR-Mannschaft. Dahinter war nahezu alles möglich. Viele Mannschaften waren zu diesem späten Zeitpunkt im Verlaufe der Rundfahrt schon nicht mehr komplett und hatten es schwer. Was das Wetter anbetraf, so war an diesem Tag wieder einmal alles Schlechte beisammen. Strömender Regen und heftiger Gegenwind verlangte uns alles ab. Nach dem ersten Drittel führten die Sowjets vor Polen und uns die Zwischenzeitnahme an. Doch dann fiel Lothar Höhne zurück und wir waren nur noch zu viert. Die notwendige Harmonie war dadurch endgültig verloren und wir mussten uns vollends ausgeben um den dritten Rang zu halten. Es gelang uns schließlich, wir kamen aber mit fast sieben Minuten Rückstand auf das UdSSR-Sextett ins Ziel. Ganz schwer hatten es die Niederländer. Nur zu dritt mussten sie schon seit der achten Etappe das Rennen bestreiten. Da die Zeit des jeweils dritten Fahrers das Resultat der Mannschaft ergab, durfte bei ihnen absolut keiner unterwegs verlorengehen. Ungeachtet dieser Konstellation fuhren sich die Männer um Henk Nijdam auf den sechsten Platz.

Nach solch einem harten Mannschaftsrennen musste für die nächste Etappe der richtige Rhythmus gefunden werden. Den Sowjets schien dieses Mannschaftszeitfahren keinerlei Probleme gemacht zu haben. Auch die zwölfte Etappe sah schon frühzeitig eine Fluchtgruppe: fünf

UdSSR-Fahrer, drei Polen, drei Ungarn, Henk Nijdam, Hans Scheibner und ich. Für unsere Mannschaft war das nicht optimal, uns fehlte für die Mannschaftswertung der dritte Mann. Obwohl sich Wiedemann und Kellermann in einer Verfolgergruppe engagierten, ein Anschluss war nicht zu schaffen. Statt dessen wuchs der Vorsprung unserer Gruppe immer weiter. Mit Nijdam hatte ich ausgemacht, das wir uns gegenseitig unterstützen würden, wenn Vorstöße gefahren werden und wir eventuell gemeinsam attackieren. Trotz Sturz gewann der schnelle Alexej Petrow beide Prämiensprints des Tages. Gegen einen dritten Tagessieg des sowjetischen Fahrers schien kein Kraut gewachsen. In den Straßen Poznans betrug der Vorsprung unserer Gruppe dann bereits zehn Minuten auf das Feld. Drei Kilometer vor dem Ziel startete ich mit dem Polen Fornalczyk einen Vorstoß. Wir kamen vielleicht auf einhundert Meter weg, doch das reichte nicht. Im Stadion hatte wie erwartet dann Petrow die schnellsten Beine und gewann vor Saidchushin, der damit einmal mehr sein Gelbes Trikot ganz souverän verteidigen konnte. In der Gesamtwertung verbesserte ich mich auf den siebenten Platz, im Mannschaftsklassement behaupteten wir trotz zehnminütigem Zeitverlust den dritten Rang.

Die dreizehnte Etappe endete mit einer selten gewordenen Massenankunft, bei der sich Petrow seinen vierten Etappensieg holte. Während ihm die „13." den Erfolg eingebracht hatte, wurde sie Henk Nijdam zum Verhängnis. Der sympathische Niederländer war nach sechzig Kilometern in einen Sturz verwickelt, von dem auch unser Klaus Kellermann betroffen war. Während mein Teamkollege weiterfahren konnte, hatte sich Henk jedoch Kopfverletzungen zugezogen und musste das Rennen aufgeben. Das war tragisch und machte mich sehr betroffen. Am Abend nach der Etappe besuchte ich ihn noch auf seinem Zimmer, wünschte ihm wenigstens gute Besserung und einen guten Heimflug.

Der längste Kanten dieser Fahrt wartete ausgerechnet am Schlusstag auf uns. Ganze 250 km maß das letzte Teilstück zwischen Bydgoszcz und Warschau. Trotz relativ ruhiger Fahrt sorgte ein Massensturz nach etwa fünfzig Kilometer für Aufregung. Als wir schließlich die Straßen der polnischen Hauptstadt erreichten, attackierte Petrow in seinem frisch eroberten „Violetten" des Aktivsten Fahrers, zusammen mit einem Österreicher. Nachdem dieser dann aber durch einen Sturz zurückgefallen war, befand sich Petrow allein an der Spitze und erreichte das „Stadion des X. Jahrestages“ als Erster. Dort machte er dann vor einer überwältigenden Zuschauerkulisse seinen fünften Tageserfolg perfekt. Sein Mannschaftskollege Gainan Saidchushin, gewann souverän die Gesamteinzelwertung, während das sowjetische Team auch den Sieg in der Mannschaftswertung davontrug. Mit Petrows neuerlichem Erfolg war auch unsere ganz minimale Illusion zerstoben, vielleicht noch in Warschau den bis dahin nicht gelungenen Tagessieg herauszufahren. Lothar Höhne hatte hier im Vorjahr triumphiert, doch das Kräfteverhältnis dieses 1962er Jahrganges sprach gegen uns. Wir waren zum Abschluss dieser Tour überhaupt nicht mehr handlungsfähig. Meine letzten Kräfte hatten gerade noch dazu gereicht, meinen siebenten Platz zu verteidigen und bei meiner FF-Premiere mitzuhelfen, unseren dritten Rang in der Mannschaftswertung abzusichern.

Von Warschau fuhren wir mit dem Zug zurück nach Berlin, dem Ausgangspunkt meiner FF-Premiere. Wir wurden auf dem Ostbahnhof vom DRSV-Präsidenten Heinz Przybyl empfangen und fuhren anschließend in das Hotel „Johannishof“ zu einer Pressekonferenz. Der „große Bahnhof“ blieb diesmal aus. Das Ganze brachte wenig positive Effekte, jeder wollte nach den Anstrengungen der vergangenen Wochen schnell nach Hause, besonders ich.

Hochzeitsreise der besonderen Art

Der 21. Mai 1962 sollte für Waltraut und mich der schönste Tag in unserem Leben werden. Wir gingen zum Standesamt! Dort bot sich für uns ein tolles Bild, denn neben unseren Verwandten, waren sowohl aus Waltrauts Ruder-Trainingsgruppe, als auch aus der Radsport-Sektion der DHfK, viele unserer Mitstreiter gekommen. Nach der Trauung gingen wir zum Mittagessen ins Hotel „International“. Wegen einer damaligen Mangelphase, mussten wir die Kartoffeln vorher selbst besorgen. Weil das rechtzeitig geklappt hatte, war die Verköstigung unserer Hochzeitsgesellschaft gerettet – die DDR schien jedoch am Boden zu sein.

Noch am selben Abend, die Leser werden ungläubig die Stirn runzeln, musste ich die Koffer packen und nach einer Flasche Sekt gegen Mitternacht meine Waltraut schon wieder verlassen. Es ging zur „Schwedenwoche", für die ich in den Augen der Verantwortlichen nun voll und ganz geeignet schien. Jetzt war ich verheiratet, ein Kind war unterwegs – ich durfte wieder „Reisekader" sein.

Diese „Schwedenwoche" fand damals stellvertretend für die Schweden-Rundfahrt statt und bestand aus einem Rundstreckenrennen in Stockholm, einem Kriterium in Barlänge und einer abschließenden Etappenfahrt in Kumla und Vaesteras. Unsere dreiköpfige DDR-Vertretung bestand aus Täve Schur, Günter Lörke und mir. Nach den Anstrengungen der Friedensfahrt war die Reise nach Schweden für mich mehr aktive Erholung, mein bestes Resultat ein vierter Platz in Kumla. Die ersten Erfolge holte ich wieder auf heimischen Territorium. In Langendorf gewann ich das Rennen „Rund um das Braunkohlenkombinat" und kurz danach sicherte ich mir in Torgau bei „Rund um den Brückenkopf" einen Sieg nach einer Alleinfahrt.

Nach unserer Trauung in Leipzig

Meistertitel, Rundfahrtsieg und andere Freuden

Anfang August stand dann in Neugersdorf die Deutsche Meisterschaft im Straßeneinzelfahren auf dem Programm. Offiziell sprach man von einem wichtigen Formtest für das WM-Aufgebot, doch es war schon längst klar, dass DDR-Fahrer nicht an der WM in Italien teilnehmen konnten. Nach dem Mauerbau bekamen wir in NATO-Staaten keine Einreisegenehmigung und so war Bern 1961 die vorerst letzte, aber verpasste Chance für mich. Dennoch galt ein nationaler Titelkampf immer als etwas Besonderes und nach meinem achten Platz vom Vorjahr, wollte ich in Neugersdorf auf jeden Fall einen Podiumsplatz.

Auf dem traditionellen Kurs des „Grenzlandringes" waren zehn Runden zurückzulegen. Nachdem lange nichts Vorentscheidendes passiert war, ging eine elfköpfige Spitzengruppe in die letzte Runde. Ausgangs von Neugersdorf war eine kräftiger Anstieg zu absolvieren, an dem ich mich mit Täve Schur, Karl-Heinz Kazmierzak und Manfred Weißleder lösen konnte. Nachdem Kazmierzak zurückfiel, waren wir zu dritt und mit zwei Leipzigern gegenüber dem Karl-Marx-Städter Weißleder taktisch im Vorteil. Acht Kilometer vor dem Ziel nutzte ich dies für einen Angriff. Täve hielt Manfred in Schach und ich konnte mein Solo, mit etwas über einer halben Minute Vorsprung, als neuer Titelträger abschließen.

Eine Woche später startete ich in Magdeburg dann bei der DDR-Rundfahrt, die unser letzter WM-Test gewesen wäre. Stattdessen war sie aus erwähntem Grund leider unser letzter Jahreshöhepunkt. Die Auftaktetappe von Magdeburg nach Nordhausen beendete ich als Etappensieger mit wenigen Sekunden Vorsprung und sicherte mir sogleich zu Beginn das Gelbe Trikot. Am dritten Tag war dann eine über 200 km lange Bergetappe von Bad Langensalza, über Oberhof und Suhl nach Plauen zu absolvieren. Dreißig Kilometer vor dem Ziel konnte ich mich absetzen und fuhr bis in den Zielort rund eineinhalb Minuten Vorsprung heraus. Die sechste Etappe zwischen Zittau und Görlitz hielt schließlich ein 52 km langes Einzelzeitfahren bereit. Hier holte ich mir einen dritten Etappensieg vor Dieter Wiedemann und baute meine Führung weiter aus. In Schönbeck ging die

DDR-Rundfahrt dann nach insgesamt neun Etappen zu Ende und ich feierte dort meinen ersten großen Rundfahrtsieg mit 8:35 min Vorsprung auf Wiedemann und 10:17 min auf Hoffmann. Dieses Resultat bewies meine gute Form zumindest im nationalen Vergleich. Ob es bei der WM zu einem guten Resultat hätte reichen können, war fraglich, da uns einfach die internationalen Rennen im Ausland fehlten und wir damals begannen „im eigenen Saft zu schmoren". Wenige Tage nach der DDR-Rundfahrt gewann ich den „Renak-Preis" in Reichenbach, und am Wochenende des WM-Einzelrennens, dann auch noch „Rund um Potsdam".

Als Ersatz für die entgangene Weltmeisterschaft organisierte unser Verband dann eine „Internationale Woche" mit Kriterien in Berlin, Riesa und Lübben, dem traditionellen „Rund um Berlin", einem Mannschaftszeitfahren in Lübben und dem abschließenden Straßenrennen „Rund um Sebnitz". Das alles konnte trotz der Beteiligung von Fahrern aus Belgien, Dänemark, Schweden, den Niederlanden oder Österreich den ausgefallenen Welttitelkampf kaum kompensieren. Wenigstens den zahlreichen Radsportanhängern in unserem Land wurde mit dieser Wettkampfserie etwas geboten.

Bei „Rund um Berlin", das ich in meinen ersten beiden Männer-Jahren schon zweimal gewonnen hatte, versuchte ich einige Male vom Feld wegzukommen. Es gelang mir diesmal nicht und als dann Lothar Höhne in den Straßen Berlins davonsprang, war ich einen Moment zu spät hinterhergefahren. Mit dem zweiten Platz sprang dennoch ein ordentliches Ergebnis heraus.

In Lübben gewann die erste DDR-Nationalmannschaft, die eigentlich für die WM nominiert war, das 100 km-Mannschaftszeitfahren vor den Österreichern. Zusammen mit Schur, Wiedemann und Weißleder kam ich im Team „DDR-Auswahl I" auf den dritten Rang. Den gleichen Platz belegte ich auch beim abschließenden Regen-Rennen „Rund um Sebnitz", wo Eberhard Butzke vor dem Belgier Camil Vyncke triumphierte. Mit diesem Podiumsplatz war dann die Straßensaison 1962 beendet. Lediglich am Tag der Republik, dem 7. Oktober, fuhr ich zusammen mit meinem Freund Dieter Kutz noch ein Aschenbahnrennen in meiner alten Heimat Rostock. Wir waren ein starkes Team und sicherten uns den Sieg. Anschließend verbrachten wir im Hotel „Nordland" einen schönen und hoffnungsvollen Abend mit unseren Frauen.

Gut beschirmt an der Seite von Ex-Weltmeister Bernhard Eckstein bei der DDR-Rundfahrt

Mit meinem Freund Dieter Kutz als Sieger eines Zweier-Mannschaftsrennens

Auch Fleischermeister Stichert, der uns mit seinem Organisationstalent bei Motor Rostock so oft unterstützt hatte, war mit von der Partie. Kurioserweise waren unsere drei Ehefrauen gleichzeitig schwanger.

Der Geburtstermin für unser erstes Kind rückte schließlich immer näher. Am 19. November war es dann soweit, unsere Tochter Sybille erblickte gesund das Licht der Welt. Samt unserem Familienzuwachs wohnten wir weiterhin im Internat der DHfK. Das ergab optimale Bedingungen, um sich einerseits um das Kind zu kümmern und sich andererseits auch auf die kommende Saison vorzubereiten.

Konzentration für den zweiten Anlauf

Für das Jahr 1963 hatte ich mir ganz besonders viel vorgenommen. Sybille machte gute Fortschritte und als frischgebackener Vater war ich ganz neu motiviert. Ich wollte bei meinem zweiten Friedensfahrt-Start einiges mehr als den siebenten Platz herausholen. Mit einer WM-Teilnahme konnte man nur wenig rechnen, da man uns diese wohl erneut verwehren würde. Also konzentrierte sich alles auf unseren wohl einzigen internationalen Jahreshöhepunkt im Mai. Der lange und harte Winter schreckte mich nicht ab, die Vorbereitung auf die neue Saison so optimal wie möglich zu gestalten. Gegenüber dem Vorjahr wurde der Umfang des Trainings gesteigert, die Trainingssteuerung individueller ausgerichtet. Mit Beginn der Straßensaison lösten dann mehrere Wettkämpfe pro Woche das bis dahin propagierte Intervalltraining ab. Das führte uns zu einem höheren Niveau und schuf bessere Möglichkeiten zur Leistungsanalyse. Ein großes Manko allerdings blieb, denn es fehlte uns auch weiterhin der internationale Vergleich über größere Zeiträume oder bei Auslandstarts. Auch wussten wir nicht, wie zum Beispiel die sowjetischen Fahrer oder die Polen trainierten, die gerade bei der Friedensfahrt unsere größten Konkurrenten waren.

Zum Saisonauftakt fuhren wir Anfang April das traditionelle „Berlin – Leipzig“, dass auf Wunsch der Trainer auf „Potsdam – Leipzig“ verkürzt wurde. Am Ende wurde ich aus einer zehnköpfigen Spitzengruppe heraus, hinter Lothar Appler und Manfred Weißleder Dritter. Danach fand eine ganze Reihe von Qualifizierungsrennen für die Friedensfahrt

Eishockey und …

... Skifahren waren beliebte Sportarten zum Ausgleich

statt. Auf der Strecke des langen FF-Zeitfahrens zwischen Bautzen und Dresden, gab es ein Testrennen der FF-Kandidaten. Diese Etappe war im letzten Drittel der Friedensfahrt zu absolvieren und sollte über die große Distanz von 57 km sicherlich viel zur Entscheidung um den Gesamtsieg beitragen. Den drei Kilometer kürzeren Test gewann Günter Lux vor Lothar Appler und Täve Schur. Ich kam mit 1:30 min Rückstand auf den fünften Platz. Erfolgreich war ich besonders in den letzten Wettkämpfen vor dem Start zur Friedensfahrt. Ich gewann die Rennen in Zeitz und Hainichen und durfte mit meiner Form zufrieden sein. Doch was war sie im internationalen Vergleich wert?

Meine Nominierung für die FF-Mannschaft war eine klare Sache, es blieb nur die dauernde Angst, sich noch zu verletzen oder krank zu werden. Unser Team war deutlich stärker besetzt als im Vorjahr. Täve Schur war nach seiner FF-Pause wieder als Mannschaftskapitän dabei, hinzu kamen die drei Neulinge Lothar Appler, Manfred Brüning und Günter Lux, sowie Manfred Weißleder, der seine dritte Tour in Angriff nahm. Insgesamt war die Mannschaft gut drauf und ich selbst hatte vor dem Start des Rennens ein viel besseres Gefühl als noch vor Jahresfrist.

Mein größter Erfolg

Die Friedensfahrt 1963 sollte die bis dahin längste Strecke bereithalten. Der Informator wies 2559 km, verteilt auf fünfzehn Etappen zwischen Prag, Warschau und Berlin aus. Am Ende sollten es 2568 km werden, eine Gesamtdistanz, die bis heute nicht mehr übertroffen wurde.

Der Start in Prag fand im gigantischen Strahov-Stadion statt. Ein mehrere Fußballfelder großer Innenraum mit riesigen Zuschauertribünen ergab ein grandioses Bild. Zuerst gab es traditionell eine farbenfrohe Eröffnungszeremonie, bei der die neunzehn Nationalmannschaften einfuhren und Flugzeuge farbige Streifen in den Himmel zeichneten. Dann fiel der Startschuss zur ersten Etappe „Rund um Prag", den Leuchtkugeln weithin signalisierten. Doch auf dem Weg zum scharfen Start zog ein kräftiges Gewitter auf. Sogar Hagel begleitete uns auf dem Weg zur westlich von Prag gelegenen Runde, auf der eine Bergwertung an der Burg Krivoklat und eine Sprintwertung in Kladno zu absolvieren waren. Bei dem zum Teil heftigen Gegenwind fiel das Feld bei hohem Tempo mehrfach auseinander und schließlich fuhr ein vielleicht noch 50-köpfiger Pulk an der Spitze wieder nach Prag hinein. Am Aufstieg zum Strahov-Stadion lag der Belgier Josef Haesseldonckx, der bereits die Sprintprämie gewonnen hatte in Front, ich fuhr hinter ihm, an zweiter Position. Allerdings hatte ich einen zu hohen Gang gewählt und konnte nicht zu ihm aufschließen. Im Stadion, in dem man für diese Zielankunft extra eine improvisierte Aschenbahn angelegt hatte, unterlag der Belgier dann jedoch dem sowjetischen Fahrer Anatoli Tscherepowitsch – ich kam dahinter auf den fünften Platz. Das starke Auftreten der Belgier setzte sich auch auf dem Weg von Prag nach Brno fort. Haesseldonckx belegte hinter dem Italiener Tagliani den zweiten Rang, sicherte sich damit das „Gelbe". Spätestens damit war klar, dass seine Mannschaft wohl zu unseren wichtigsten Konkurrenten, auch im Kampf um die Mannschaftswertung gehören würde. Zunächst waren die Blauen Trikots aber in unserem Besitz.

Für die dritte Etappe hatten die Organisatoren ursprünglich mal ein 138 km langes Mannschaftszeitfahren zwischen Brno und Bratislava geplant. Zum Glück nahm man aber Vernunft an und so wurde der Start nach Hustopece verlegt, so dass der Weg in die slowakische Hauptstadt schließlich noch 109 km maß. Selbst diese waren brutal genug. Per Bus wurden wir zum Start gefahren, wo wir an diesem warmen Frühlingstag, als führende Mannschaft, zuletzt an den Start gingen. Das war natürlich insofern günstig, weil wir so am besten die vorgelegten Zeiten aller anderen Teams im Auge behalten konnten. Schon nach 25 km bedeutete man uns Bestzeit und wenige Sekunden Vorsprung auf die Mannschaft der UdSSR. Unter Aufbietung aller Kräfte behielten wir die Führung inne und bauten sie noch weiter aus. Nach neunzig Kilometern ließ sich Manfred Weißleder auf Geheiß von Trainer Herbert Weisbrod zurückfallen, doch auch Günter Lux geriet da in Schwierigkeiten. Kurz vor dem Ziel erwischte mich noch ein Reifendefekt, doch das Team erreichte das Stadion mit neuer Bestzeit – 55 Sekunden Vorsprung auf Polen und 2 : 10 min auf die UdSSR-Mannschaft. Wir hatten bei diesem Rennen alle unseren Grenzbereich überschritten, denn Ausgeglichenheit und Harmonie war nicht gegeben. Der Sieg und die Verteidigung der Blauen Trikots war schön, aber für die kommenden Tage konnte uns dieser Gewaltritt noch bitter aufstoßen.

Unsere Vorahnungen, die Belgier würden bei dieser Fahrt eine bedeutende Rolle spielen, bestätigte sich am vierten Tag erneut. An jenem Sonntag ging es auf einem 209 km langen Abschnitt nach Banska Bystrica. Das Rennen begann mit wilden Attacken, die das Hauptfeld völlig zerissen. Zu Beginn waren wir noch gut im Bilde, zu sechst sogar in der ersten Gruppe vertreten. Nachdem sich durch Rückenwind das Feld wieder zusammengefunden hatte, setzten sich einzelne Fahrer nach vorn ab. Während Manfred Weißleder stürzte und den Anschluss verlor, machten sich schließlich zwei Gruppen auf den Weg zur Spitze, zu denen keiner aus unserer Mannschaft gehörte. Achtzehn Mann, darunter drei der belgischen Fahrer, vereinigten sich vorn und schraubten ihren Vorsprung auf bis zu fünf Minuten. Der Franzose Jean Pierre Genet gewann die Etappe und holte sich das Gelbe Trikot. Die „Blauen“ mussten wir an das belgische Team abtreten, ein herber Schlag für uns. So gab es also doch eine Quittung für das Mannschaftsrennen. In der Einzelwertung fand ich mich auf dem 22. Platz wieder und hatte nun einen Rückstand von rund sechseinhalb Minuten zu verbuchen.

Vor dem ersten Ruhetag wurde es sommerlich heiß und so war die 221 km lange Etappe zwischen Zvolen und Kosice nicht nur durch die Distanz und

Die Spitzengruppe auf dem Weg nach Kosice

das Streckenprofil eine echte Herausforderung. Irgendwie war klar – an diesem Tag musste etwas passieren. Die Sowjets waren genauso zur Offensive gedrängt wie wir, in gewisser Weise hatten wir also gleiche Ausgangspositionen und frisch war zu diesem Zeitpunkt sowieso keiner mehr.

Wie üblich gab es in der ersten Rennhälfte viele Jagden, bei denen das Feld mehrmals auseinander dividiert wurde. Hinter dem Buffet wartete eine lange Steigung, an deren Ende nach 160 km eine Bergwertung ausgeschrieben war. Ich fuhr in der Spitze des langgezogenen Feldes und erwartete jeden Moment einen Angriff. Es folgte dann eine rasende Abfahrt, auf der Täve Schur von einem Reifendefekt erwischt wurde. Manfred Brüning blieb bei ihm und half beim Heranfahren. Das Ziel war schließlich noch 35 km entfernt, als eine Gruppe entstand, der Tscherepowitsch, Verhaegen, der Italiener Storai und ich angehörten. Innerhalb von fünf Kilometern hatten wir schon zwei Minuten herausgefahren und das Unternehmen schien Aussicht auf Erfolg zu haben. Der Italiener beteiligte sich nicht an der Führungsarbeit, so dass wir uns nur zu dritt abwechseln konnten. Als etwa sieben Kilometer vor dem Ziel die Straße anstieg, setzte ich alles auf eine Karte und trat an. Schnell gewann ich an Vorsprung, sah aber nicht nach, was sich hinter mir tat. Ich konnte nur hoffen, dass ich meinen Angriff vehement genug unternommen hatte und sich meine drei Begleiter in der Verfolgung nicht einig waren. Als ich dann einen Blick nach hinten wagte, waren sie deutlich zurück. Die verbleibenden Kilometer bis zum Ziel waren mit großen roten Zahlen auf die Straße gepinselt. Ich erreichte die „5" und wurde schon zuversichtlicher, das Ziel auch tatsächlich allein zu erreichen. Das letzte Stück vor dem Stadion war provisorisch hergerichtet, es war günstig, dass ich hier allein war. Nach einer scharfen Rechtkurve ging es zweimal halb links und dann ins vollbesetzte Stadion hinein. Unter dem riesigen Jubel der Zuschauer sprintete ich auf die Aschenbahn und eroberte meinen ersten FF-Etappensieg. Eine halbe Minute hinter mir passierte Verhaegen die Ziellinie, Storai und Tscherepowitsch kamen mit einigem Abstand einzeln dahinter ein. Weil das Feld dreieinhalb Minuten Rückstand hatte, holte sich Verhaegen das Gelbe Trikot von Genet. Ich selbst machte in der Gesamtwertung einen großen Sprung nach vorn und lag vor dem folgenden Ruhetag auf dem neunten Rang.

Die langen und schweren Etappen hatten im gesamten Team Spuren hinterlassen. Dennoch fühlte ich mich recht gut und sah trotz der großen Zeitabstände insgeheim noch meine Chance. Die Belgier hatten unsere Einschätzung bestätigt, dass sie bei dieser Friedensfahrt wohl unsere stärksten Gegner werden würden. Sicherlich hatten sie sich schon eine

Als Solist zum ersten FF-Etappensieg

gute Taktik für die Verteidigung ihrer Führungspositionen, die sie zu diesem Zeitpunkt in allen Wertungen innehatten, zurechtgelegt. Weil ein Ruhetag nur wenig mit „Bettruhe" zu tun hat, verbrachten wir zwei Stunden auf dem Rad und nutzten die Freizeit zum Studium des Streckeninformators ausgiebig, um für die folgenden Abschnitte gewappnet zu sein.

Am nächsten Tag fuhren wir mit einem Sonderzug zum Start nach Presov. Ich fühlte mich gut erholt und hoffte darauf, das wir unsere Taktik, mit mehreren Fahrern wechselseitig anzugreifen, umsetzen können. Wieder gab es dann mit Beginn der Etappe kräftige Hagelschauer, während Manfred Brüning unser Team mit einer Attacke offensiv in Szene setzte. Nach kurzer Jagd schlossen fünf weitere Fahrer auf, darunter unser Günther Lux, aber auch zwei sowjetische und polnische Fahrer. Nach etwa dreißig Kilometern hatte das Sextett an der Spitze eine Minute Vorsprung. Zwanzig Kilometer weiter setzte eine neunköpfige Verfolgergruppe nach, in der unter anderem Dolezel (CSSR), Tscherepowitsch (UdSSR), Kudra (Polen), Vyncke (Belgien), Genet (Frankreich) und ich vertreten waren. Etwa fünfzehn Kilometer hinter der Grenzüberfahrt nach Polen, schlossen wir mit unserer Gruppe zu den Spitzenreitern auf und hatten dort die Situation, dass sowohl die UdSSR, Polen und die DDR hier mit jeweils drei Fahrern vertreten waren. Weil die Belgier nur einen Mann dabei hatten, zählte ein Vorsprung im Ziel für die drei Teams mit den drei Vertretern doppelt. Für die Mannschaftswertung ließ dies Hoffnungen aufkommen. Zwar bemühte sich der „Gelbe“ Verhaegen, gefolgt von Lothar Appler und Manfred Weißleder in einer kleineren Gruppe um die Verfolgung, doch mit dem einsetzenden Regen konnten wir unseren Vorsprung weiter vergrößern. Hasman aus der CSSR-Mannschaft erreichte das Zielstadion in Rzeszow als Erster und holte sich vor Fornalczyk und unserem Günter Lux den Tagessieg. Mit einem Rückstand von 3:27 min kam das Hauptfeld ins Ziel, womit der Franzose Genet als neuer Träger des Gelben Trikots feststand. Ich machte erneut einen Riesensatz in der Einzelwertung und verbesserte mich vom neunten auf den dritten Rang. Mein Rückstand auf Genet betrug 1:59 min und stimmte mich recht optimistisch. Im Kampf um das Mannschaftsklassement waren wir auf den vierten Platz nach vorn gestoßen, während die polnische Vertretung die Blauen Trikots übernommen hatte.

Nach einer weiteren Zugfahrt erreichten wir Warschau, wo das Fahrerfeld bei strömenden Regen von weit über 100.000 Zuschauern aus dem „Stadion des X. Jahrestages“ verabschiedet wurde, um über vier Runden den siebenten Etappensieg auszufahren. Mit insgesamt 135 km war dieses Rennen zwar angenehm kurz, doch gerade solche Abschnitte können sehr gefährlich sein und mehr Veränderungen herbeiführen als manch 200 km-Kanten. Konzentration war gerade bei diesem Regenwetter großgeschrieben. Nach vielen verschiedenen Ausreißversuchen unternahm auch ich, kurz vor der dritten Stadionpassage, einen Soloritt, doch Genet höchstpersönlich fuhr wieder zu mir heran. Am Ende kam es zu einem Massenspurt, bei dem unser Lothar Appler den Vortagessieger Hasman auf den letzten Metern noch abfing und den dritten Tagessieg für unsere Mannschaft sicherte.

Zwischen der polnischen Hauptstadt und dem Etappenort Torun erwartete uns dann wieder die „gewohnte“ Etappenlänge von 226 km. Zwischenzeitlich sorgten an diesem Renntag wolkenbruchartige Regenfälle

Mit knappem Vorsprung stürme ich auf die Aschenbahn des Toruner Stadions →

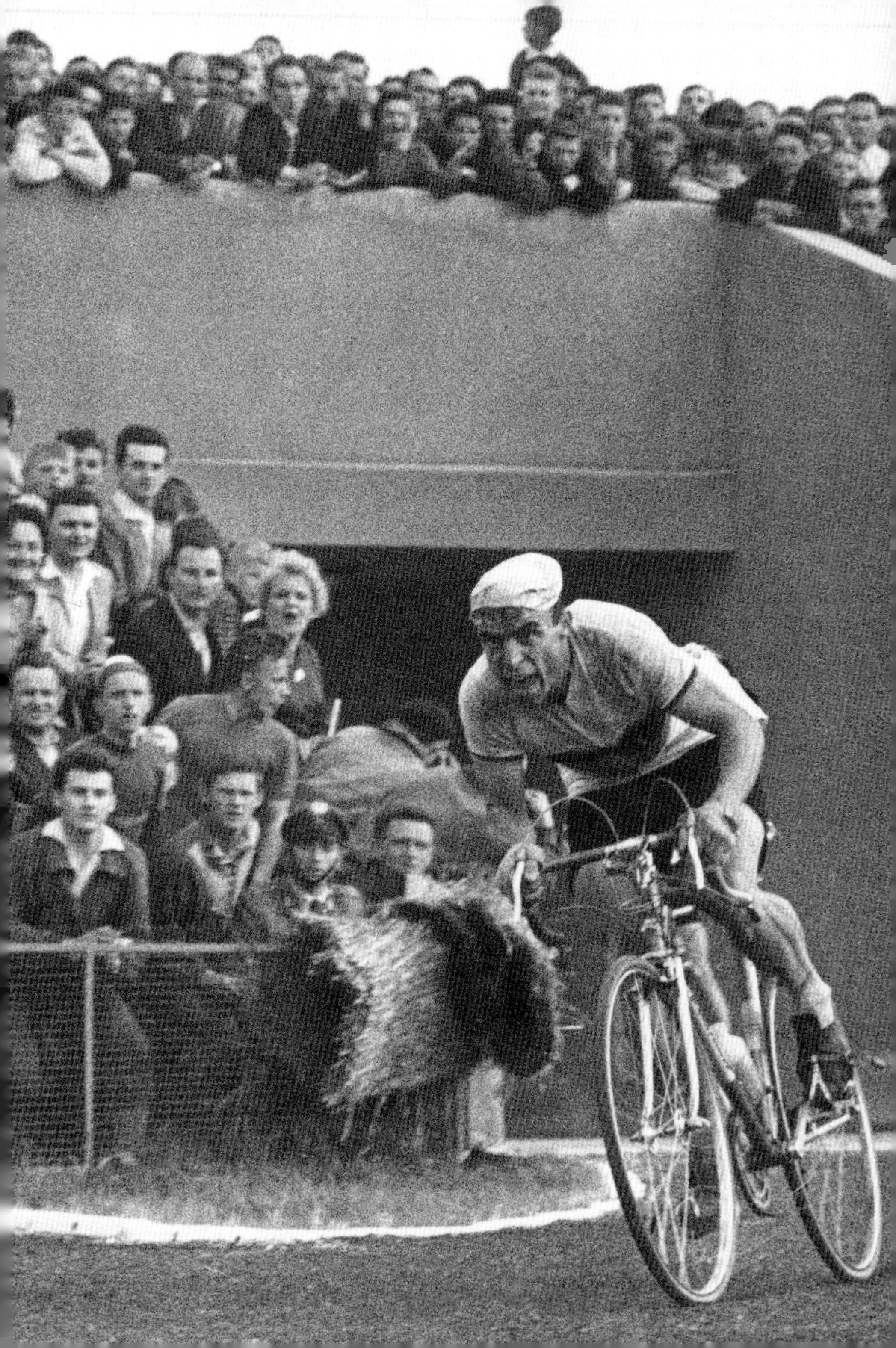

dafür, dass wir beim Buffet kaum unsere Verpflegungsbeutel annehmen konnten. Nachdem ich im ersten Teil der Etappe einen kleinen Durchhänger hatte, fühlte ich mich am Ende wieder recht gut. Mit einem großen Gang habe ich dann mit aller Gewalt einen Vorstoß eingeleitet, dem der Pole Chtiej, der Rumäne Cosma und der Belgier Verhaegen folgten. Kurz darauf schlossen noch einige Fahrer zu unserem Quartett auf. Zehn Kilometer vor dem Ziel wagte ich dann mit der gleichen Variante, wie schon auf dem Weg nach Kosice, die Gruppe zu sprengen. Als ich mich umschaute, war keiner zu sehen und ich gab wieder alles, um den Tagessieg und die damit verbundene Zeitgutschrift von einer Minute zu erobern. Das Stadion erreichte ich mit gerade einmal drei Sekunden Vorsprung und gewann. Verhaegen belegte den vierten Rang und weil die Genet-Gruppe mit einer Minute Rückstand eintraf, holte sich nun der Belgier das Führungstrikot zurück. Ich lag nur noch 32 Sekunden dahinter auf dem zweiten Platz der Gesamtwertung. Doch der Weg nach Berlin war noch sehr weit.

Die neunte Etappe endete mit dem Erfolg des Italieners Andreoli, der eine Spitzengruppe mit geringem Vorsprung auf das Hauptfeld ins Stadion geführt hatte. Eine traurige Nachricht hatte uns aber bereits kurz nach dem Start erreicht. Jean-Pierre Genet hatte nach 15 km das Rennen wegen starker Sitzbeschwerden aufgeben müssen. Er lag zu diesem Zeitpunkt auf dem dritten Rang der Gesamtwertung und hätte sicher noch ein wichtiges Wort im Kampf um das Gelbe Trikot mitreden können.

Im Verlaufe des kurzen, regnerischen und windigen Tagesabschnittes von Poznan nach Zielona Gora waren Ausreißversuche nur von kurzer Dauer. Ich selbst tat nur das absolut Notwendigste und wurde von unserer Mannschaft optimal unterstützt. Die Polen feierten mit Jozef Beker auf der letzten Heimatetappe endlich auch einen Tageserfolg und verteidigten einmal mehr die Blauen Trikots. Bevor wir heimatliches Territorium erreichten, stand in Zielona Gora der zweite Ruhetag auf dem Programm.

Auf dem hügeligen Kurs nach Görlitz meldete sich die Sonne zurück. Die Angriffe hielten sich diesmal in Grenzen. Der Franzose Lefranc hatte allein rund eine Minute auf das Feld herausgefahren, als sich der Italiener Grassi und Viktor Kapitonow (UdSSR) auf die Verfolgung machten. Die beiden erreichten den Solisten und wenige Kilometer vor dem Ziel löste sich dann Kapitonow und zog in Görlitz als Etappensieger ins Stadion ein. Mit rund einer halben Minute Rückstand kamen wir im Hauptfeld ins Ziel und erfuhren einen begeisterten Empfang. Ich hatte schon am Grenzübergang richtig Gänsehaut bekommen. Die Zuschauer trugen uns mit ihren lautstarken Anfeuerungsrufen förmlich ins Ziel.

Ich freute mich, dass wir wieder in der Heimat waren. In der Mannschaft herrschte eine Super-Stimmung und auf heimischen Boden wollten wir unseren begeisterten Zuschauern guten, erfolgreichen Sport bieten. Inzwischen war ich mir auch sicher, dass die Friedensfahrt 1963 mit dem nun bevorstehenden Einzelzeitfahren entschieden würde. Die noch folgenden Etappen waren zwar auch nicht ganz einfach, aber im Ernstfall könnten sich auch Mannschaften vereinen und alle gefährlichen Attacken im Ansatz vereiteln. Zudem kam noch der nicht zu unterschätzende Heimvorteil für unser Team. Ich hatte eine ruhige Nacht und war früh um 7.00 Uhr ausgeschlafen.

Wir erlebten ein sehr angenehmes Zeitfahrwetter, es war trocken und die Sonne schien. Im Laufe des Tages wurde es richtig warm und so gab es ausgezeichnete Bedingungen für den „Kampf gegen die Uhr". Als Zweiter in der Gesamtwertung startete ich als Vorletzter am Nachmittag, exakt um 16.16 Uhr. Hinter mir ging nur noch Verhaegen ins Rennen. Wegen der Wärme und der Länge von sage und schreibe 57 km, musste man auch eine Trinkflasche mitnehmen, denn zu großer Flüssigkeitsverlust wird immer mit Leistungsabfall bestraft. In Bautzen wurde aus dem vollbesetzten Stadion heraus gestartet. Die Massen waren ganz aus dem Häuschen – eine unvergessliche Atmosphäre. Das verpflichtete mich umso mehr, alles für einen Sieg zu geben und damit das Gelbe Trikot zu erobern.

Nach den ersten Kilometern merkte ich schon, dass es gut läuft. Ich durfte nur nicht zu schnell anfahren, der Weg war noch lang. Aus dem Materialwagen rief Herbert Weisbrod „Klaus, gut so! Schön gleichmäßig, Kurven eng fahren!" Seine Worte und Anfeuerungen gaben mir Kraft und Selbstvertrauen. Die Zuschauer riefen im Verlaufe des Rennens immer „Du liegst vorn!", doch wie konnten sie das wissen? Wohl kaum hatten sie die Zeiten aller Rennfahrer gestoppt. Dann fiel mir ein, dass sie ja überall in den größeren Ortschaften, durch den Streckenfunk informiert waren – damals eine tolle Einrichtung!

Ich spulte trotz der positiven Zurufe mein gleichmäßiges Tempo weiter. Im Verlaufe des Rennens holte ich den Belgier Vyncke, den Polen Gawliczek und UdSSR-Fahrer Tscherepowitsch ein. Wie lag aber Verhaegen hinter mir im Rennen? Als ich nach einer steilen Serpentinen-Abfahrt das „Blaue Wunder" in Dresden erreichte, tobten die Zuschauer am Straßenrand. Aus dem Materialwagen kamen entlang des Elbufers dann die letzten heiseren Rufe: „Klaus gut, Du hast Bestzeit!" Aber gerade jetzt hieß es, Konzentration zu wahren, denn die Kurven und das Kopfsteinpflaster waren für die schmalen Reifen gefährlich. Dann sah ich das Heinz-Steyer-Stadion vor mir und war froh, dass ich es gleich geschafft haben würde. Als ich die Stadioneinfahrt passierte, brach ein gigantischer Jubelorkan über mich herein. Es musste wohl immer noch die Bestzeit sein. Als Verhaegen das Stadionoval erreichte, wurde dies endgültig bestätigt, er hatte mehr als zwei Minuten eingebüßt und ich war tatsächlich ins Gelbe Trikot gefahren. Ich war überglücklich. Durch den fünften Platz von Täve und den siebenten Rang von Manfred Brüning wurden wir auch Tagesmannschaftssieger und verbesserten uns im Kampf um die Blauen Trikots auf den dritten Rang. Unser Rückstand auf die polnische Mannschaft betrug nur noch rund dreieinhalb Minuten.

Am nächsten Tag war mit einer 245 km-Distanz von Dresden nach Erfurt, die längste Tagesstrecke dieser Fahrt zu bestreiten. Der morgendliche Sonnenschein entwickelte sich zu einer erbarmungslosen Hitzeschlacht, bei der sich der Straßenteer verflüssigte und an den Reifen kleben blieb. Mir war klar, meine Konkurrenten im Kampf um den Gesamtsieg würden nichts unversucht lassen und von Beginn an ein hohes Tempo fahren. Unsere Taktik hieß: Angriff ist die beste Verteidigung! Sofort nach dem Start fuhren Manfred Weißleder und Manfred Brüning davon, aber etwa 25 Fahrer folgten ihnen und so bemühte sich das Feld, zügig wieder aufzuschließen. Auch danach blieb das Feld in ständiger Bewegung. Ich wurde vielfach hart attackiert, in manchen Fällen auch völlig sinnlos. Vor der Prämie in Karl-Marx-Stadt entstand dabei dann eine 13-köpfige Spitzengruppe, in der die Belgier durch Haesseldonckx, Verhaegen und Vyncke gleich zu dritt vertreten waren. Doch auch wir hatten gut aufgepasst und fuhren mit Täve Schur, Manfred Weißleder und mir vorn mit. Die Blauen Trikots der Polen waren durch Kudra nur einmal vertreten und so liefen sie Gefahr, in der Mannschaftswertung Boden einzubüßen. Dann bekam ich Defekt, doch Täve gab mir ganz schnell sein Rad und so konnte ich zügig wieder an die Spitzengruppe heranfahren. Er musste auf den Materialwagen warten und fiel danach ins Feld zurück. Wie stark er war zeigte, dass er sich bei Hohenstein-Ernsttal wieder mit einer Verfolgergruppe lösen konnte und später neben dem Polen Zielinski noch unseren Lothar Appler nach vorn brachte. Zunächst aber erreichten wir Meerane. Die Stadt war schon lange zu einem besonderen Begriff im Lexikon der Friedensfahrt geworden. Wartete doch hier die berüchtigte „Steile Wand“ auf uns, ein völlig überraschend auftauchender Kopfsteinpflasteranstieg, an dem tausende Zuschauer rechts und links der Straße die Kraftanstrengungen der Rennfahrer beobachteten. Für mich war dieses Fluidum in Meerane ein Premieren-Erlebnis. In einer der ersten Positionen fuhr ich um die Kurve, vor uns türmte sich der Anstieg tatsächlich wie eine Wand auf. Wieder brach ein Jubelorkan los und Manfred Weißleder übernahm die Spitzenposition. Er gewann die Bergwertung klar, während die Verfolgergruppe um Täve schon auf Sichtweite herangekommen war. Nicht viel später vereinigten sich die beiden Gruppen und damit lagen nunmehr 23 Fahrer vorn. In

Voller Einsatz beim Kampf gegen die Uhr und um das Gelbe Trikot

Jena gewann der Belgier Haesseldonckx wieder die Sprintprämie und baute die Führung in der Wertung des Violetten Trikots weiter aus. Danach riss die Spitzengruppe zweimal auseinander. Kurz hinter Jena trat Lebedjew an einer leichten Steigung an und ich sprang sofort hinterher. Täve bremste an der Spitze der Gruppe, so dass wir zügig davonziehen konnten. Ich wechselte mich im weiteren Etappenverlauf sehr gut mit dem sowjetischen Fahrer ab und mir war klar, dass wir eine ausgezeichnete Chance hatten, das Ding nach Hause zu fahren. Man signalisierte uns schon über zwei Minuten Vorsprung auf die Verfolger, als wir Erfurt erreichten. Wir hatten gerade

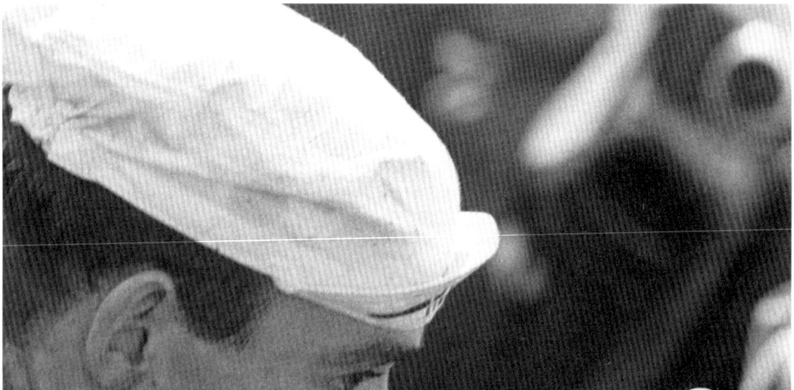

Erfrischung im Erfurter Stadion

das Ortseingangsschild in der Weimarischen Straße passiert, als ich merkte, wie mir am Hinterrad die Luft ausging. In Höhe der Gaststätte „Zur Henne“ musste ich vom Rad, Lebedjew fuhr weiter und war nach dem Wechsel nicht mehr zu erreichen. Er kam mit rund einer halben Minute Vorsprung im Dimitroff-Stadion an und wurde Etappensieger. Nach mir als Zweitem führte Täve Schur eine fünfköpfige Verfolgergruppe ins Ziel und wurde für seine Meisterleistung mit dem dritten Platz belohnt. Gennadi Lebedjew entschuldigte sich dann sogar noch bei mir, weil er einfach weitergefahren war. In diesem harten Sport war das eine sehr nette Geste.

In der Gesamtwertung hatte ich meinen Vorsprung gegenüber Verhaegen auf fast sechseinhalb Minuten ausgebaut. Im Mannschaftsklassement hatten wir gleich vierzehn Minuten auf Polen gutgemacht, wodurch die Blauen Trikots nun in unseren Händen waren und die große Harmonie im DDR-Team belohnten.

Auf dem vorletzten Tagesabschnitt zwischen Erfurt und Magdeburg war dann unsere Taktik einmal mehr darauf gerichtet, unsere hart erarbeiteten Positionen an der Spitze der Wertungen um „Gelb“ und „Blau“ zu verteidigen. Die Strecke führte über den Kyffhäuser, wo sich Gawliczek den Sieg der Bergprämie holte. Kurz hinter ihm erreichte ich mit Vyncke und Haesseldonckx die Wertungslinie. Nach dem Soloritt eines Franzosen zerriss heftiger Seitenwind das Feld in viele Gruppen. In Staßfurt, etwa 35 km vor dem Ziel, bildete sich eine sechsköpfige Spitzengruppe mit Lothar Appler und August Verhaegen. Kurz dahinter fuhr ich zusammen mit Anatoli Tscherepowitsch, dann folgte eine Gruppe mit Täve, Günter Lux und Manfred Brüning. Am Ende schlossen sich die kleinen Gruppen zu einer größeren zusammen, die mit einigen Sekunden Vorsprung Richtung Ziel spurtete. Tscherepowitsch erreichte als Erster das Ernst-Grube-Stadion, fuhr jedoch die Kurve zu schnell an und stürzte. Lothar Appler und der Italiener Tagliani wurden mitgerissen und ich hatte Glück in fünfter Position noch vorbeigekommen zu sein. Verhaegen machte das Beste aus der Situation und gewann, ich wurde Zweiter und büßte durch die Zeitgutschrift lediglich 30 Sekunden auf den Belgier ein. Nach der Siegerehrung stand mir noch ein besonders freudiger Moment bevor, denn Waltraut war mit Sybille ins Stadion gekommen.

Mit Waltraut im Magdeburger Stadion

Mein Bruder Alfons gratulierte mir als einer der Ersten zum Sieg

Den Startschuss zur Schlussetappe gab die erfolgreiche Magdeburger Schwimmerin Barbara Göbel. Da ahnte ich noch nicht, dass ich zusammen mit ihr und Manfred Matuszewski am Ende dieses Jahres eine große und interresante Reise nach Japan unternehmen würde.

Im Verlaufe der Etappe gab es verschiedene Vorstöße, an denen sich zu Beginn wieder Täve und Manfred Brüning beteiligten. Später zog ich sogar einmal kurzzeitig mit dem Bulgaren Kotew davon. Im Finale gab es dann eine sechsköpfige Spitzengruppe in der sich Günter Lux beteiligte, doch auch diese wurde vom Feld wieder eingeholt. Vor der Einfahrt in das vollbesetzte Walter-Ulbricht-Stadion lag der Italiener Tagliani an der Spitze, der sich damit seinen zweiten Etappensieg holte. Ich selbst fuhr mitten im Feld über die Ziellinie und war Friedensfahrtsieger!

Im Moment dieses Erfolges fehlte mir dann ein bisschen der Überblick. Die jubelnden Massen auf den Tribünen und die vielen Menschen im Innenraum erdrückten mich beinahe. Ich war gerade von Rad gestiegen, als Heinz-Florian Oertel mir sein Mikrofon entgegenstreckte und mich um eine erste Einschätzung bat. Eine besondere Freude war, das mein Vater mit dem Zug von Rostock nach Berlin gekommen war, um mir im Stadion persönlich zu gratulieren – ein wunderschöner Moment. Dann kam die Siegerehrung. Es gab riesige Kränze und das Podest bestätigte unsere Einschätzung zu Beginn der Fahrt. Die Belgier Verhaegen und Vyncke wurden als Zweiter und Dritter geehrt und sie waren in der Tat unsere größten Konkurrenten. Dies am Ende der Fahrt als Einzel- und Mannschaftssieger feststellen zu können, war natürlich ein schönes Gefühl.

Im Anschluss wurden wir auf der Ehrentribüne vom Namensgeber des Stadions, dem Staatsratsvorsitzenden Walter Ulbricht und weiteren Regierungsmitgliedern beglückwünscht. Doch ich wunderte mich danach, dass Waltraut nicht gekommen war. Hatte ich sie etwa übersehen? Erst im Hotel traf ich sie dann mit Sybille an und da stellte sich heraus, dass ihr ein Polizist die Zufahrt zum Stadion verweigert hatte und sie so nicht mehr rechtzeitig zur Ankunft kommen konnte. Sie war sehr traurig, den großen Trubel im Stadion verpasst zu haben.

Siegerehrung mit den Belgiern Verhaegen (links) und Vyncke (rechts) in Berlin

Ich sehnte mich nach diesem Bad in der Menge nun nach etwas Ruhe. Eine dreiwöchige Rundfahrt, mit oder auch ohne Erfolg, erschöpft jeden Aktiven. Für den Gesamtsieg erhielt ich übrigens ein schönes großes MZ-Motorrad, das wir in Leipzig verkauften, um den Erlös an die Mitglieder unserer Mannschaft zu verteilen. Die vielen Pokale und Ehrengeschenke wurden im Klub auf einem großen Tisch aufgebaut. Jeder aus dem Team konnte sich nehmen, was ihm am besten gefiel. Derjenige, der das jeweilige Stück gewonnen hatte, erhielt natürlich das Vorrecht.

Wieder Meistertrikot und Rundfahrtsieg

Viel Zeit zur Erholung blieb nicht, da bereits in der zweiten Juniwoche die Deutsche Straßenmeisterschaft rief. Ich war Titelverteidiger und so war meine persönliche Zielstellung klar. Fünfzehn Runden waren auf dem mit drei schweren Anstiegen gespickten Kurs in Mittweida zu absolvieren. Es wurde eine aktionsreiche Hitzeschlacht, bei der ich mich in der neunten Runde auf die Verfolgung einer dreiköpfigen Spitzengruppe begab. In der zehnten Runde war ich schon an Brüning, Maleska und Kazmierzak heran, setzte mich eine Runde weiter dann allein von ihnen ab. Etwa fünfzig Kilometer legte ich danach als Solist zurück und verteidigte meinen Titel mit fast eineinhalb Minuten Vorsprung auf Manfred Brüning.

Gut in Form startete ich Ende August dann auch in die DDR-Rundfahrt, bei der ich natürlich ebenso meinen Erfolg vom Vorjahr wiederholen wollte. Das Rennen sollte für uns der letzte Test vor den Weltmeisterschaften im belgischen Renaix werden, doch unserem Bahn-Nationalteam war nach seiner Ankunft auf dem Brüsseler Flughafen bereits polizeilich die Einreise verweigert worden und so war wieder klar, das die DDR-Rundfahrt auch in diesem Jahr erneut unser letzter Saisonhöhepunkt würde. Wieder mussten wir unter unserer „Käseglocke" bleiben und hatten nur bei den eigenen, international besetzten Veranstaltungen, hier und da ein wenig Vergleich über den „Tellerrand" hinaus.

Mit einem Etappensieg am zweiten Tag, als bei der in Halle gestarteten DDR-Rundfahrt der Abschnitt zwischen Schönebeck nach Bad Langen-

Herbert Weisbrod feuert mich auf dem Weg zur Titelverteidigung an

salza zurückzulegen war, eroberte ich schon frühzeitig das Gelbe Trikot. Mit rund zwei Minuten Vorsprung kam ich vor dem Karl-Marx-Städter Immo Rittmeyer ins Ziel. Auch die mit 227 km vierte und längste Etappe von Meiningen nach Aue beendete ich als Solist. Dieser Abschnitt war mit vier Bergwertungen sehr profiliert, für deren Gewinn man jeweils eine Minute Zeitgutschrift erhielt. Nachdem sich Erich Hagen, damals Mitglied der „Gemischten Mannschaft" in Suhl den Gewinn einer Kletterprüfung holte, konnte ich in Friesen gewinnen und damit mein Zeitpolster um sechzig Sekunden vergrößern. Nach zweiten Rängen bei den Bergwertungen in Lichtentanne und Hartenstein setzte ich mich schließlich mit meinem Clubkameraden Bernhard Eckstein ab. In Aue hatte ich dann die schnelleren Beine und holte mir den zweiten Tagessieg.

Anschließend führte ein 56 km langes Einzelzeitfahren nach Annaberg-Buchholz. Das war gerade mal einen Kilometer kürzer als das Friedensfahrt-Zeitfahren im Mai. Dass ich auch hier als Sieger hervorging, bestätigte mir eine ausgezeichnete Form, die ich nur zu gern bei der Weltmeisterschaft unter Beweis gestellt hätte. Mein Vorsprung in der Gesamtwertung war gegenüber Bernhard Eckstein als Zweitem, schon auf fast sechs Minuten angewachsen.

Am Ende des 200 km langen Tagesabschnittes von Annaberg-Buchholz nach Löbau kam ich erneut als Solist ins Ziel und erwies mich meines Gelben Trikots würdig. Nach der letzten Etappe, die in Merseburg mit dem zweiten Tageserfolg von Rainer Marks endete, hatte ich insgesamt 8:44 min Vorsprung auf die „Ecke“ und damit zum zweiten Mal die DDR-Rundfahrt gewonnen.

Über Uppsala und Sebnitz nach Tokio

Im September folgten wir wieder einer Einladung nach Schweden. Diesmal war es die „Sechstagefahrt“, die über acht Tagesabschnitte von Umea nach Uppsala führte. Die Teams starteten mit jeweils vier Fahrern, unsere Equipe war durch Täve Schur, Egon Adler, Lothar Appler und mich vertreten. Gleich zum Auftakt konnten wir uns mit einem Erfolg im Mannschaftszeitfahren optimal in Szene setzen. Nach guten Tagesplatzierungen und einem zweiten Platz in Sundsvall, glückte mir auf der Schlussetappe dann mal wieder ein Ausreißversuch. Mit 44 s Vorsprung auf meinen Teamkameraden Egon Adler erreichte ich die Zielgerade in Uppsala und holte den Etappensieg, der uns auch noch den Erfolg in der Teamwertung eintrug. In der Gesamtwertung verbesserte ich mich hinter dem belgischen Gesamtsieger Roger Swerts auf den dritten Rang.

Nach der Rückkehr aus Schweden wartete zum Saisonausklang das eigentlich schon traditionelle „Rund um Sebnitz“ mit internationaler Besetzung. Die Belgier um Roger Swerts waren am Start und mit ihnen ein gewisser Eddy Merckx, der am Tage zuvor das Rennen um den Dresdner Presse-Preis gewonnen hatte. Die Sebnitzer Rundenjagd sah im Finale eine vierköpfige Spitzengruppe, in der jener Merckx an der Seite seiner Landsleute Swerts und de Marteleire, sowie unserem Siegfried Huster kurbelte. Ich bemühte mich mit Schur, Eckstein und vier weiteren Fahrern um die Verfolgung des Quartetts. Am Ende trennte uns eine halbe Minute von den Spitzenreitern, aus deren Reihen sich Eddy Merckx den nächsten Sieg sicherte. Ich beendete das Rennen als Neunter.

Der Höhepunkt des Jahres war dann aber noch eine ganz besondere Reise. Bevor die Olympischen Sommerspiele 1964 in Tokio ausgetragen wurden, hatte ich Gelegenheit mit einer kleinen DDR-Delegation nach Japan fliegen zu können und die für die Spiele geplanten Sportstätten zu besichtigen, sowie die Gegebenheiten vor Ort kennenzulernen. Neben Günter Heinze, dem NOK-Vizepräsidenten der DDR waren einige Funktionäre mit von der Partie. Die Sportler wurden durch die Schwimmerin Barbara Goebel, den Leichtathleten Manfred Matuschewski und mir als Radsportler vertreten.

Unsere Reise begann am 9. Oktober auf dem Prager Flughafen. Von dort aus ging es nach Belgrad, wo wir bei der Zwischenlandung aber länger als veranschlagt warten mussten, weil bei unserer Maschine ein Defekt entdeckt wurde – zum Glück rechtzeitig.

Unser Flug ging dann weiter über Beirut nach Dhahran. In Bombay, unserer nächsten Zwischenlandestation, hatten wir bereits 35 Grad im Schatten und uns kam es vor, als müssten wir ersticken. In der indischen Großstadt war durch unseren verspäteten Abflug in Belgrad die direkte Anschlussmaschine nach Tokio längst in den Wolken verschwunden, so dass wir unseren Kurs etwas ändern mussten. Die weitere Reise führte uns zunächst nach Rangun in Burma. Den eintägigen Zwischenaufenthalt nutzten wir vor allem zum Trainieren. Ich holte meine Rennmaschine aus dem Gepäck und machte sie für den anderen Morgen startklar. Die Lust zum Training war bei der drückenden Hitze nicht allzu groß, wir schwitzten wie nie zuvor. Für's Radfahren fehlten mir Straßen, aber der PKW unseres Generalkonsulats begleitete mich am frühen Morgen zu dem einzigen etwa dreißig Kilometer langen und brüchigen Asphaltband vor Rangun, das sich für mein Vorhaben eignete. Fünfzehn Kilometer außerhalb der Stadt vereinigte sich die Straße mit einer anderen, schlängelte sich dann noch einmal durch das Land und verlor sich dann im dichten Wald. So legte ich mit Autobegleitung vormittags 50 km und am Nachmittag, nach 16 Uhr, die gleiche Strecke noch einmal zurück. Danach war ich vollkommen am Boden, wie man so sagt, schlapp und übermüdet. Manfred Matuschewski lief sich am Vormittag nur ein und trainierte am späten Nachmittag, als die größte Hitzewelle vorbei war. Sein Befinden war auch nicht besser als das meine. Wir beneideten Barbara Goebel, denn im Wasser ließ es sich schon etwas besser aushalten.

Über Bangkok und Hongkong erreichten wir am dritten Tag endlich unser Reiseziel Tokio. Spät am Abend betraten wir das Hotel ‚Dai-ichi', eines der größten des pompösen Ginza-Viertels in der 10-Millionen-Stadt. Wir wohnten im fünften Stock. Acht Stunden waren wir nun der mitteleuropäischen Zeit voraus. Unsere Körper vertrugen diesen Ruck allerdings nicht so gut wie unsere Uhren, nur langsam gewöhnten wir uns an den „japanischen Tag".

Tokio glich zu dieser Zeit noch einem riesigen Bauplatz. Erst 50 Prozent der benötigten Wettkampfstätten waren fertiggestellt. Besichtigen konnten wir bereits das ausgebaute Nationalstadion im Meiji-Sportpark, ein Leichtathletikstadion, die Städtische Turnhalle und die Halle für Wasserball. Auch über die Hälfte der Straßen, die im Oktober 1964 als Rennstrecke für die Straßenwettbewerbe der Radsportler dienen sollen, waren zu dieser Zeit noch im Bau, so dass von einem Abfahren des Kurses nicht die Rede sein konnte. Meine Erkundungsreise hatte daher mehr theoretischen Charakter. Für das Mannschaftszeitfahren war ein 36 km langer Kurs geplant, der dreimal zu durchfahren war. Die Rundstrecke für das Einzelrennen war 22,8 km lang und sollte achtmal absolviert werden. Dieser Kurs war streckenweise bewaldet, beim Passieren einiger Dörfer war die Straße windanfällig. Es gab eine Vielzahl von Kurven aber wiederum kaum nennenswerte Berge, die Entscheidungen bringen konnten. Die zwei Anstiege von etwa einem Kilometer Länge, mit bis zu acht Prozent Steigung, waren meiner Auffassung nach nicht so schwer. Insgesamt schien mir dieser Kurs etwas zu anspruchslos zu sein. Für den Teamwettbewerb war die Strecke allerdings dann recht schwierig, weil mehr als 100 km zu fahren waren und die kurvenreiche Streckenführung auch den Rhythmus stört und das Einhalten der Sitzposition erschwert.

Die Anlage für die Bahnwettbewerbe existierte damals noch nicht. Die alte 400 m-Bahn, auf der während unseres Aufenthaltes kleinere Wettkämpfe stattfanden, genügte den Anforderungen nicht. Es sollte eine 333 m-Bahn aus Holz erreichtet werden. Wir besuchten dann u. a. noch die Baustelle des Schwimmstadions, die Marathonstrecke oder das im Umbau befindliche Nationalstadion. Dort erlebte ich zum ersten Mal einen mechanischen „Hasen", der den Läufern das Tempo vorgab, er sauste am Rande der Laufbahn in einer Schiene vor dem Läufer her. Wie uns die japanischen Sportler erzählten, sollte dieser mechanische Schrittmacher-Apparat zur Relais-Station für sportmedizinische Untersuchungen während des Trainings ausgebaut werden.

Wenn mich jemand fragen würde, was mir von der japanischen Hauptstadt am eindringlichsten in Erinnerung geblieben ist, würde ich sagen, die Schlangen der Menschen, die telefonieren wollen. Vor den Läden waren auf der Straße oft mehrere Telefone angebracht, und trotzdem standen die Menschen Schlange. Ein anderes „Vergnügen" der Tokioter waren die Verhältnisse in den Autobussen und der S-Bahn. Oft haben wir gedacht, die Wagen müssten vor Überfüllung auseinanderbrechen, und doch gingen an der nächsten Haltestelle noch zehn Reisende hinein.

Als wir Tokio mit einer „Comet 4" am 26. Oktober verließen, regnete es in Strömen, und nach neun Stunden, als wir in Rangun aufsetzten, war die Lage nicht wesentlich anders. Dazu kam ein heftiger Wind auf, so dass wir dachten, Häuser würden einstürzen und Bäume umknicken. Die burmesischen Sportfreunde, mit denen wir auf unserem Hinflug Kontakt aufgenommen hatten, holten uns auf dem Flugplatz ab und freuten sich, dass wir zwei Tage mit den Sportlern des Landes trainieren wollten, um ihnen unsere Erfahrungen zu vermitteln.

Als wir aus den Hauptstraßen dieser 500.000 Einwohner zählenden Stadt abbogen, zeigte sich uns die enorme Armut des Landes. Flache alte Bauten und viele einfache Hütten prägen dort das Stadtbild Ranguns. Die „Reisschale Asiens" ist das ärmste Land, was ich auf meinen Reisen je kennenlernte. Viele Menschen schliefen dort unter freiem Himmel und lebten von der Hand in den Mund. So wunderte es deshalb auch nicht, dass der Sport dort keine große Bedeutung hatte und sich, wenn überhaupt, zuerst solche Sportarten entwickelten, die keine großen materiellen Voraussetzungen erfordern.

Im Rahmen unserer organisierten Begegnung traf ich mich mit fünfzehn der wohl insgesamt zweihundert burmesischen Radsportler frühs zum Training. Radrennen zwischen 25 und 100 Meilen (1 Meile = 1,6 Kilometer) werden in Burma nur während der Regenzeit und während der Schulferien durchgeführt, denn 80 Prozent der Radsportler sind Schüler. Gewöhnlich fanden damals englische Rennräder unbekannter Marken Verwendung, die in traditionellen Radsportländern nie abgesetzt werden konnten. Nur etwa 10 Aktive besaßen Schlauchreifen. Ich erläuterte meinen „Kollegen" ein vereinfachtes Intervalltraining. Als wir ins Gespräch kamen, erfuhr ich von ihnen, dass sie während der etwa acht Rennen, die dort im Jahresverlauf stattfinden, nichts essen. Wasser war ihr einziger Rennproviant. Ich erzählte ihnen deshalb von einem richtigen „Hungerast" aus meinen ersten Rennen. Leider ging aber die Zeit zu schnell vorbei und die Zeit unseres Rückflug war heran.

Zu Hause angekommen, gab es gute Neuigkeiten. Mit der Unterstützung des Sportklubs konnten wir uns eine Wohnung aussuchen. Wir wählten ein Gebiet in Gohlis aus und warteten nun nur noch darauf, dass eine passende Wohnung frei wurde. Es war sehr angenehm zu spüren, dass Leistung im Sport so belohnt wurde. Es entschädigte für das tägliche Schinden bei Wind und Wetter, das ständige Kopf und Kragen riskieren. Es dauerte nicht sehr lange bis zur Übergabe jener 62,5 m½ Wohnung, in der wir noch heute, vierzig Jahre später, zu Hause sind.

Wie ich später erfuhr, hatte die französische Sportzeitung „L' Equipe", in der ich als Jugendlicher einst meine Idole fand, am Ende des Jahres unter Experten eine Umfrage nach den besten sportlichen Leistungen des Jahres 1963 durchgeführt. Auch der angesehene französische Nationaltrainer der Straßenradsportler Robert Oubron entschied sich im Bereich des Amateurradsportes für meinen Friedensfahrtsieg. Diese Wertung aus solch berufenem Munde machte mich sehr stolz.

Schmerzhafter Saisonstart

Die erfolgreiche Saison des Jahres 1963 zu wiederholen, oder gar noch besser zu gestalten, schien mir überhaupt nur möglich, wenn ich meine Leistungsfähigkeit deutlich steigern würde. Die Trainer hatten noch keine neuen Rezepte parat, doch das Bewusstsein, immer weniger internationalen Vergleich erleben zu können, und dadurch nur ins Hintertreffen zu geraten, lies mich trainieren wie noch nie. Wie ein Kaputter stürzte ich mich in die winterliche Saisonvorbereitung. Besonderen Erfolg versprach ich mir durch intensives Krafttraining. Allerdings mangelte es mir dabei an Erfahrung und einer guten Anleitung, so dass es kein gutes Ende nahm. Bei meinen Kniebeugen mit Gewicht, bei der ich die Hantel nicht in einer Führungsschiene, sondern völlig frei im Nacken hielt, zog ich mir eine heftige Rückenverletzung zu. Es war eine Katastrophe!

Ich konsultierte sofort unseren Arzt Dr. Israel, doch die verordneten Massagen führten nicht zum Erfolg. Die Schmerzen waren nicht wegzubekommen und ich sah keinen Sinn darin, unter diesen Umständen daran zu denken, als „Titelverteidiger" in die Friedensfahrt zu starten. Doch meine Meinung spielte da eine untergeordnete Rolle, die Leistungsspitze unseres Landes war so dünn besetzt, dass ein Verzicht nicht in Frage kam. Glücklichweise erfuhr ich aber noch von einem alten, blinden Schäfer und seiner Tochter, die sich auf natürliche Behandlungsverfahren verstanden. Das konnte eine Chance sein! Ich fuhr zu ihnen nach Salzwedel und ließ mich behandeln. Der Schäfer tastete mir den Rücken ab, hob mich mit seinen Händen nach oben und hat anschließend meine Wirbelsäule mit seinen Fingerknöcheln bearbeitet. Tatsächlich verspürte ich anschließend eine deutliche Linderung, wenngleich ich nie wieder ganz beschwerdefrei wurde und ständig darum besorgt sein musste, die betreffende Stelle am Rücken warmzuhalten.

Ein schlimmes Ereignis lies im März meine Gedanken um die Rückenbeschwerden ganz in den Hintergrund rücken. Wir waren mit der Mannschaft der Friedensfahrt-Kandidaten gerade im Trainingslager, dass wir in Bad Schmiedeberg absolvierten. In einem Klubraum schauten wir uns die Fernseh-Nachrichten an und dort wurde plötzlich mitgeteilt, das Manfred Brüning bei einem Unfall tödlich verunglückt sei. Mir kamen die Tränen. Manfred war für mich ein Freund, auf den man sich immer verlassen konnte. Meine Waltraut hatte mit seiner Frau Hanna gemeinsam im Ruderboot, sowohl im Vierer, als auch im Achter gesessen. Auch privat waren wir gemeinsam oft im Theater, im Kino, oder in der Milchbar und hatten immer viel Spaß dabei. Noch im Vorjahr hatte Manfred zu unserer erfolgreichen FF-Mannschaft gehört und seinen Teil zu meinem Einzelsieg beigetragen. Später erfuhren wir, wie es zu diesem Unfall gekommen war. Manfred hatte sich wegen der Folgeschäden eines Stadionsturzes gleich zweimal einer Knieoperation unterziehen müssen und gehörte daher nicht zum FF-Kandidatenkreis 1964. Nach der Hochzeit hatte er mit seiner Frau in Berlin eine Wohnung bekommen und wollte schnell mit dem Rad ins Zentrum fahren, um etwas zu klären. Am Alexanderplatz war jedoch über das Wochenende die lange bestehende Vorfahrtsregelung geändert worden, Manfred geriet an dieser Stelle zwischen eine LKW-Zugmaschine und deren Hänger. Er starb an seinen schweren Verletzungen. Bei seiner Beerdigung in Dittersdorf, dem Wohnort seiner Eltern, nahmen viele seiner Rennfahrerkollegen Abschied.

In Vorbereitung auf die Friedensfahrt, die ich nach wie vor hätte auslassen müssen, belegte ich nur beim Rennen in Hainichen einen Podiumsplatz und wurde Zweiter. Dennoch war meine Nominierung sicher, während genauso klar war, dass Täve Schur seine zwölfte und nunmehr letzte Runde über Warschau, Berlin und Prag fahren würde. Neben Lothar Appler, der im Vorjahr schon im Team war, kam auch Dieter Wiedemann, mit dem ich meine erste Friedensfahrt bestritten hatte, wieder in die Mannschaft. Mit Günter Hoffmann und Dieter Mickein waren zwei Neulinge mit von der Partie.

Die Form reicht nicht aus

Nach der Eröffnungszeremonie im Warschauer „Stadion des X. Jahrestages“ ging es traditionell auf Rundenhatz und schon dabei ging der Stern meines Nachfolgers auf. CSSR-Fahrer Jan Smolik war an diesem Tag tatsächlich nur durch einen Sturz aufzuhalten, der ihn um den ersten Tageserfolg und unseren Dieter Mickein zum Etappensieg brachte.

Für unsere Mannschaft war es ein Auftakt nach Maß, Mickein holte Gelb und wir fuhren in den Blauen Trikots. Dem Warschauer Rennen folgte dann ein 84 km langes Mannschaftszeitfahren von Sochaczew nach Lodz. Ich kam zunächst nicht so gut in Schwung, doch als wir nach der Hälfte des Rennens die Belgier überholt hatten, schien es dann doch sehr gut zu rollen. Zehn Kilometer vor dem Ziel klappte es aber mit dem harmonischen Wechsel nicht mehr und mit Mickein und Wiedemann verloren

Fliegender Radwechsel im Warschauer Stadion

wir gleich zwei Fahrer. Zu viert rasten wir durch die dicht von Zuschauern gesäumten Straßen von Lodz. Im Ziel hatten wir dennoch als einziges Team eine Zeit unter zwei Stunden erreicht und vor den Mannschaften der UdSSR und der CSSR gewonnen. Damit verteidigten wir die Blauen Trikots, hatten durch Mickein das „Gelbe" und durch Hoffmann auch das „Violette" in unseren Reihen.

Doch unsere Erfolgsserie riss gleich am dritten Tag ab, als sich Jan Smolik zurückmeldete und mit einem dritten Rang in Wroclaw das Gelbe Trikot übernahm. Bis auf einen Podiumsplatz von Täve Schur in Poznan, gelang uns danach nichts Bewegendes. Auch unsere „Paradeetappe" nach Berlin, wo unsere Partei- und Staatsführung wartete, ließ uns nicht gerade gut aussehen. Auch hier erwies sich Smolik als der Beste, sicherte sich den Tagessieg und verteidigte die erste Position im Einzelklassement. Wenigstens hatten wir die Führung in der Teamwertung halten können, was die Laune der Genossen auf der Tribüne hob. Der Wille war bei der

An der Spitze unseres siegreichen Teams beim FF-Mannschaftsrennen in Lodz

Mannschaft durchaus erkennbar, aber es war alles verkrampft und vielfach nur Stückwerk. Bei mir begannen sich nun auch wieder die Rückenbeschwerden bemerkbar zu machen, was mich schon stark belastete. Ich blieb aber dennoch Optimist.

Für die Zielankunft in Leipzig hoffte unser mit vier Leipzigern besetztes Team, natürlich auf ein vollbesetztes Stadion. Doch diesmal waren es „nur" 65.000 Zuschauer und unsere treuen Fans erlebten einen rumänischen Tageserfolg. Von uns platzierte sich aber leider keiner unter den ersten Zehn. Was sollte man machen, wenn die notwendige Form nicht vorhanden war? In Erfurt holte sich anschließend Jan Smolik vor unserem Lothar Appler seinen dritten Etappensieg, bevor er beim schweren Einzelzeitfahren hinauf nach Oberhof zu bestehen hatte.

Der „Ritt“ in den Thüringer Wald wurde für ihn eine große Triumphfahrt, bei der er endgültig die Weichen für seinen Gesamtsieg stellen konnte. Für mich allerdings hielt dieser Tag furchtbare Qualen bereit, denn auf den langen Steigungen des schweren Kurses plagte mich meine Rückenverletzung aus dem Wintertraining ganz extrem. Jeder Tritt bestätigte meine Auffassung, dass es besser gewesen wäre, in diesem Jahr die Fahrt auszulassen. Doch nun musste ich irgendwie das Ziel erreichen. Ich sah nachher ganz ungläubig auf die Ergebnisliste, denn dass meine Zeit zu einem siebenten Platz reichen würde, hätte ich nicht für möglich gehalten. In der Gesamtwertung lag Smolik nun schon mit sieben Minuten Vorsprung vor Günter Hoffmann und Dieter Wiedemann in Front. Wir hatten an diesem Tag wenigstens die Führung in der Teamwertung ausbauen können.

Zweimal noch konnte Dieter Mickein als Zweiter für uns einen Podiumsplatz herausfahren, doch bis zum Endziel in Prag kam kein Tageserfolg mehr zu Stande. Täve tat mir leid, er hatte in den letzten Tagen der Fahrt eine Erkältung und die machte ihm mächtig zu schaffen. Dass er jedoch aufgeben würde, kam bei ihm nicht in Frage. Er kämpfte jeden Tag und gab alles. Jan Smolik erreichte seine Hauptstadt als souveräner Einzelsieger, der in jenem Jahr auch eine starke Mannschaft an seiner Seite hatte. Zwar musste ihm CSSR-Kapitän Pavel Dolezel hier und da mit ein paar deftigen tschechischen Worten den Weg weisen, doch Smolik machte seine Sache ausgezeichnet und steigerte sich von Tag zu Tag. Dass ich als Vorjahressieger diesmal nur auf dem sechzehnten Rang landete, ärgerte mich mächtig und da half mir auch die von unser Sportführung sehr wichtig genommene Verteidigung des Mannschaftserfolges wenig. Um diesen gab es dann auch noch Differenzen, weil wir dafür eine komplette Filmausrüstung gewonnen hatten und der Verband diese bereits großzügig an irgendein wissenschaftliches Kabinett „versprochen“ hatte. Weil wir aber den Preis wieder verkaufen und das Geld aufteilen wollten, erlaubten wir uns zu intervenieren. Das gab ein schönes Theater! Man bot uns schließlich von Seiten unseres Verbandes an, jedem Fahrer als Ersatz eine Schmalfilmkamera zu schenken, da man das Versprechen gegenüber diesem Kabinett keinesfalls zurücknehmen wollte. Überhaupt fand man es von uns unverschämt, wie wir nur so materiell interessiert sein konnten. Das passte überhaupt nicht in das so oft propagierte Bild von der „sozialistischen Sportlerpersönlichkeit". Doch das kam ja nicht von ungefähr. Irgendeine Motivation musste man uns schon lassen. Wenn es kaum noch möglich war, die großen internationalen Höhepunkte zu bestreiten und dabei auch Erfolge anzuvisieren, dann musste wenigstens ein materieller Anreiz gegeben sein. Selbst Täve Schur war damals für den Verkauf der Filmausrüstung und die Aufteilung des Erlöses. Das musste für die Funktionäre eigentlich ein ganz deutliches Zeichen sein.

Deutsch-deutsche Olympiaausscheide

Nach der Friedensfahrt gab es für uns durch die Olympischen Sommerspiele in Tokio ausnahmsweise noch die internationale Startmöglichkeit schlechthin, jedoch nur innerhalb einer gesamtdeutschen Mannschaft. Weil ich schon im Herbst des Vorjahres zum DDR-Erkundungstrupp gehört hatte, hoffte ich natürlich ganz besonders auf eine Nominierung für das fünfköpfige Team, das im Einzelrennen starten konnte.

Für die Aufstellung der Mannschaft wurden zwei Ausscheide in Gießen und Erfurt veranstaltet, bei denen es jeweils für die ersten dreißig Fahrer Punkte gab. Der Erste erhielt also 30 Punkte und der Dreißigste noch einen Zähler. Man addierte anschließend die Punkte aus beiden Rennen und nach Aufstellung der Rangliste wurde dann unter den ersten fünf die Verbands-Zugehörigkeit ausgezählt, was das Verhältnis der Teambesetzung zwischen dem Deutschen Radsport Verband der DDR und dem Bund Deutscher Radfahrer der BRD klar regelte. Das Optimum war also, fünf DDR-Fahrer unter die fünf Bestplatzierten zu bekommen, das Schlimmste und wohl Unglaublichste wären fünf BRD-Fahrer in diesen Positionen gewesen. Es blieb beiden Verbänden überlassen, wer dann für das olympische Rennen tatsächlich nominiert wurde, relevant war nur die herausgefahrene Anzahl der Startplätze.

Der erste Ausscheid fand am 5. Juli in Gießen statt. Für mich bot dieses Rennen in Westdeutschland die Gelegenheit, mich mit meinem Bruder zu treffen, der 1953 abgehauen war. Wünsche für private Begegnungen waren allerdings vorher von den Trainern zu genehmigen. Ich bekam die Erlaubnis. Karl-Heinz Kazmierzak erhielt gleich nach der Ankunft im Hotel einen Anruf von einem Freund, in dem dieser ihn animieren wollte, im Westen zu bleiben. Er lehnte das ab, traf sich aber mit Bekannten, die ihm Rennschuhe besorgen wollten. Da es für uns aber verboten war, diese in die DDR einzuführen, sollte er die Schuhe in Gießen anprobieren und die Bekannten wollten dann zum zweiten Rennen nach Erfurt kommen, um sie ihm mitzubringen.

Am Nachmittag absolvierten wir eine Trainingsfahrt, bei der Dieter Wiedemann fehlte. Seit unserer Ankunft hatte ihn niemand mehr gesehen. Wir nahmen an, er würde jeden Moment dazukommen und dachten uns nichts weiter dabei. Also sahen wir uns die Rennstrecke an und fuhren nach ein paar Runden schließlich zum Hotel zurück, wo wir von einer Gruppe geflohener DDR-Bürger „begrüßt" wurden, die nicht mit Schimpfworten sparten. Als Wiedemann dann auch bei der für 18.00 Uhr angesetzten Teambesprechung fehlte, wurde immer noch kein besonderer Verdacht gehegt. Die Trainer erinnerten noch einmal daran, was mit diesem Qualifikationsrennen auf dem Spiel stand. Mit Vorsicht und gegenseitiger Rücksichtnahme würde man unsere Zielstellung, wenigstens die Mehrheit der Olympia-Startplätze zu erkämpfen, nicht erreichen können.

Von der Mannschaftsleitung gab es wegen Wiedemanns Fernbleiben bis zu diesem Zeitpunkt aber immer noch keine Informationen. Angeblich wusste man von nichts. Als dann aber in den Nachrichten vermeldet wurde, dass sich Wiedemann von der Mannschaft abgesetzt hätte und nicht mehr in die DDR zurückkehren wolle, war alles klar. Von nun an wurden für uns alle Treffen mit Verwandten und Kontakte zu Bundesbürgern untersagt, ob diese nun angemeldet waren, oder nicht.

Ich hatte danach keine gute Nacht. Aber nicht wegen Wiedemanns Flucht und wohl auch nicht aus Aufregung vor dem Rennen. Vielmehr waren es wohl die Nachwirkungen des Abendessens, die nicht nur mich so aufwühlten.

Ich ging am nächsten Tag sehr unausgeruht an den Start. Der siebenmal zu fahrende 26 km-Rundkurs hielt dann eines der übelsten Rennen bereit, das ich je in meiner langen Laufbahn gefahren bin. Für unser Team war diese Veranstaltung ein riesiges Trauma. Es wurde mit Haken und Ösen gekämpft. Am Ende hatte sich der Karl-Marx-Städter Immo Rittmeyer mit dem Westdeutschen Gottschalk abgesetzt und das Rennen gewonnen. Dahinter kam ein kleineres Verfolgerfeld ins Ziel, doch der abgegitterte Zieleinlauf, den wir zuvor schon sechsmal passiert hatten, war plötzlich viel schmaler gestellt worden. Unsere Mannschaft ahnte das nicht und war dann ziemlich überrascht, als es in den Zielspurt ging. Zu sechst zogen die BDR-Fahrer etwa eine Minute nach den beiden Spitzenreitern den Zielspurt an und holten sich die Ränge drei bis neun. Ich selbst gehörte nicht zu dieser Gruppe, sondern erreichte völlig ausgelaugt zusammen mit Täve Schur und einigen Minuten Rückstand das Ziel. Kurioserweise folgte der zuvor besonders betonten Bekanntgabe von Dopingkontrollen, deren praktische Umsetzung nicht mehr. Nach diesem ersten Rennen um die Olympia-Fahrkarten stand es damit 4:1 für die Bundesrepublik, für uns ein völlig unakzeptables Verhältnis, dass in Erfurt nachdrücklich verändert werden musste.

Für das zweite Rennen, dass am 12. Juli veranstaltet wurde, brauchten wir kaum noch besonders motiviert werden. Wir fuhren eine 29 km lange Runde, die von Erfurt-Daberstedt, bergauf direkt zur Autobahn führte. Die verließen wir dann an der Abfahrt Erfurt-West, schossen in die Stadt hinein, am Stadion vorbei und fuhren durch einen winkligen Stadtkurs zurück zu Start und Ziel. Sollten wir die Resultate diesmal deutlich verbessern können, wurde uns als Prämie für ein Wenden des Plätzeverhältnisses in Aussicht gestellt, mehr als nur die Kofferraumklappe eines „Trabant" zu erhalten. Ein Anreiz, den es noch nicht einmal für einen Friedensfahrtsieg gegeben hätte!

Die Trainer hatten uns zudem animiert, beim Staffelfahren auf der Autobahn die Ausbuchtungen der rechten Straßenbegrenzungen zu nutzen und so brutal wie möglich unsere Chancen für eine ordentliche Revanche zu wahren. Doch weit waren wir noch nicht gekommen, als es 400 Meter nach dem Start Täve Schur erwischte. Ob es die Attacke eines westdeutschen Fahrers war, habe ich zwar nicht gesehen, doch egal wie dieser merkwürdige Sturz zu Stande kam, es gelang ihm trotz aller Anstrengung nicht, wieder den Anschluss ans Feld zu finden. Genauso wenig funktionierte das Verfahren mit den Rämpeleien auf der Autobahn. Am Ende gab es dennoch einen klaren DDR-Dreifachsieg zu feiern. Manfred Weißleder gewann vor Günter Hoffmann und Bernhard Eckstein. Ich kam abgeschlagen, zusammen mit dem westdeutschen Starter Wilfried Peffgen ins Ziel.

Weil die drei erstplatzierten DDR-Fahrer in Gießen nicht so viele Punkte gesammelt hatten, reichte es in der Endabrechnung beider Rennen nur zu einer Verbesserung auf ein 3:2-Verhältnis, das damit aber immer noch zu Gunsten des Bundes Deutscher Radfahrer ausfiel. Wir konnten also nur zwei der fünf Olympia-Fahrkarten lösen.

Es ist sinnlos über die Eignung eines solchen Nominierungsverfahrens nachzudenken, doch so wie sich die Organisation des Gießener Rennens, sowie die Zwischenfälle in den Wettbewerben darstellten, hätte die Leitung des DDR-Verbandes einfach mehr Druck machen müssen. Die Inkonsequenz, das Akzeptieren dieser Umstände, machten ausschließlich die Sportler zu den Leidtragenden. Diese Ausscheidung hätte unter strenger Aufsicht des Weltradsportverbandes stattfinden müssen, doch unsere Funktionäre hatten die Situation trotz frühzeitiger Warnungen und vieler Gerüchte falsch eingeschätzt. Natürlich spielte dabei eine maßgebliche Rolle, dass die gesamte politische Spaltung, drei Jahre nach dem Bau der Mauer, ein ganz heißes Eisen war, an dem sich keiner die Finger verbrennen wollte. Die Verhärtung der Fronten war damals so stark, das keiner mehr an eine schnelle Wende glaubte. Weil bei uns die Politik auch den Sport bestimmte, war es nicht verwunderlich, wenn die Moral der Rennfahrer von Jahr zu Jahr geringer wurde und der Radsport in unserem Land immer mehr an Attraktivität und Bedeutung verlor.

Für Karl-Heinz Kazmierzak hatte die Erfurter „Rückrunde" noch bittere Folgen. Dass seine Bekannten ihm die begehrten West-Rennschuhe nach Erfurt brachten, war wohl einem Neider aufgefallen, der diesen „Tatbestand" gleich an die betreffenden Stellen weitermeldete. Die Leitung seines Armeesportklubs verhängte für ihn eine Startsperre für alle Auslandsrennen.

Der Sommer hielt dann aber trotzdem noch ein wunderbares Ereignis bereit. Am 11. August wurde unser Sohn Uwe geboren und so waren wir in unserer jungen Familie von nun an zu viert. Mit besonderer Motivation ging ich dadurch in die letzten Rennen der Saison. Noch waren die beiden Olympia-Startplätze zu vergeben und bei der DDR-Meisterschaft in Schleusingen hatte ich ja erneut meinen Titel zu verteidigen.

Ernüchterungen

Nach einigen mäßigen Resultaten konzentrierte ich mich auf das Meisterschaftsrennen. Nachdem sich eine vierköpfige Gruppe ohne einen DHfK-Fahrer abgesetzt hatte, mussten wir uns in der siebenten Runde stark in der Verfolgung der Spitzenreiter engagieren. Als wir das vielleicht noch 40-köpfige Feld wieder herangeführt hatten, setzten sich wieder zwei Fahrer ab. Doch ihr Vorsprung konnte gering gehalten werden und eingangs der letzten Runde war alles wieder beisammen. Damit begann das Rennen praktisch von vorn. Zuerst attackierte Siegfried Huster und kam weg. Ihm folgten Rüdiger Tanneberger vom SC Karl-Marx-Stadt und mein Teamkollege Fritz Braun. Ich versuchte auf der kurvenreichen Abfahrt nach Schleusingen hinein, alles auf eine Karte zu setzen, ging dabei aber zuviel Risiko ein und stürzte. Mit mir kamen auch noch meine Klubkameraden Günter Lörke und Günter Lux zu Fall – der Titelkampf war damit gelaufen. Huster wurde von seinen Verfolgern noch eingefangen, im Spurt der Dreiergruppe holte sich dann Tanneberger das Meistertrikot. Ich kam im Feld auf Rang 22 ins Ziel.

Noch bevor die endgültige Nominierung für die Olympischen Sommerspiele stattfand, gab es um die Teilnahme an den Weltmeisterschaften in Frankreich das übliche Trauerspiel. Diesmal sollten wir zwar eine Einreisegenehmigung bekommen, doch ohne Delegationsleitung und ohne die zeremonielle Anerkennung als DDR-Vertretung. Damit war die Ablehnung durch unsere Sportführung schon vorprogrammiert und so konnten wir zum dritten Mal hintereinander kein WM-Rennen bestreiten. Für mich war das wirklich keine Überraschung mehr. Weltmeister wurde übrigens der erst 19-jährige Eddy Merckx, den ich fast genau ein Jahr zuvor, durch seinen Erfolg bei „Rund um Sebnitz" kennengelernt hatte.

Zum Auftakt unserer „Woche des internationalen Radsports" wurde das traditionelle „Rund um Berlin" ausgetragen. An jenem Tag, dem 13. September 1964, gab Täve Schur nur noch den Start frei und wurde anschließend offiziell aus dem aktiven Sport verabschiedet. Ich hatte mir für meine Laufbahn noch so einiges vorgenommen, u. a. auch einen weiteren Erfolg auf dem Kurs um unsere Hauptstadt.

Fünf Runden waren auf einem 37 km langen Kurs zu bewältigen. Auf einem Stück Autobahn fiel dann nach harten Jagden die Vorentscheidung. Ich fuhr eingangs der vierten Runde dort in einer fünfköpfigen Verfolgergruppe, mit der ich zügig zum Spitzenreitertrio um Höhne, Lux und Rittmeyer aufschloss. Nachdem Stupka und Rittmeyer zurückgefallen waren, kämpften wir als Sextett weiter, wurden jedoch plötzlich von geschlossenen Bahnschranken gestoppt. Zum Glück dauerte diese Zwangspause nur wenige Sekunden und wir konnten unsere Fahrt fortsetzen. Ausgangs der letzten Runde hatten wir rund eine Minute Vorsprung. Ich investierte viel in die Führungsarbeit, startete aber auch immer wieder Attacken, um die Gruppe weiter zu verkleinern. Die Hälfte der Schlussrunde war absolviert, als sich die Gruppe endlich auf ein Quartett reduziert hatte. Dieses bestand nur noch aus Leipzigern, Egon Adler, Lothar Höhne, Günter Lux und mir. Höhne wollte den dritten Sieg hintereinander feiern. Er war ein besonders schneller Mann. Genauso wie die anderen beiden – also musste ich ihnen entkommen. Zwei Kilometer vor dem Ziel habe ich dann alles auf eine Karte gesetzt und bin davongesprungen. Keiner konnte mir folgen und mit fünfzehn Sekunden Vorsprung erreichte ich zum dritten Mal als Sieger das Ziel.

Für die beiden Olympia-Startplätze wurden von Seiten unseres Verbandes mit Immo Rittmeyer und Günter Hoffmann genau die Fahrer ausgewählt, die in der Punktewertung nach den beiden „Auswahlschlachten“ unter den ersten Fünf gelandet waren und damit die Fahrkarten erstritten hatten. Beide waren außerdem zu Beginn der Olympischen Straßenwettbewerbe im Mannschaftsfahren an den Start gegangen und hatten zusammen mit den Westdeutschen Ebert und Glemser den vierzehnten Platz belegt. In einer Disziplin, in der es besonders auf die Harmonie der Sportler ankommt, kann man mit nur einem gemeinsamen Training natürlich keinen Blumentopf gewinnen. Im total verregneten Straßenrennen kam es im Finale zum Massenspurt, in dem sich unsere beiden Vertreter nicht behaupten konnten. Ich erinnerte mich zu dieser Zeit gern an meinen Ausflug an die Tokioter Olympiastätten vor Jahresfrist, denn das war eine einmalige Chance, bei der wir vielleicht vieles mehr erlebten, als es der straff organisierte olympische Ablaufplan zwölf Monate später zugelassen hätte.

Dem großen Erfolgsjahr von 1963 war ein Jahr der Ernüchterung gefolgt. Keiner kannte das Erfolgsrezept, den Weg zurück an die Spitze des internationalen Radsports zu finden. Zudem hatte die Politik der ständigen Konfrontation großen Einfluss auf die sportliche Entwicklung genommen, so dass wir nur noch im eigenen Saft schmorten und völlig die Orientierung verloren. Die Mächtigen des DDR-Sports „beflügelten" uns zudem mit ihren oft völlig unverständlichen Entscheidungen und Forderungen. Ohne jegliche Ahnung hantierten diese Leute auf dem Gebiet des Sports herum – allen voran Manfred Ewald. Ich wurde immer verbitterter und meine ursprünglich 300 % ige Motivation, mit der ich einst meine Laufbahn beim SC DHfK Leipzig begonnen hatte, war auf Minimalniveau gesunken.

Wieder ein Sieg bei „Rund um Berlin"

Neue Ziele

Im Gegensatz zu den Vorjahren war dann aber 1965 ein Start der DDR-Mannschaft bei der Weltmeisterschaft im spanischen Lasarte in Aussicht gestellt und mit dieser Perspektive begann sich einiges zu ändern. Es wurden langsam neue Wege in der Trainingsmethodik beschritten. Analysen hatten zu der Erkenntnis geführt, dass eine Leistungssteigerung nur über eine deutliche Umfangssteigerung zu erreichen sei. Damit hätte man den verlorenen Boden der vorangegangenen Jahre aufholen können. Für das Jahr 1965 sollte sich die Erhöhung des Trainingsumfanges bei mir jedoch noch in Grenzen halten, was auch mit der separaten Vorbereitung der Vierer-Mannschafts-Kader zu tun hatte.

Auch bezüglich des Materials wurde versucht, neue Entwicklungen zu beschleunigen und umzusetzen. Zum Beispiel entwickelte der Leipziger Bastler und Erfinder Paul Ringkowski einen neuen Reifen mit besseren Rolleigenschaften. Für die Zeitfahrdisziplinen auf Bahn und Straße wurden Flachspeichen und spezielle Rahmen konstruiert. Die Fortschritte zeigten sich im weiteren Jahresverlauf in neuen Rekordzeiten in den Disziplinen der Bahn-Verfolgung und im 100 km-Mannschaftsfahren.

Die Weltmeisterschaft in Spanien galt als der Jahreshöhepunkt schlechthin. Es wurde dazu ein Kaderkreis für das Straßeneinzelrennen und ein weiterer für das Mannschaftszeitfahren gebildet. Für den Einzelwettbewerb war Herbert Weisbrod der verantwortliche Trainer. Mit einem Rennen in Crimmitschau, dem „Harzer Bergpreis“, einem Einzelzeitfahrtest und der Deutschen Straßenmeisterschaft in Zeitz, waren vier Qualifikationsrennen zu absolvieren. Für jeden Wettbewerb gab es Punkte und die sechs Fahrer mit den meisten Zählern sollten für die WM nominiert werden. Mit der Vorbereitung unseres Straßenvierers war Roland Elste betraut. Er war Trainer beim SC Dynamo Berlin und nun zum Verbandstrainer berufen worden. Wichtige Vorbereitung dieses Kaders, dem ich angehörte, war die Friedensfahrt.

In der Vorbereitung auf unseren ersten Saisonhöhepunkt präsentierte ich mich relativ erfolgreich. Wenn auch meine eigenes Gefühl keine wirklich gute Form bestätigte, konnte ich beim nationalen Einzelzeitfahrttest unserer FF-Kandidaten in Wandlitz einen dritten Platz belegen. „Rund um Leipzig" beendete ich kurz darauf als Sieger.

Den Anschluss verloren

Unser sechsköpfiges Friedensfahrt-Team, zu dem Lothar Appler, Günther Hoffmann, Dieter Mickein und ich als „Erfahrene" gehörten, wurde durch Axel Peschel und Eberhard Butzke mit zwei Neulingen ergänzt. Wir hatten uns vorgenommen, uns deutlich besser in Szene zu setzen als im Vorjahr. Doch die Vorbereitung ohne internationale Kontakte sorgte auch in diesem Jahr wieder für ein mulmiges Gefühl in den Tagen vor dem Beginn des Rennens.

In Berlin starteten wir zum ersten Mal im neuen Jahn-Sportpark. Die wilde Hatz über fünf Runden sah uns im Finale besonders durch Axel Peschel aktionsreich vertreten. In seiner Heimatstadt wollte er sich von der besten Seite zeigen, startete Ausreißversuche, stürzte in regennasser Kurve und versuchte es unmittelbar vor dem Ziel erneut. Im Stadion zeigte uns jedoch UdSSR-Fahrer Alexej Petrow das Hinterrad, verwies Peschel auf den zweiten und Mickein auf den dritten Rang. Wir übernahmen mit diesem Resultat die Blauen Trikots und hatten das Hauptstadt-Soll recht ordentlich erfüllt.

Auch der zweite Tag sollte für uns noch einmal erfolgreich werden. Wieder stand ein Mannschaftszeitfahren auf dem Plan, diesmal allerdings bei ganz fürchterlichem Wetter. Wir hatten als Führende in der Teamwertung als letzte Mannschaft zu starten und gingen dabei mit einem großen „Favoriten-Rucksack" ins Rennen. Schließlich hatten wir sowohl 1963, als auch 1964, das Mannschaftszeitfahren als Sieger beenden können. Dabei hatten wir aber auch die Erfahrung gemacht, dass uns ein Top-Resultat im Mannschaftswettbewerb am Folgetag immer wieder mit einer gefährlichen Schwächephase bestrafte. Was würden wir diesmal, über 100 km bei Sturm, Regen und überschwemmten Straßen bewerkstelligen können?

Juri Melichow (rechts) und Gainan Saidchushin (links) waren meine Vorgänger als Sieger der Friedensfahrt - Jan Smolik (2.v.r.) mein Nachfolger

Schon zu Beginn bekam Dieter Mickein auf einem Kopfsteinpflasterabschnitt einen Schaltungsschaden. Danach quälte er sich auf dem Ersatzrad herum. Nach zwanzig Kilometern hatten die sowjetischen Fahrer einige Sekunden Vorsprung auf unser Sextett herausgefahren. Als die Hälfte des Unwetter-Rennens absolviert war, hatten wir schon 35 Sekunden Rückstand, und es schien, als würde dieser eher noch anwachsen. Vor der dritten Zeitnahme bei Kilometer achtzig, fiel dann Dieter Mickein zurück. Doch zu diesem Zeitpunkt hatten wir unseren Rückstand aufgeholt und Zeitgleichheit zur führenden UdSSR-Mannschaft hergestellt. Als danach noch Butzke und Peschel abfielen, war ich mit Lothar Appler und Günter Hoffmann zu dritt. Dennoch erreichten wir das Cottbuser Stadion mit neuer Bestzeit und distanzierten die Sowjets um fast eine halbe Minute. So bauten wir die Führung in der Teamwertung aus, ehe wir auf den Folgeetappen unser ganz persönliches „Waterloo" erlebten.

Nach einer weiteren Etappe mit orkanartigem Sturm und Regen, die ein Spitzenreiterquartett um UdSSR-Fahrer Petrow für sich entschied, und

Unsere DDR-Mannschaft beendete das Unwetterzeitfahren in Cottbus als Sieger

die uns die „Blauen“ kostete, wurde bei Lothar Appler eine Lungenentzündung diagnostiziert. Der Berliner musste von Zittau aus den Heimweg antreten und wir waren nur noch zu fünft. Das Renngeschehen der Folgeetappen bestimmten die sowjetischen Fahrer um Petrow, Lebedjew, Melichow oder Saidchushin. Verdient blieben sie daher bis zum Ende an der Spitze des Teamklassements. Auch die CSSR-Equipe hielt sich gleich mit zwei aufeinanderfolgenden Etappensiegen schadlos, als Heller in Dresden und Kapitän Pavel Dolezel, dank seiner Ortskenntnis, in Prag gewinnen konnten. Dazwischen lag ein Ruhetag, an dem wir neben dem Besuch eines „Patenbetriebes“, zweistündigem Training und der obligatorischen Massage, auch Familienbesuch bekamen. Waltraut kam mit Sybille und Uwe, der damit zum ersten Mal Friedensfahrtluft schnupperte. Für mich waren das jedesmal sehr schöne Momente, die für Entspannung sorgten und neue Kräfte freisetzten.

Erst am Ende der sechsten Etappe sollte durch Axel Peschel auch für uns wieder ein Podiumsplatz ausgerufen werden. Beim 54 km langen Einzelzeitfahren hatte er hinter dem Polen Zielinski den zweiten Rang herausgefahren. Allerdings wäre er wohl der Sieger gewesen, wenn die Jury härter durchgegriffen hätte. Zielinski war hinter eingeholten Fahrern „Windschatten" gefahren. Zum Teil fuhr man sogar zu viert. Doch der polnische Fahrer bekam nur eine Verwarnung und siegte so mit wenigen Sekunden Vorsprung auf Axel. Ich hatte mich als Fünfter auch gut platziert, war einen Rang besser als Jan Smolik und rangierte nun auf dem zehnten Platz in der Einzelwertung. Spitzenreiter Alexej Petrow traf es sehr hart. Er war mit heftigen Sitzbeschwerden ins Rennen gegangen und konnte nur im Stehen fahren. Nach Hälfte der Distanz stürzte er und schied aus. Damit übernahm nach dem Zeitfahren sein Teamkamerad Lebedjew das Gelbe Trikot, das er dann auch bis nach Warschau verteidigen sollte.

Mehrere Tage lang wechselten sich die UdSSR-Fahrer im Kampf um die Tageserfolge ab. Sie kontrollierten das Rennen und schienen unschlagbar. Während sie sich immer stärker zeigten, bröckelte es bei uns immer mehr. Ein richtiger Knaller stellte sich einfach nicht ein, auch wenn wir viele Versuche dafür unternahmen. Nur am zehnten Tag gelang es mir etwas stärker ins Renngeschehen einzugreifen. Nach einem Ruhetag in Stary Smokovec, an dem mir unweigerlich die Erinnerung an unser Trainingslager 1961 gegenwärtig wurde, hatten wir gleich zwei Etappen auf dem Wege nach Krakow zu absolvieren. Den ersten Tagesabschnitt nach Bielsko Biala gewann der „Gelbe" Gennadi Lebedjew. Dieses Rennen war das wohl brutalste innerhalb meiner bis dahin absolvierten Friedensfahrten. Bei schlechtem Wetter gab es wieder viele Stürze und in den Begleitfahrzeugen herrschte ständige Unruhe. Doch solche Negativ-Erlebnisse muss man ganz schnell abhaken können, sonst sollte man kein Rennfahrer werden. Nachmittags waren weitere 88 km nach Krakow zurückzulegen. Gleich zu Beginn tobte ein heftiges Gewitter, in dem sich wenige Momente nach dem Start Jan Smolik davonmachte. Ich stiefelte ihm hinterher, bevor dann noch fünf weitere Fahrer, u. a. auch Juri Melichow und dessen Mannschaftskollege Dochljakow aufschließen konnten. Der strömende

Regen ließ nicht nach und als sich die einzige Bergwertung des Tages ankündigte, setzte ich mich ab. Ich fühlte mich relativ gut und habe auf diesem kurzen Teilstück vielmehr Kräfte mobilisieren können, als sonst. So erreichte ich als Solist die Wertungslinie und sicherte mir die damals noch übliche Zeitgutschrift von einer Minute! Der kleine Erfolg konnte mit dieser Belohnung noch weitreichende Bedeutung für die Gesamtwertung haben. Meine Verfolger investierten viel in die Nachführarbeit und holten mich schließlich ein. Zu sechst erreichten wir in den frühen Abendstunden Krakow, bevor Smolik dann noch auf dem glatten Straßenpflaster stürzte und damit unsere Gruppe erneut verringert wurde. Vor dem Stadion zog Dochljakow schon den Spurt an, den dann der bärenstarke Melichow gewann – ich wurde Zweiter. Damit war ich sehr zufrieden, zumal ich damit auf den achten Rang in der Einzelwertung geklettert war.

Der erbarmungslose Regen machte uns zu schaffen. Jeder sehnte sich nach Sonne und etwas wärmeren Temperaturen. Unseren Dieter Mickein plagte ein Problem mit dem Auge. Da man schlecht mit „halber Sicht" ein so hektisches Rennen bestreiten kann, war das eine schwierige Situation. Doch Dieter hielt durch und kam auch bis nach Warschau. Auf dem Weg dorthin wurde uns in jeder Mannschaftsbesprechung klargemacht: „Ihr solltet einfach um jeden Meter mehr kämpfen, unsere Bevölkerung erwartet das von euch!" In diesen Momenten verstand man die Welt nicht mehr, denn indirekt war damit gemeint: „Ihr habt keine Lust!". Die Funktionäre hatten einfach keine Ahnung. Es schien oft so, das einigen der Radsport nicht mehr ins Programm passte und man in der Phase der Erfolgslosigkeit, dieser Sportart nur zu gern den Gnadenstoß versetzen wollte. Unsere Stimmung konnte dieses Gefühl nicht anheben, wir waren stinksauer auf diese Besserwisser. Doch weder die Sportler, noch die Trainer, durften öffentlich etwas dagegen vorbringen.

So fuhr ich am Ende dieser Fahrt mehrfach wilde Attacken, um den sinnlosen Forderungen gerecht zu werden, gleichzeitig aber zu demonstrieren, dass solche „Pläne" wenig Erfolg einbringen. An Gennadi Lebedjews Gesamtsieg rüttelte niemand mehr. Die UdSSR gewann vor der polnischen Mannschaft sowie unserem Team auch die Blauen Trikots, während ich als Zehnter der Einzelwertung im Vorderfeld landete.

WM-Vorbereitungen

In Vorbereitung auf unser großes Ziel, die Radweltmeisterschaften in Spanien, trainierten wir vierzehn Tage lang in Königsbrück erstmalig in einer Unterdruckkammer. Zu viert kurbelten wir dort unter Bedingungen, die sonst nur in großes Höhenlagen vorzufinden waren. Auf 14 m² traten vier Rennfahrer im Beisein eines Arztes und seiner Assistentin in die Pedale. Der Schweißgeruch, den wir verursachten, war in den zwei Stunden fast unerträglich stark. Das Geld für ein Höhentrainingslager war eben nicht vorhanden und so mussten wir da durch.

Das meine Form gut war, konnte ich im Anschluss bei zahlreichen Rennen demonstrieren. So konnte ich bei der „Ostseewoche", Anfang Juli, gleich zwei Etappen gewinnen. Im August startete ich dann in Gera bei der Deutschen Meisterschaft auf der Bahn. Ich wollte mich im Verfolgerbereich testen und hatte zuvor schon das eine oder andere Rennen gegen unsere Bahnspezialisten bestritten. Auch diesmal gewann ich und holte mir damit das Meistertrikot. Gleich im Anschluss fand auf der Straße das WM-Qualifikationsrennen in Crimmitschau statt, dass ich ebenfalls als Sieger beendete, ehe ich bei unserer Straßenmeisterschaft in Zeitz Neunter wurde.

Am 13. August absolvierten wir mit unserem Vierer in der Umgebung von Bukarest dann ein Testrennen über die 100 km-Distanz. Die DDR-Mannschaft fuhr dabei in der Besetzung Ampler, Appler, Dähne und Peschel. Doch von einem Zeitfahrkurs konnte hier absolut nicht die Rede sein, denn als wir den anfänglichen Asphaltbelag verlassen hatten, ging es über Wege, die den Eindruck machten, als wären hier soeben Steine abgeworfen worden. Ich hatte gleich auf den ersten Kilometern Defekt. Nachdem wir wegen platten Reifen mehrfach die Räder wechseln mussten, gaben wir nach dem fünften „Platten" bei 75 km auf. Den Ausflug nach Rumänien, inklusive aller Kosten, hätte sich unser Verband sparen können.

Als letzte Vorbereitung bestritten wir in der zweiten Augusthälfte dann die DDR-Rundfahrt. Diese startete in Berlin und führte nach einem Abstecher in den Norden schließlich tief in den Süden, bis nach Johanngeorgenstadt. Nachdem Eckstein und Müller die beiden ersten Etappen gewonnen hatten, und Peschel ins Gelbe Trikot gefahren war, bestritten wir an einem schwülheißen Tag die dritte Etappe nach Wittenberge. Es war keine Überraschung, dass sich im Verlaufe des Rennens ein heftiges Gewitter zusammenbraute und sich dann unter lautem Getöse entlud. Taubeneigroße Hagelkörner prasselten nieder und in ganz kurzer Zeit standen die Straßen unter Wasser. Schnell zog das Gewitter vorüber, doch im Zielort hatte sich der Niederschlag in einer Senke, direkt im Bereich der Stadionzufahrt gesammelt und floss nicht ab. Wir näherten uns im geschlossenen Feld der Stadt, während die Helfer in Wittenberge eilig versuchten, die vollgelaufene Einfahrt mit irgendeinem Pulver aufzufüllen. Doch der „Teich" trocknete nicht ab, sondern verwandelte sich in ein riesiges Schlammbad. Marx und Müller fuhren an der Spitze in Richtung Stadion. Ich hielt mich ebenfalls in einer vorderen Position, als wir plötzlich in die schlammige Kuhle gerieten. Zusammen mit Dieter Mickein blieb ich in voller Fahrt mit dem Vorderrad in diesem grauen Brei stecken und flog über den Lenker. Weitere Fahrer donnerten über uns hinweg und eines der Kettenblätter ratschte mir über die Innenseite des linken Oberarmes. Mit heftigen Schmerzen und einer stark blutenden Wunde in Achselhöhe, befreite ich mich samt meines Rades aus dem Schlamm und machte mich auf den Weg in Richtung Ziel. Dort angekommen, verlor ich das Bewusstsein. Während Rainer Marks als Etappensieger das Podium erklomm, schaffte man mich zur Behandlung. Der Arzt hatte bei der OP dann sicherlich mehr mit dem Reinigen der Wunde zu tun, als mit dem Zusammennähen. Mit einem dicken Verband blieb ich nach Verabreichung von Beruhigungsmitteln im Rennen. Den 44 km langen Ritt nach Bernburg beendete ich zwei Tage später dann hinter Peschel, Eckstein und Lux sogar als Vierter. Das brachte mir den scherzhaften Zuruf ein: „Du Hund, du bist gedopt!". Die Schmerzen ließen von Tag zu Tag nach, im Johanngeorgenstädter Zeitfahren wurde ich sogar Zweiter. In der Endabrechnung verbesserte ich mich auf Rang sechs. Nachdem ich anschließend noch lange an einer Entzündung im Körper zu laborieren hatte, ist mir bis heute die Narbe unter der linken Achsel, als Erinnerung an Wittenberge, geblieben.

Meinen WM-Start gefährdete dieser Sturz zum Glück nicht. Aber Lothar Appler, der wegen eines Lenkerbruches, am Tag nach dem Schlammbad zu Fall gekommen war, konnte wegen seinen Verletzungen nicht mit nach Lasarte reisen. Das führte zu einer deutlichen Schwächung des Quartetts, denn Lothar war ein ganz exzellenter 4er Mannschaftsfahrer. An seiner Stelle kam Günter Hoffmann in unser Team. Leider hatten sich die Funktionäre zudem entschieden, keine Mannschaft für das Straßeneinzelrennen zu entsenden. Die Erfolgsaussichten schienen ihnen zu gering. Doch wie sollten sich die denn verbessern, wenn man auf die erste WM-Teilnahme nach dem jahrelangen politischen Hick-Hack plötzlich freiwillig verzichtet? Ein Doppelstart der Vierermannschaftsfahrer hätte keinen Pesus mehr gekostet! Aber so war es eben, wenn Manfred Ewald und seine Genossen den Sport dirigierten. Die Rennfahrer waren tief enttäuscht.

Premiere beim Welttitelkampf

Zum Glück „durften" wir vier, Manfred Dähne, Günter Hoffmann, Axel Peschel und ich, am zweiten Septembertag unser Land wenigstens mit dem Straßenvierer repräsentieren. Auch wenn die Medaillenhoffnungen der Funktionäre nicht real waren, wollten wir alles geben und uns trotz internationaler Isolierung eine gute Platzierung erkämpfen. Leider war das Wetter schlecht, schon das Warmfahren mussten wir im Regen absolvieren. Doch das hatten wir in diesem Jahr bereits bei allen großen Rennen nicht anders erlebt und so war unsere Motivation davon weniger zu beeinflussen.

Das Rennen selbst führte über zwei leicht wellige Runden zu je 50 km. Unser Quartett ging zwei Minuten vor den Spaniern an den Start, die auf heimatlichem Kurs Mitfavoriten im Kampf um den Weltmeistertitel waren. Ich kam auf den ersten 30 km nur allmählich in Tritt und musste mich kräftig schinden, um das Tempo meiner Teamkameraden zu halten. Doch dann rollte es immer besser. Nach der ersten Runde lagen wir mit fast zweieinhalb Minuten Rückstand auf dem siebenten Rang. Die Spanier hatten uns bereits überholt. In der zweiten Runde fuhren wir wieder an sie heran und verbesserten uns mit der zweitbesten Rundenzeit auf den fünften Platz. Weltmeister wurden die Italiener, die Spanier kamen als Zweite ein. Uns hatten nur zwei Sekunden auf das niederländische Team gefehlt, dann hätte es sogar zur „Holzmedaille" gereicht. Wir konnten aber durchaus zufrieden sein. Nur zwei Tage später wurde in Lasarte die Leipzigerin Elisabeth Eichholz für die DDR-Equipe sogar Weltmeisterin im Straßeneinzelfahren der Frauen.

Vierzehn Tage nach dieser WM-Premiere fand bei uns im Rahmen der „Internationalen Radwoche" wieder mein Erfolgsrennen „Rund um Berlin" statt. Am Tag davor war ich mit unserer Familie nach Zerbst, zu Waltrauts Schwester gefahren. Im großen Garten musste der Birnbaum abgepflückt werden. Ich habe das in die Hand genommen und nach eineinhalb Stunden waren 1,5 Zentner in den Säcken verstaut. Als ich am nächsten Morgen dann aus dem Bett wollte, hatte ich einen saftigen Muskelkater. Lohnte es sich, so nach Berlin zu fahren? Damit waren meine Chancen gleich null. Trotzdem fuhr ich zum Start. Doch das Kopfsteinpflaster war wie eine Massage für mich. Von Kilometer zu Kilometer kam ich immer besser in Schwung. Etwa achtzig Kilometer vor dem Ziel setzte ich mich zusammen mit Axel Peschel ab. Nach einer weiteren Pflasterpassage verblieben dann noch vierzig Kilometer und ich lag allein in Front. Meine Beine wurden immer lockerer und so fuhr ich schließlich meinen vierten „Rund um Berlin"-Erfolg heraus. Die Fahrt in die Hauptstadt hatte sich gelohnt! Erfrischung nach dem langen „Ritt" waren mehrere saftige Birnen.

Ausflug auf die Bahn

Die Weltmeisterschaft fand 1966 in der Bundesrepublik Deutschland statt. Schon frühzeitig hatten die Trainer die überraschende Einschätzung getroffen, dass auf dem Kurs des Nürburgringes nur kleine und leichte Rennfahrer eine Chance hätten. Da ich kein leichter Fahrer war, konnte ich mir meine Perspektive ausmalen. Meine WM-Startchancen sah ich dadurch aber nicht völlig vernichtet, denn ich hatte mir inzwischen ein „zweites Standbein" geschaffen. Schon 1964 war ich ab und zu Verfolgungsrennen auf der Bahn gefahren. Nach meinem Meistertitel 1965 und weiteren Siegen über die 4000 m-Distanz, lag eine WM-Teilnahme durchaus im Bereich des Möglichen. DDR-Verbandstrainer Werner Gallinge

Im Metier der Bahnverfolger

gab meiner Idee statt, zumal der Verfolgerbereich der DDR nicht gerade üppig besetzt war. Ohne Gallinge, der sich über so manche Festlegung der Funktionäre hinweggesetzt hatte, wäre mein Ausflug in das Verfolgerlager allerdings nicht möglich gewesen.

Für 1966 konzentrierte ich mich also ganz besonders auf das Verfolgungsfahren und verzichtete nach vier Teilnahmen in Folge, zum ersten Mal freiwillig auf den Start bei der Friedensfahrt, auch wenn sie für mich zum ersten Mal in meine alte Heimat, durch die Nordbezirke führen sollte.

Im Frühjahr bestritt ich eine Reihe von nationalen Wettkämpfen und verzeichnete Erfolge bei Rundstreckenrennen in Berlin und Werdau. Während der Friedensfahrt, die einige Tage später dann mit dem ersten französischen Gesamtsieg durch Bernard Gyuot enden sollte, absolvierte ich „Rund um die Hainleite". Das verregnete Rennen mit Start und Ziel in Erfurt, sah im Finale eine zehnköpfige Spitzengruppe, der auch ich angehörte. Als ich dann zehn Kilometer vor dem Ziel antrat, folgten mir nur mein Klubkollege Lothar Boschel und der Leipziger ASK-Fahrer Klaus Kellermann. Es dauerte nicht lange bis Kellermann abfiel und ich mit Borschel allein in Front lag. Obwohl ich der Initiator der Fluchtgruppe war und im gesamten Rennverlauf die meiste Arbeit geleistet hatte, schlug mir Lothar dann plötzlich vor, ihm doch den Sieg zu überlassen. Ich war verblüfft. Das kann man machen, wenn man mit gleichem Teil zum Erfolg beigetragen hat, so allerdings ging das nicht. Abgesehen davon, hatte ich den Thüringer Klassiker noch nie gewonnen und an diesem Tag bot sich eine große Chance das nachzuholen. Ich habe sie genutzt und dies sicher keineswegs unberechtigt.

Ende Mai absolvierte ich die „Schwedische Radsportwoche", die ich mit einem Etappensieg in Uppsala und als Etappenzweiter in Orebro abschloss. Danach begann dann das spezielle Bahntraining für die Weltmeisterschaft in Frankfurt / Main. In der Höhensimultationskammer trainierte ich täglich, wobei die Druckverhältnisse von 2500 m auf 3500 m systematisch erhöht wurden. Eine Trainingseinheit war zu Beginn 45 Minuten lang und wurde später bis auf 2,5 Stunden ausgedehnt. Im Anschluss daran war die Deutsche Meisterschaft in Berlin-Weißensee ein wichtiger

Formtest. Im Halbfinale trat ich gegen Lothar Appler an, der sich auch im Verfolgermetier probierte. Ich gewann und startete später im Finale dann gegen den 19-jährigen Heinz Richter. Mit 5:15 min holte ich mir zum zweiten Mal das Meistertrikot und hatte mich gemeinsam mit dem Berliner Dynamo-Fahrer für die WM-Teilnahme qualifiziert.

Mitte Juli nahm ich noch an der DDR-Rundfahrt teil, die in Rostock gestartet wurde und bis nach Bernburg führte. Auf den ersten drei Etappen wurde ich jedesmal Zweiter, trug zwischen Schwedt und Bitterfeld zwei

Beim Rennen im Bilde und zugleich Töchterchen Sybille im Blick

Ein weiterer Etappensieg im schwedischen Uppsala

Tage lang auch das Gelbe Trikot und schloss das Rennen dann hinter Gesamtsieger Dieter Grabe als Sechster ab. Im Anschluss daran bestritt ich in Berlin, Leipzig und Gera noch vier Rennen in der Einzelverfolgung, bei denen ich dreimal gewinnen konnte.

Ende August reisten wir dann zur Weltmeisterschaft, wo ich als Verfolger zuerst die Qualifikation zu bestreiten hatte. Doch ich erreichte mit meiner Zeit von 5:03,85 min, die für mich eine persönliche Bestleistung darstellte, nur Rang zwölf und damit nicht das Viertelfinale. Heinz Richter wurde im 31-köpfigen Starterfeld sogar nur Neunzehnter. Damit war unser WM-Auftritt binnen weniger Stunden vorbei. Im Finale holte sich der Niederländer Tiemen Groen, vor Olympiasieger Jiri Daler seinen dritten Weltmeistertitel. Wenige Tage zuvor hatten die Straßenwettbewerbe stattgefunden. Im Mannschaftszeitfahren hatte unser Quartett diesmal den siebenten Platz erreicht, im Straßeneinzelfahren der „Kleinen und Leichten" fuhr Jürgen Exner als Bester der DDR-Mannschaft auf den neunten Platz.

Nach einem Bahnländerkampf CSSR – DDR, Mitte September in Brno, reiste Trainer Bernhard Lipfert mit Manfred Dähne, Rainer Marks, Dieter Voigtländer, Dieter Eichholz und mir zur Bulgarien-Rundfahrt, dem Abschluss unserer Straßensaison 66. Währenddessen wurde mit Berhard Eckstein zu Hause auf der Leipziger Rennbahn, einer meiner langjährigen Weggefährten vom aktiven Rennsport verabschiedet. „Ecke" war der legendäre Sachsenring-Weltmeister von 1960, gehörte u.a. zu unserem Friedensfahrt-Team als ich Gesamtsieger wurde und hatte einen wichtigen Anteil an diesem Erfolg. Als Fotograf beim „Neuen Deutschland" blieb er dem Radsport jedoch sehr eng verbunden.

Versöhnlicher Saisonausklang in Bulgarien

Das Zwölf-Etappenrennen in Bulgarien begann und endete in der Hauptstadt Sofia und forderte mit einem recht anspruchsvollen Profil „zwischendrin" noch einmal ganzen Einsatz. Für mich verlief das Rennen sehr erfolgreich. Zum Auftakt wurde ich Dritter eines Kriteriums, die zweite Etappe, ein Mannschaftszeitfahren, beendeten wir hinter dem italienischen Team als Zweite. Am dritten Tag landete Manfred Dähne in Plovdiv vor mir dann den ersten Tageserfolg für unsere Mannschaft und übernahm damit auch das Gelbe Trikot des Führenden. Die vierte Etappe war anschließend eine richtige Regenschlacht. Doch nicht nur das Nass von oben und unten machte uns zu schaffen, auch die schlechten Straßen bereiteten Schwierigkeiten. So gab es eine Vielzahl von Defekten, die dazu führten, dass eine dreiköpfige Spitzengruppe um Gainan Saidchushin auf ihrer Jagd um den Tagessieg an plattgefahrenen Reifen scheiterte. Ich attackierte 15 km vor dem Ziel und schloss schließlich zu einem Italiener auf, der aus dem Trio übrig geblieben war. Doch auch ihn ereilte noch ein Defekt, wodurch ich allein den Zielort Karschdali erreichte und den Etappensieg errang. Mit rund eineinhalb Minuten Rückstand wurde Manfred Dähne diesmal Zweiter, womit ich von ihm das Gelbe Trikot übernahm.

Der Folgetag hielt einen scheinbar leichten Kurs bereit, doch genau das war ein Trugschluss. Gleich nach dem Start initiierten die bulgarischen Fahrer zu viert eine siebenköpfige Spitzengruppe, zu der auch wieder

Saidchushin gehörte, doch in der niemand von uns fuhr. Der Vorsprung des Septetts wurde immer größer, betrug zwischenzeitlich rund sieben Minuten. Unter Aufbietung aller Kräfte gelang es uns zwar in der Schlussphase den Abstand etwas zu reduzieren, aber die Führung in Einzel- und Mannschaftswertung war an die Bulgaren gegangen.

Nach einem fünften Platz im Einzelzeitfahren, bei dem sich der Tscheche Jan Smolik als der Beste erwies, konnte ich auf der neunten Etappe zwischen Tolchubin und Russe meine Spurtfähigkeiten unter Beweis stellen und vor drei bulgarischen Fahrern den Tagessieg herausfahren. Bei der Ankunft in Sofia schloss ich die Gesamtwertung als Zweiter hinter dem Bulgaren Bobekow ab – ein versöhnlicher Abschluss dieses durchwachsenen Jahres.

Neue Wege

Dem Radsportverband und den Trainern war es trotz zahlreicher Auswertungen in den vergangenen Jahren nicht gelungen, trainingsmethodische Veränderungen und Belastungssteigerungen mit Konsequenz durchzuführen. Nach vielen Diskussionen auch mit den Aktiven sollte 1967 ein neuer Weg beschritten werden, um die Leistungsfähigkeit zu steigern und den DDR-Radsport wieder an internationales Niveau heranzuführen.

Ich bin in jenem Jahr so viele Kilometer wie nie zuvor und nie danach gefahren. Am Ende der Saison sollten insgesamt 31.895 km zu Buche stehen, das waren 170 % des Umfanges von 1966! Allein in den Wintermonaten fuhr ich im Straßen- und Rollentraining zehntausend Kilometer, bevor wir für sieben Wochen nach Algerien flogen und dort ein Trainingslager durchführten. Damit waren wir zu dieser Zeit erstmals von den schlechten mitteleuropäischen Witterungsbedingungen unabhängig und konnten unserer Meinung nach gute Grundlagen in der langfristigen Vorbereitung auf die Olympischen Spiele 1968 in Mexiko schaffen.

Während unseres Algerien-Aufenthaltes im Februar bestritten wir erste Tagesrennen, im Anschluss daran gleich mehrere kleine Rundfahrten. Schon der erste Wettbewerb, ein Rennen in Algier, endete mit dem Erfolg von Rainer Marks, ich belegte den zweiten Rang und startete so mit einem ordentlichen Resultat in die Saison. Doch auch über Training und Wettkampf hinaus hielt die Zeit in Algerien einige interessante Erfahrungen für mich bereit. In guter Erinnerung ist mir noch das frühe Wecken. Genau 5.00 Uhr rief der Muezzin zum Gebet, das kannten wir von zu Hause natürlich nicht. Apfelsinen konnte man direkt von den Bäumen pflücken, am „Affenfelsen" fraßen uns die Affen aus der Hand. Zum ersten Mal badeten wir im Mittelmeer und lernten den afrikanischen Radstar Tahar Zaaf näher kennen. Er hatte schon zweimal die Friedensfahrt bestritten und war der Sohn eines recht berühmten Rennfahrers. Als Teilnehmer der Tour de France hatte Abdelkader Zaaf 1950 für Schlagzeilen gesorgt. Dort war er bei großer Hitze mit einem Landsmann schon frühzeitig dem Feld davongefahren. Als die beiden dann schon einen großen Vorsprung hatten, hielt er an und trank ein oder zwei Flaschen Wein. Während sein Begleiter weitergefahren war, stürzte Abdelkader bei seinem Versuch weiterzufahren vom Rad und schlief dann am Straßenrand ein. Als er nach der Durchfahrt des Feldes geweckt wurde, startete er wieder, diesmal allerdings in die falsche Richtung. Dieses spektakuläre Ereignis machte Tahar's Vater sehr berühmt und das brachte ihm wohl auch etwas Geld ein.

„Querfeldein" zum Sieg beim FF-Qualifikationsrennen in Leipzig

Nach der Rückkehr in die Heimat begannen dann die Nominierungsrennen für die Friedensfahrt, bei der ich im Vorjahr wegen meiner separaten Vorbereitung auf die Bahn-WM nicht teilgenommen hatte. Diesmal war sie auch für mich wieder ein besonderer Jahreshöhepunkt, danach sollte die Konzentration der Weltmeisterschaft in den Niederlanden, diesmal auf Bahn und Straße gelten.

Mit der Startnummer „1" ging ich Mitte April in die Friedensfahrt-Qualifikationsrennen, die an fünf aufeinanderfolgenden Tagen ausgetragen wurden und somit den Charakter einer kleinen Rundfahrt hatten. Den Auftakt machte der „Große Preis des Neuen Deutschland" mit Start und Ziel im Leipziger Bruno Plache-Stadion. Die mit 208 km längste Teilstrecke beendete ich als Sieger. Bei den weiteren Rennen platzierte ich mich unter den ersten Zehn, war beim 50 km langen Zeitfahren von Halle nach Leipzig und zurück, Zweiter hinter ASK-Fahrer Ullrich Richter.

Gemeinsame Erfrischung mit Uwe nach einem Rennen in Leipzig

Anlässlich unseres Straßenklassikers „Rund um die Braunkohle" wurden den für das FF-Aufgebot nominierten Aktiven die grauen Nationaltrikots überreicht. In der Mannschaft sollten Siegfried Huster, Manfred Dähne, Günter Hoffmann, Rainer Marks, Dieter Grabe und ich fahren. Zuvor standen noch mehrere nationale Vorbereitungsrennen auf dem Programm, wobei ich „Rund um Potsdam" und „Rund um den Schlossteich" in Karl-Marx-Stadt als Sieger beenden konnte. Was meine Form im internationalen Vergleich wert war, konnte ich leider erst wieder während der Friedensfahrt prüfen. Dabei hatte ich mir nach einjähriger Pause große Ziele gesetzt und so war vor Beginn des Rennens der Druck ganz besonders hoch. Beruhigend empfand ich, dass mein Lieblingstrainer Otto Busse als Fahrer des Motorrades von ND-Sportchef Klaus Huhn dabei war. Er konnte dadurch alle entscheidenden Rennsituationen begleiten und hier und da auch wichtige taktische Hinweise geben. Dabei musste er aber vorsichtig sein, dass dies nicht von der Jury geahndet wurde.

Nur statistische Erfolge

Am zehnten Mai fiel im „Stadion des X. Jahrestages" wieder einmal der Startschuss zur ersten Friedensfahrt-Etappe „Rund um Warschau". Auf einem ähnlichen Rundkurs wie drei Jahre zuvor, bestimmte zunächst eine fünfköpfige Spitzengruppe das Renngeschehen, in der neben unserem Günter Hoffmann, mit Jürgen Walter auch ein Vertreter der westdeutschen Mannschaft fuhr. Den kannte ich noch aus den 50er Jahren als Schweriner Jugendfahrer. Er war ein guter Sprinter, ging vor dem Mauerbau in den Westen. Nun sah man sich auf diesem Wege wieder! Die Spitzengruppe wurde vor dem Finale wieder eingefangen und es kam zu einem hektischen Massenspurt. Unsere Mannschaft hatte die Etappe eigentlich auf Rainer Marks ausgerichtet, doch am Ende war er vorn nicht dabei. Als Erster sprintete BRD-Fahrer Dieter Leitner ins Stadion, forcierte das Tempo aber zu stark und stürzte schwer. Ich konnte mich in der Spitze behaupten, hatte aber meiner Meinung nach eine zu kleine Übersetzung gewählt. So spurtete ich hinter Tagessieger Jan Smolik aus der CSSR auf den vierten Platz. Unmittelbar vor mir war mit Marcel Maes ein Belgier Dritter geworden, von dem man im Verlaufe dieser Friedensfahrt noch hören sollte.

Am zweiten Tag startete Manfred Dähne einen Fluchtversuch, dem sechs Fahrer folgten. Das Feld kam bis zum Ziel in Poznan nicht mehr an die Ausreißer heran und so konnten die sieben Fahrer den Tagessieg unter sich ausmachen. Dähne gewann den Spurt und holte sich das Gelbe Trikot. Ein schöner Erfolg, der uns zuversichtlich machte. Auf dem Weg nach Bydgoszcz kam es dann zu einem zweiten Massenspurtfinale, nachdem eine Spitzengruppe noch in den Straßen des Zielortes eingeholt worden war. Jan Smolik hatte am Ende wieder die schnellsten Beine, ich war nah an ihm dran und spurtete auf den zweiten Platz. Neben Manfred's gelbem und violettem Führungslaibchen hatten wir jetzt auch noch die Führung in der Mannschaftswertung erobert.

Die vierte und 214 km lange Etappe war der längste Streckenabschnitt dieser Fahrt. Bei kräftigem Seitenwind entstand schon frühzeitig eine Spitzengruppe, zu der Rainer Marks noch allein aufgeschlossen hatte. Der Vorsprung wuchs schnell an und das Feld dahinter zerfiel in viele Gruppen. Dennoch blieb das Septett der Spitzenreiter auch bis zum Ziel im polnischen Slupsk vorn und erreichte mit etwa drei Minuten Vorsprung das Stadion. Dort erwies sich Rainer Marks in bester Verfassung, holte den zweiten DDR-Etappensieg und übernahm die Führung im Gesamtklassement. Diese und unsere Blauen Trikots verloren wir dann aber am nächsten Tag beim 42 km langen Zeitfahren zwischen Slawno und Koszalin. Der Franzose Henri Heintz gewann das Rennen, ich verlor über drei Minuten und wurde Neunzehnter.

Auf dem Weg von Koszalin nach Szczecin gab es zwischendurch große Aufregung. Eine Reiterstaffel stand am Straßenrand und als das Feld heranrollte, gingen die Pferde durch, galoppierten auf die Straße, mitten in das Fahrerfeld, einige warfen sogar die Reiter ab. Mehrere Fahrer stürzten, von uns war Rainer Marks in Mitleidenschaft gezogen. Zum Glück wurde aber keiner ernsthaft verletzt. Zu einem gefährlichen Gerangel wurde dann auch die Stadionankunft, bei der Smolik zunächst in Führung lag, dann aber zu Fall kam.

Der Ruhetag in Szczecin kam gerade richtig. Danach stand die „Berlin-Etappe" auf dem Programm, die für uns ja höchste Bedeutung hatte.

FF-Zeitfahren in Koszalin

An deren Ende kam es im Jahn-Stadion wieder zu einer Massenankunft, bei der wir schlecht aussahen. Hinter dem polnischen Etappensieger Czechowski wurde der Westberliner Burghardt Ebert Zweiter und das nun ausgerechnet in Ostberlin, vor der versammelten DDR-Partei- und Staatsführung. „Gott sei Dank“ hatte Ebert nicht noch gewonnen, wir hätten uns sehr warm anziehen müssen. Ungeschoren kamen wir dennoch nicht davon, denn die Folgeetappen liefen alles andere als gut.

Im Leipziger Zentralstadion schien dann bei unserem Neuling Dieter Grabe der Knoten geplatzt zu sein. Er spurtete hinter dem Niederländer Piet Tesselaar auf den zweiten Platz. Danach genossen wir im Hotel „Astoria“ die wenigen freien Stunden mit unseren Angehörigen. Waltraut war wieder mit den Kindern gekommen und Uwe machte dabei ganz bewusst Bekanntschaft mit dem Alltag der Friedensfahrt. Sein Interesse galt besonders Trikots, Mützen und Trinkflaschen. Es sollte noch sehr lange anhalten.

Trotz bester Streckenkenntnisse hatten wir auch beim 40 km langen Zeitfahren von Leipzig nach Halle keine guten Resultate zu feiern. Das windige Rennen beherrschten andere. Der starke Franzose Marcel Duchemin gewann und ich wurde als Bester unserer Mannschaft Achter. Am Nachmittag hatten wir dann eine 112 km lange Etappe von Halle nach Gera zu absolvieren, deren dramatischen Verlauf ich bis heute in „guter“ Erinnerung habe.

Die hügelige Strecke dieser zehnten Etappe führte bei kühlen Temperaturen und starkem Seiten- und Gegenwind über Merseburg, Zeitz, Altenburg und Schmölln. Schon nach zehn Kilometern bildete sich eine siebenköpfige Spitzengruppe. Bei der Verfolgungsjagd gab es einen Massensturz, in den auch Rainer Marks verwickelt war. Ich fuhr ganz vorn, aber plötzlich riss mir eine Speiche und mein Hinterrad schlug gegen die Bremse. Fünf Kilometer lang fuhr ich so weiter, bis ich das Rad wechseln konnte. Doch der Zeitverlust bei diesen Windverhältnissen war enorm, ein weiterer Defekt ließ mich noch mehr ins Hintertreffen geraten. Mit Günter Hoffmann und Siegfried Huster hatten inzwischen zumindest zwei Aktive unserer Mannschaft den Sprung in eine Verfolgergruppe geschafft, der Rückstand meiner Gruppe wurde jedoch immer größer. Besonders hart traf uns die

Nachricht, dass Dieter Grabe das Rennen aufgegeben hatte – das hatte uns gerade noch gefehlt. Irgendwie fühlten wir uns im Stich gelassen, so unmittelbar vor den schweren Bergetappen. Es schien, als hätte der „Lange“ aus Angst vor den Belastungen der nächsten Tage gekniffen. Als ich mit sechzehn Minuten Rückstand, an der Spitze einer 14-köpfigen Gruppe, ins Geraer Stadion einfuhr, hatten die Zuschauer schon lange den Jugoslawen Pavlik als Etappensieger und unseren Günter Hoffmann als Dritten bejubelt. In der Gesamtwertung, die weiterhin von Jan Smolik angeführt wurde, war ich an diesem Tag auf den 42. Rang abgerutscht.

Für die letzte Etappe auf dem Gebiet der DDR hatten wir uns dann erst recht noch einmal viel vorgenommen. Die bergreiche Strecke über Oelsnitz, Klingenthal und Aue war uns bekannt und diesen Vorteil wollten wir für uns nutzen. Die Tesselaar-Brüder erwiesen sich auch auf diesem Abschnitt wieder als besonders stark. Hans wurde auf seiner Flucht nur von einem Gabelbruch gestoppt, Piet mischte an der Spitze gemeinsam mit Smolik und Maes das Feld auf. Ich hatte gemeinsam mit Pavel Dolezel und Günter Hoffmann am letzten Anstieg vor dem Ziel in Karl-Marx-Stadt attackiert, doch das brachte nicht den gewünschten Erfolg. Kurz vor dem Stadion spurtete dann Piet Tesselaar aus der ersten Gruppe davon und holte sich den Tagessieg. Ich erreichte in der zweiten Gruppe das Ziel, belegte diesmal den achten Rang und holte in der Einzelwertung wieder einige Positionen auf.

In Karl-Marx-Stadt hatten wir dann zum Ruhetag Besuch von „ganz oben“. DTSB-Chef Manfred Ewald und andere Funktionäre mokierten sich wegen unseres schwachen Abschneidens auf den DDR-Etappen und machten ein riesiges Theater. Beinahe so, als wenn Ebert die Berlin-Etappe tatsächlich gewonnen hätte. Man war scheinbar weiterhin der Meinung, dass man mit lauten Worten die Leistungsfähigkeit des DDR-Radsports erhöhen könne.

Der Weg in die CSSR führte über den Kamm des Erzgebirges, bei Oberwiesenthal erreichten wir bei 1108 m / üNN den höchsten Punkt der Fahrt. Bei kaltem und regnerischem Wetter hatten wir viel Mühe das von der belgischen Mannschaft um Marcel Maes bestimmte Rennen mitzugestalten. Die CSSR-Fahrer versuchten, das Gelbe Trikot von Jan Smolik zu verteidigen, doch auch sie konnten den Belgiern an diesem Tag kaum Paroli bieten. Am Ende machte ein belgisches Spitzenreiterduo den Tagessieg in Plzen unter sich aus, bevor Siegfried Huster aus einer Verfolgergruppe heraus den siebenten Rang erspurtete. Leider verlor Manfred Dähne an diesem Tag sein Violettes Trikot an den Jugoslawen Juszko, wir waren aber fest entschlossen, wenigstens diese Trophäe bis zum Abschluss der Fahrt zurückzuerobern.

Die dreizehnte Etappe entwickelte sich dann für uns zu einem echten Freudentag, für die CSSR-Mannschaft wurde sie jedoch zu einem „Waterloo". Die überwiegend bergige Etappe verlangte uns alles ab. Schon bei der ersten Bergwertung demonstrierte Maes seine starke Verfassung, ungefähr nach der Hälfte des Rennens attackierte er dann, Smolik im Gelben Trikot setzte sofort nach und fing ihn ein. Schon kurze Zeit begann eine neue Jagd, verschiedene Fahrer sprangen davon und einige schlossen

Wiedersehen mit dem unvergessenen Jan Vesely

wenig später zu den Spitzenreitern auf, wodurch eine größere Kopfgruppe entstand. Darin waren neben Maes drei polnische Aktive, sowie auch gleich vier DDR-Fahrer mit Hoffmann, Huster, Marks und mir vertreten. Diesmal fehlte jedoch Jan Smolik, der trotz energischer Einflussnahme seines Kapitäns nicht mehr die Kraft für eine weitere Verfolgung aufbringen konnte. Pavel Dolezel tauchte somit allein und mächtig wütend in der Spitzengruppe auf, der Traum vom dritten CSSR-Friedensfahrtsieg schien damit ausgeträumt. Maes fuhr indessen ein starkes Rennen, am Ende setzten sich aber noch Rainer Marks und der Niederländer Piet Tesselaar aus der Spitzengruppe ab und kämpften im Stadion allein um den Tagessieg. Dabei erwies sich Marks nach taktisch kluger Fahrweise zum zweiten Mal als der Schnellste und sicherte uns den dritten Etappensieg bei dieser Tour. Jan Smolik verlor am Ende über sieben Minuten auf Maes, der nun das Gelbe Trikot übernommen hatte. In der Mannschaftswertung führten nun die Polen, die zu dritt vorn vertreten waren, während unsere Mannschaft mit nur einer Minute Rückstand auf dem zweiten Platz lag. Das gab uns für die drei restlichen Etappen noch einmal wertvolle Motivation.

Der bergreiche Weg nach Liberec, der kurz vor dem Finale zum rund eintausend Meter hoch gelegenen Jested führte, verlangte uns wieder alles ab. Gleich zu Beginn schickte Pavel Dolezel seinen Teamkollegen Jan Smolik zum Angriff, doch Maes selbst schloss sofort wieder zu ihm auf. Am Ende hatte sich eine Spitzengruppe um Gainan Saidchusin abgesetzt, dahinter gab es eine Verfolgergruppe mit fünf polnischen Aktiven, in der mit Hoffmann und Huster jedoch nur zwei DDR-Fahrer vertreten waren. Das war für die Mannschaftswertung natürlich sehr ungünstig, ein dritter Mann von uns musste dorthin. Dafür kam zu diesem Zeitpunkt aber nur ich in Frage und so quälte ich mich den Jested-Anstieg mit allen noch verbliebenen Kraftreserven hinauf – mit dem Erfolg, dass wir letztendlich den Abstand auf das polnische Team an diesem Tage halten konnten.

Am Schlusstag ging es uns darum, auf dem Weg nach Prag alle Positionen zu verteidigen und möglichst noch das Violette Trikot für Manfred Dähne zu holen. Er hatte am Vortage, auf dem Weg nach Hradec Kralove fünf Punkte gewonnen und zu Juszko aufgeschlossen. Manfred ergatterte dann als Dritter beim ersten Prämienspurt in Pardubice noch einen Punkt und überflügelte den Jugoslawen um genau einen Zähler. Bei der zweiten und letzten Prämie punktete ein Spitzenreiterduo und hinter ihnen ein Brite, so dass Juszko nach dem damaligen Reglement nunmehr noch eine Alleinfahrt hätte unternehmen müssen, bei der er einen Vorsprung von 1:30 min benötigt hätte, um weitere Punkte für die Wertung des Aktivsten Fahrers zu gewinnen. Das gelang nicht, stattdessen zog eine 6-köpfige Spitzengruppe davon, die mit rund drei Minuten Vorsprung das Prager Slavia-Stadion erreichte. Dort holte sich der Niederländer Hans Tesselaar den Etappensieg, bevor Marcel Maes seinen Gesamterfolg bejubeln konnte.

Mit unserer Bilanz hätte man vom Papier her eigentlich zufrieden sein können. Drei Etappensiege und ein zweiter Platz im Mannschaftsklassement waren eine gute Leistung. In der Einzelwertung belegte Günter Hoffmann Rang fünf, ich selbst kam bei meiner fünften Teilnahme auf den 22. Platz. Das war deutlich weniger als ich nach meiner einjähriger FF-Pause erwartet hatte. Im Vergleich zu den letzten Jahren war uns wieder einmal kein richtiger Durchbruch gelungen. Die immer wieder neuen Gesichter im DDR-Team zeigten, dass Erfahrung und Stabilität fehlte. Das ließ im Moment auch für die Zukunft nicht viel erwarten. Die Ursachen dafür waren sowohl in der Trainingsmethodik, aber auch in der Einstellung zum Training, der Härte zu sich selbst und letztendlich auch im materiellen Anreiz im Leistungssport zu suchen. Die immer stärker werdende Dominanz der Westeuropäer war aber auch damit zu begründen, dass es uns nach wie vor an ständigen internationalen Vergleichen fehlte, was uns gerade auch in Vorbereitung auf Weltmeisterschaften und Olympischen Spiele starke Benachteiligungen einbrachte.

Wieder auf Verfolgungsjagd

Ende Juni nahm ich dann im Rahmen meiner WM-Vorbereitung wieder an Bahnrennen teil und startete bei einem Renntag in Gera zum Abschluss der Sommerfilmtage. In der Einzelverfolgung unterlag ich Dieter Grabe, in der Mannschaftswertung belegte unser Leipziger Vierer hinter den Geraern den zweiten Rang. Eine Woche später startete ich erneut zu Wettkämpfen auf der Geraer Bahn, wo ich die Einzelverfolgung mit der Zeit von 5:11,3 min sechs Sekunden vor Ulrich Richter, dem Überraschungssieger der FF-Test-Zeitfahren gewinnen konnte. Damit hatte ich mich gegenüber der Vorwoche selbst schon um vier Sekunden steigern können. Auch im Vierer gab es diesmal einen Erfolg für unser Leipziger Team, was mich auf dem Weg zur DDR-Meisterschaft in Leipzig natürlich motivierte.

Mitte Juli stand dann der Titelkampf auf dem Programm, bei dem es natürlich um die zwei „Fahrkarten" für die Weltmeisterschaft in Amsterdam ging. Nach der Silbermedaille in der Mannschaftsverfolgung, die ich mit Manfred Dähne, Rainer Marks und Jörg Strenger bereits am ersten Abend herausgefahren hatte, fuhr ich in der Qualifikation für die Einzelverfolgung hinter dem Berliner Heinz Richter mit 5:05 min auf den zweiten Rang. Das war eine gute Zeit, allerdings war Richter ganze fünf Sekunden schneller gefahren. Im Viertelfinale trat ich dann gegen Dieter Gonschorek an, gewann den Lauf und verbesserte meine Zeit auf 5:04,2 min. Im Halbfinale siegte ich gegen den Geraer Staps und traf im Finale dann auf Richter. Der Weg zur WM war damit eigentlich schon frei, ein erster Erfolg errungen. Nun ging es aber um den DDR-Meistertitel, den ich vor den etwa 5000 Zuschauern gern verteidigen wollte. Das harte Rennen fuhr ich sehr schnell an und behauptete längere Zeit auch die Führung. In der letzten Runde hatte Richter den Gleichstand erreicht und ich mobilisierte alle Reserven. Gleichzeitig spurtete jeder auf seiner Seite der Bahn über die Zielmarkierung und lange war nicht auszumachen, wer denn nun diesen Lauf und damit das Meistertrikot gewonnen hatte. Im Grunde genommen war es ein totes Rennen – beide mit exakt der gleichen Zeit. Unter den Pfiffen der Zuschauer wurde dann Heinz Richter zum Sieger erklärt – die Berliner Dynamo-Macht hatte sich wieder einmal durchgesetzt! Im Ergebnis wurden unsere Zeiten dann mit einer Zehntelsekunde Unterschied ausgewiesen. Ich war demnach 4:58,6 min gefahren – in Richtung WM immerhin eine ordentliche Leistung.

Eine spezielle Vorbereitung darauf absolvierte ich jedoch erst wieder eine Woche vor den Titelkämpfen, bis dahin gab es recht planlos noch eine ganze Reihe von nationalen Straßenrennen. Aus heutiger Sicht so eigentlich nicht mehr nachvollziehbar. Aber damals gab es zumindest im

Radsport keine vernünftige Planung. Die Kopf- und Lustlosigkeit im Verband und die daraus resultierende Orientierungslosigkeit unserer Trainer hatte diesen Zustand möglich gemacht. Ein schönes Beispiel dafür war mal ein Anruf unseres Trainers Herbert Weisbrod, während ich an wettkampffreien Tagen unsere Wohnung malerte. Dieter Grabe war krank geworden und ich sollte mal schnell bei der Bohemia-Tour einspringen. Also packte man seine Sachen und fuhr eben dorthin.

Mitte Juli bestritt ich in einer „Gemischten Mannschaft", in der die Kandidaten für unseren WM-Vierer aufgestellt waren, zusammen mit Manfred Dähne, Dieter Grabe, Günter Hoffmann und Axel Peschel, die DDR-Rundfahrt. Nach guten Platzierungen zu Beginn der Tour, stand am vierten Tag ein 52 km langes Einzelzeitfahren von Eisenach, über die „Hohe Sonne", nach Meiningen auf dem Programm. Wer diese Region Thüringens kennt, weiß, wie stark dieser Kampf gegen die Uhr profiliert war und welche Herausforderung auf die Aktiven wartete. Als ich das Rennen beendete, stand eine Zeit zu Buche, die bis zum letzten Fahrer, meinem Teamkameraden Dieter Grabe, als Spitzenwert bestand. Er hatte mehrere Fahrer überholt und erreichte das Ziel auf die Sekunde genau in der Zeit, wie ich sie vorgelegt hatte. In diesem Fall war ich aber der Etappensieger, Dieter blieb der zweite Platz und zudem das Gelbe Trikot des Gesamtführenden.

Am nächsten Tag folgte eine wahre Hitzeschlacht, der 200 km-Ritt von Meiningen ins vogtländische Falkenstein. Schon gleich nach dem Start attackierte Siegfried Huster und initiierte damit eine Spitzengruppe die zügig an Vorsprung gewann. Sie hielt sich bis zur letzten Prämie, dann hatte unsere Verfolgungsjagd Erfolg. Kaum waren wir heran, da begannen auch schon die nächsten Attacken. Just in diesem Augenblick hatte ausgerechnet unser „Gelber" Dieter Grabe Schaden. Dafür waren Günter Hoffmann, Axel Peschel und ich vorn mit von der Partie. Mehr als ein Dutzend Fahrer bildeten eine neue Spitzengruppe und so versuchte ich sie mit einem energischen Antritt zu zerreißen. Das gelang jedoch nur kurzfristig, so dass ich kurz vor Falkenstein einen weiteren Angriff fuhr. Den konnte nur Axel Peschel mitgehen und so erreichten wir zu zweit das Zielstadion. Dort hatte ich die schnelleren Beine und gewann erneut. Axel wurde am Ende der Rundfahrt auch deren Gesamtsieger, er hatte in

Mit der Familie beim Wochenendausflug

Fürstenwalde noch das abschließende Zeitfahren gewinnen können. Ich selbst belegte den fünften Platz wie auch wenige Tage später bei der DDR-Straßenmeisterschaft in Eisenach, hinter dem neuen Titelträger Dieter Grabe. Meine gute Form hatte sich bestätigt, nun stand uns mit dem Olympiapreis-Mannschaftszeitfahren in Lübben eine wichtige Prüfung bevor.

In der Besetzung Ampler, Grabe, Hoffmann und Peschel gingen wir als Team „DDR A“ in den 100 km langen und international ausgeschriebenen Wettbewerb. Vor einer großen Zuschauerkulisse im Start und Zielort gelang es uns, das am Abend ausgetragene Rennen in Streckenrekordzeit zu gewinnen. Wir verwiesen den italienischen Vierer mit einer Fahrzeit von 2:07:43 h und 22 Sekunden Vorsprung auf den zweiten Platz. Hinter unserer zweiten Mannschaft mit Manfred Däne belegte der Vierer aus Dänemark Rang vier. Da in diesem Team zwei der amtierenden Mannschaftsweltmeister fuhren, schien dieses Ergebnis eine recht gute Standortbestimmung zu sein.

Wenige Tage später erhielt ich dann die traurige Nachricht vom Tode meines Vaters. Bis heute ist für mich einer der schönsten gemeinsamen Momente jener, in dem er mir nach meinem Friedensfahrtsieg im Berliner Stadion gegenüberstand und mich umarmte.

Nach einwöchiger, intensiver Vorbereitung auf die Einzelverfolgung, ging ich zusammen mit Heinz Richter bei den Bahn-Weltmeisterschaften in Amsterdam an den Start. Die Radrennbahn war eine offene und neu belegte Zementbahn, auf der einem das Rad regelrecht unter dem Hintern „weggezogen“ wurde, so schnell war sie – im Vergleich zu unseren DDR-Bahnen absolute Spitze. Diese Rolleigenschaften waren völlig neu für mich und so habe ich mich in meinem Qualifikationsrennen doch gerade auf den ersten 1000 m wohl etwas überschätzt. Ich fuhr dabei eine Zeit von 1:12 min und das war damals viel zu schnell. Am Ende kam ich mit 5:03,45 min nur auf den fünfzehnten Rang und verpasste das Viertelfinale deutlich. Besser machte es Heinz Richter, der auch beim Bahn-Länderkampf DDR – England, Mitte August in Leipzig, einmal mehr unter der „5 Minuten-Schallmauer“ geblieben war. Der Berliner wurde ausgezeichneter Dritter der Qualifikation, schied aber leider im Viertelfinale aus. Weltmeister wurde der Niederländer Gerd Bongers.

Mein Bahn-Einsatz hatte aber auch positive Seiten. Ich traf dabei nach fünf Jahren den Niederländer Henk Nijdam wieder, mit dem ich mich bei der Friedensfahrt 1962 ein bisschen angefreundet hatte. Es gab ein herzliches Wiedersehen, nachdem Henk schon seit Jahren als Berufsfahrer aktiv war. Er hatte in der Verfolgung 1961 den Amateur-Weltmeistertitel und 1962 den Titel bei den Profis gewonnen und damit seine größten Erfolge gefeiert, danach war er auch mehrfach die Tour de France gefahren.

Sturmfahrt in Heerlen

Von Amsterdam aus fuhr ich die etwa 250 km mit dem Rad bis nach Heerlen, dem Austragungsort der Straßenweltmeisterschaft. Unser Verband hatte dort ein kleines Haus gemietet, in dem alle zusammen untergebracht waren. Um das Gebäude herum zog Delegationsleiter Röder in etwa zwanzig Zentimeter Höhe über dem Boden „Stolperdrähte". Möglicherweise versuchte er mit dieser Idee, irgendein Ungemach von uns fernzuhalten oder gar Fluchtversuche zu vermeiden. Heute kann man darüber nur lachen.

Zuerst war das Mannschaftszeitfahren auf einem viermal zu absolvierenden 25 km-Kurs zu bestreiten. Unser Team startete in der Besetzung Dähne, Grabe, Hoffmann und Peschel. Ich wurde als Ersatzmann benannt und sollte dafür am Einzelrennen teilnehmen. Das Vierer-Rennen wurde aus unserer Sicht dann eine mächtige Enttäuschung, denn nach unserem fünften Platz vom Vorjahr belegten wir diesmal nur den achten Rang. Auf das siegreiche Team der vier Petterson-Brüder aus Schweden hatte unsere Mannschaft mehr als fünfeinhalb Minuten verloren.

Im Einzelrennen starteten wir zu sechst. Mit Günter Hoffmann und Dieter Grabe waren zwei aus dem Vierer dabei, dazu kamen Siegfried Huster, Karl-Heinz Kazmierzak, Bernd Knispel und ich.

Ich möchte behaupten, dieses Weltmeisterschaftsrennen in Heerlen war das Beste, was ich in meiner gesamten Laufbahn gefahren bin. Zu besonders vielen Einsätzen ist es ja nicht gekommen, nachdem ich 1961 in Bestform auf den Start verzichten musste und wir danach zunächst aus politischen Gründen nicht teilnehmen konnten. Aber in jenem August 1967 war ich in sehr guter Verfassung und auch der Rennverlauf versprach einiges.

Fünfzehn Runden zu je 13,3 km waren in diesem WM-Rennen zu absolvieren. Der Kurs beinhaltete nach rund vier Kilometern einen Anstieg, der etwa zweieinhalb Kilometer maß. Ansonsten war das Profil leicht wellig und nicht als besonders schwer einzustufen. Am Start fanden sich schließlich noch ein paar deutsche Pöbler ein, die scheinbar kurze Zeit zuvor aus der DDR abgehauen waren und uns nun für ihren Ärger verantwortlich machen wollten. Meiner Motivation konnte das jedoch keineswegs schaden.

Zu Beginn der sechsten Runde attackierte ich aus dem Feld heraus, um zu einem Ausreißerquartett aufzuschließen. Als mir dies gelungen war, schlossen nach und nach weitere Fahrer auf, wodurch sich die Spitzengruppe innerhalb dieser Runde auf dreizehn Aktive vergrößerte. Anschließend ergänzten die beiden Belgier Monsere und de Vlaeminck unsere Gruppe, die sich beide später noch als Weltmeister der Berufsfahrer einen Namen machen sollten. Danach sprangen weitere Fahrer aus dem Feld davon und vervollständigten die Spitze nach und nach. Nach elf Runden war mit Pavel Dolezel auch mal ein mir bekannter Fahrer nach vorn gekommen, jedoch leider kein einziger meiner Mannschaftskameraden. Einundzwanzig Fahrer hatten dann rund drei Minuten Vorsprung auf das Hauptfeld. Schließlich bröckelte unsere Gruppe langsam auseinander. Am Anstieg attackierte ich deshalb zusammen mit dem Belgier Monsere, dem Niederländer Pijnen und dem Italiener Conti. Wir erkämpften schnell etwas Vorsprung und gingen mit 45 Sekunden Vorsprung in die zwölfte und vorletzte Runde. Ich investierte viel in die Führungsarbeit, denn ich sah meine Chancen nur bei der Ankunft einer kleineren Gruppe. Meine Fluchtgefährten hielten sich in dieser Beziehung etwas zurück, doch es half alles nichts, ich musste mich so gut es nur möglich war um das Tempo dieser Gruppe bemühen. Hätte ich noch einen Teamkameraden in der zweiten Gruppe gewusst, wäre ich möglicherweise etwas kräfteschonender gefahren. Aber hier ging es um eine WM-Medaille und dafür lohnte sich einfach jedes Engagement. Dennoch holten die Verfolger wieder auf und als wir die Ziellinie passierten und das Glockenzeichen die letzte Runde einläutete, war unser Vorsprung auf fünfzehn Sekunden zusammengeschmolzen. Am Berg attackierte dann der Niederländer Pijnen. Ich hatte zu diesem Zeitpunkt aber nichts mehr zuzusetzen, zuviel hatte ich vorher in die Führungsarbeit investiert. Dem Belgier und dem Italiener gelang das Aufschließen, ich wurde von den Verfolgern eingeholt. Da sie sich aber an der Spitze nicht richtig einig waren, konnte ich zusammen mit zehn Fahrern wieder an dieses Trio heranfahren. Allerdings war ich zu diesem Zeitpunkt schon völlig platt. Der Brite Graham Webb, bei den Bahn-Wettbewerben in der Einzelverfolgungs-Qualifikation wenige Ränge vor mir platziert, setzte sich kurz vor dem Ziel mit einem frühen Finalsprint etwas ab und kam als neuer Weltmeister ins Ziel. Im Spurt der Verfolger hatte ich absolut nichts mehr zuzusetzen und wurde Vierzehnter. Das war Pech, aber ich hatte mir nichts vorzuwerfen. Bis auf Dieter Grabe, der ausgeschieden war, kamen alle anderen DDR-Fahrer mit mehr als fünf Minuten Rückstand ins Ziel.

Blickrichtung Mexiko

Im Herbst reisten wir in Vorbereitung auf die Olympischen Sommerspiele des kommenden Jahres für fünf Wochen nach Mexiko. Ähnlich wie schon 1963, als ich ein Jahr vor den Spielen in Tokio mit einer ganz kleinen DDR-Delegation die Sportstätten erkundete, dann aber zwölf Monate später nicht bei den Spielen startete, sollten wir uns mit den Gegebenheiten vor Ort vertraut machen. Diesmal war unsere Reisegruppe mit rund sechzig Personen, allen voran DTSB-Chef Manfred Ewald, doch deutlich größer. Zur Teilnahme an den „Internationalen Sportspielen", die für die Radsportler in Form von Bahnwettbewerben, eines Mannschaftszeitfahrens und eines Einzelrennens organisiert wurden, waren neben mir noch Günter Hoffmann, Dieter Grabe und Manfred Dähne nach Mexiko geflogen.

Bei unserer Ankunft in Mexiko-City goss es wie aus Kübeln und gleich wurden bei mir Erinnerungen an die Tokio-Reise wach. Wir fuhren zunächst für drei Wochen nach Poluca, wo wir in 3100 m / üNN trainieren konnten. Die vorolympischen Wettkämpfe in Mexiko-City wurden dann in 2400 m / üNN ausgetragen.

Auf der Bahn führten diese klimatischen Bedingungen zu einer wahren Rekordflut, nahezu alle bestehenden Bestzeiten wurden in der mexikanischen Höhenluft deutlich überboten. Im Mannschaftszeitfahren auf einem zweimal zu fahrenden 50 km-Autobahnkurs, überzeugte im international gut besetzten Feld der Straßenvierer Italiens, der die schwedische Weltmeister-Equipe der Petterson-Brüder bezwingen konnte. Nach der ersten Runde lagen wir zunächst auf dem fünften Platz. Es war ein schweres Rennen, weil diese Autobahnstrecke lange Steigungen und nur kurze Abfahrten beinhaltete. Zwanzig Kilometer vor dem Ziel hatte Manfred Dähne an einer der Anstiege Schwierigkeiten und fiel zurück. Zunächst versuchte Günter Hoffmann ihn wieder heranzuführen, doch dies gelang nicht und schien uns wertvolle Zeit zu kosten. So setzten wir die Fahrt bis zum Ziel als Trio zurück und belegten am Ende sogar den dritten Platz.

Schließlich starteten wir bei einem 194 km langen Einzelrennen auf dem olympischen Straßenkurs. Bei großer Hitze entwickelte sich dieser Wettbewerb zu einem sehr schweren Ausscheidungsfahren und wieder erwiesen sich dabei die Azzurris als die Besten. Nur 22 Fahrer beendeten das Rennen, allen voran der Italiener Giovanni Bramucci. Er hatte fast zwei Minuten Vorsprung auf seinen Landsmann Benito Pigato. Etwa eine Minute hinter diesem kam ich als Solist vor einer größeren Gruppe um den Belgier Jean-Pierre Monsere und dem Schweden Gösta Petterson als Dritter ins Ziel. Von unserer Mannschaft beendete außer mir nur noch Günter Hoffmann den Wettbewerb.

Am Ende der Saison 1967 konnte bilanziert werden, das die deutliche Steigerung des Trainingsumfanges und die große Anzahl von Wettkämpfen nicht nur bei mir zu einer deutlichen Leistungssteigerung geführt hatten. Dabei waren die Leistungen über den gesamten Jahresverlauf zwischen März und Oktober stabil geblieben. Schon im folgenden Jahr wurde jedoch trotz der bevorstehenden Olympischen Sommerspiele der eingeschlagene Weg wieder verlassen, weil die von vielen zum Saisonende hin erwartete Leistungssteigerung ausgeblieben war.

Neue Hoffnungen

Im Februar des Olympiajahres flogen wir wieder ins Trainingslager nach Algerien, wo wir in verschiedener Besetzungen an Tagesrennen und Rundfahrten teilnahmen. Bei der Ostalgerien-Tour, mit international guter Beteiligung, gab es durch Knispel und Grabe erste DDR-Tageserfolge, die zum Jahresbeginn Hoffnungen machten. Währenddessen bestritt ein weiteres Team mit den FF-Kandidaten vier Eintagesrennen. Beim ersten fuhren wir gleich einen siebenfachen DDR-Erfolg ein. Axel Peschel siegte vor Dieter Mickein und ich wurde Dritter.

Der gastgebende Radsportverband hatte sich durch die Kontakte zum DRSV Hoffnungen gemacht, in diesem Jahr auch wieder an der Friedensfahrt teilnehmen zu können. Dazu kam es allerdings nicht, die Algerier wurden nach dreimaliger Teilnahme in Folge 1968 diesmal nicht eingeladen. Das war für die algerischen Fahrer um Tahar Zaaf natürlich eine große Enttäuschung, denn sie hatten sich nach ihren Möglichkeiten so gut wie nie auf diesen Höhepunkt vorbereitet.

Die FF-Kandidaten reisten Anfang April in die Heimat zurück, während alle anderen DDR-Fahrer noch an der vierzehntägigen Marokko-Rundfahrt teilnahmen. Zu Hause gab es dann nach der Saisoneröffnung die obligatorischen Nominierungsrennen für die Friedensfahrt-Mannschaft, die vier verschiedene Tagesentscheidungen umfasste. Den Auftakt machte „Berlin – Fürstenberg – Berlin" bei schönstem Frühlingswetter. In der Endphase des Rennens gehörte ich zu einer etwa 15-köpfigen Spitzengruppe, die mit mehreren Minuten Vorsprung die Straßen der Hauptstadt erreichte. Dort setzte ich fünfhundert Meter vor dem Ziel alles auf eine Karte und trat an. Im Nu hatte ich einige Meter Vorsprung gewonnen und erreichte das Ziel als Sieger vor DDR-Meister Dieter Grabe. Nachdem ich am Ende des Klassikers „Berlin – Leipzig" keine vordere Platzierung eingefahren hatte, konnte ich mich beim dritten Qualifikationsrennen „Rund um Leipzig" wieder recht gut in Szene setzen. Es war mit Temperaturen um 30 Grad Celsius das wohl heißeste Rennen, das ich jemals im April gefahren bin. Aus einer Spitzengruppe heraus setzte ich mich noch vor Erreichen der Leipziger Stadtgrenze von meinen Begleitern ab und gewann mit vierzig Sekunden Vorsprung im Bruno-Plache-Stadion. Das abschließende 50 km-Zeitfahren, bei dem Peschel siegte, bestritt ich nicht, mit meinen beiden Erfolgen hatte ich ohnehin die Qualifikation für unser FF-Sextett erreicht. Zusammen mit Günter Hoffmann, Siegfried Huster, Rainer Marks, Dieter Mickein und Axel Peschel wurde ich dann für den „Course de la Paix“ nominiert, bestritt mit ihnen in Potsdam und Karl-Marx-Stadt noch zwei Vorbereitungsrennen.

Comeback

Deutlich hoffnungsvoller als in den Vorjahren ging ich dann in Berlin zum sechsten Mal an den Start der Friedensfahrt. Wir hatten uns viel vorgenommen, gerade auf den DDR-Etappen wollten wir erfolgreich sein. Besonders Axel Peschel's Rückkehr in das FF-Sextett, schien unsere Erfolgschancen deutlich zu verbessern, denn der Berliner war ein Allrounder, der im Zeitfahren Spitze war, aber auch in den Bergen gut

Das FF-Sextett 1968 am Start in Berlin: Siegfried Huster, Günter Hoffmann, Dieter Mickein, Axel Peschel, Rainer Marks und ich (v.l.n.r.)

zurecht kommen konnte. Dennoch begann das Rennen zunächst so bescheiden, wie das des Jahres 1967 geendet hatte. Die Massenankunft der Auftaktetappe „Rund um Berlin“ gewann der Pole Zygmunt Hanusik. Den Funktionären auf der Tribüne wird das weniger geschmeckt haben, doch noch standen uns fünfzehn Tagesabschnitte bevor und da konnte viel geschehen.

Als in Halle der Belgier van Tyghem nach wind- und regenreicher Fahrt allein das Ziel im Kurt-Wabbel-Stadion erreicht hatte, handelte ich mir mit dem Hauptfeld fast vier Minuten Rückstand ein. Diesen zu Beginn schon verlorenen Boden hofften wir dann auf der ersten Bergetappe etwas gutmachen zu können. Axel Peschel hatte sich bisher sehr locker gezeigt und war noch unauffällig gefahren. Als sich auf dem Weg nach Suhl dann bei heftigem Seitenwind eine größere Spitzengruppe bildete, waren mit Mickein, Hoffmann und Peschel auch drei Fahrer unseres Teams dabei, die uns im Kampf um die „Blauen“ schließlich wieder auf eine der Podiumspositionen lavierten. Ich selbst war mit fast fünf Minuten Rückstand auf den Tagessieger Czechowski im Hauptfeld angekommen und war vorerst viele Positionen zurückgefallen. Das Gelbe Trikot war nun im Besitz von CSSR-Fahrer Karel Vavra, womit seine Mannschaft demonstrieren konnte, dass sie trotz neuer Namen so stark wie in den vergangenen Fahrten agieren würde.

Am nächsten Morgen ging schon um 7.30 Uhr der erste Fahrer auf die 30 km lange Zeitfahrstrecke zwischen Suhl und Ilmenau, weil am Nachmittag noch ein zweiter Tagesabschnitt zu absolvieren war. Alles was den „Kampf gegen die Uhr“ negativ beeinflussen konnte, stand dabei auf dem Plan. Die niedrigen Temperaturen, der fast pausenlose Regen und der steile Anstieg hinauf zur Wegscheide, danach die Abfahrt über Schmiedefeld und Stützerbach erforderten zudem ein besonders intensives Warmfahren und im Rennen selbst größte Konzentration, um die Sturzgefahr auf den nassen Straßen zu minimieren. Als der Stärkste in diesem Wettbewerb erwies sich am Ende überraschend der Norweger Thorleif Andresen. Zu unserer Freude wurde Axel Peschel mit fünfzehn Sekunden Rückstand Zweiter, der sich mit dieser Leistung in der Einzelwertung weit nach vorn schieben konnte und nun Fünfter war.

Am Nachmittag folgte der 181 km lange Streckenabschnitt zwischen Ilmenau und Aue. Dafür war es zunächst erst einmal wichtig, so optimal wie möglich Kalorien zu „tanken", denn beim Zeitfahren hatte man sich ziemlich verausgabt und viel Energie „verbrannt". Doch die meisten Rennfahrer können nach einer solchen Belastung und in der relativ kurzen Pause vor dem Nachmittagsstart, kaum wieder die nötigen Kalorien zu sich nehmen. Daher war klar, dass vor allem eine gute Einteilung der Kräfte den zweiten Tagesabschnitt entscheiden würde.

Unsere Marschroute auf dem Weg ins Erzgebirge war darauf orientiert, in möglichst allen Ausreißergruppen vertreten zu sein. Es war anzunehmen, dass die meisten Fahrer noch platt vom Zeitfahren waren und so schienen Fluchtversuche diesmal besonders erfolgversprechend zu sein. Auch die Italiener waren wohl von dieser Idee inspiriert und so begann die Etappe mit einer ganzen Vorstoß-Serie der „Azzurris". Das Tempo war sehr hoch, und dennoch gelang es mir, zusammen mit meinem Teamkollegen Rainer Marks, CSSR-Kapitän Pavel Dolezel und dem „Violetten" Zenon Czechowski dem Feld zu enteilen. Wir jagten einem italienischen Fahrer hinterher, erreichten ihn und konnten unseren Vorsprung immer weiter ausbauen. Die Anstrengungen dieser Etappe zeigten schließlich ihre Wirkung, denn meinem Tempo konnte schließlich nur noch Czechowski folgen. So erreichten wir Zwickau als Spitzenreiterduo und ich gewann die dort ausgeschriebene Sprintprüfung. An der anschließenden Steigung, dem Hartensteiner Berg, sah ich meine Chance und attackierte unmittelbar vor der Bergwertung. Diese erreichte ich dann allein und setzte alles auf eine Karte. Ich redete mir ein: auch wenn es bei mir schwer geht, bei den anderen geht es garantiert noch viel schwerer! Hinzu kam, dass mich die Zuschauer wohl gerade wegen des schlechten und nebligen Wetters besonders kräftig anfeuerten. Der mir signalisierte Vorsprung gab mir Zuversicht, auch das Stadion als Erster zu erreichen. Als ich den Ortseingang von Aue passierte, sah ich rechts unterhalb des Straßenverlaufs das Stadion und die Zuschauer sahen mich. In diesem Moment entlud sich dort ein Orkan von Beifall und Begeisterungsrufen – ich bekomme in Gedanken daran auch heute noch eine Gänsehaut! Erschöpft, aber glücklich, spurtete ich mit mehr als einer Minute Vorsprung ins Ziel und feierte meinen vierten Friedensfahrt-Etappensieg. Weil mit Siegfried Huster und Günther Hoffmann zwei weitere DDR-Fahrer in den ersten Verfolgergruppen einkamen, übernahmen wir in Aue auch die Blauen Trikots der Führenden Mannschaft. UdSSR-Fahrer Wladimir Tscherkassow blieb im Gelben Trikot, Dieter Mickein und Axel Peschel lagen auf den Plätzen fünf und sechs gut im Rennen. Ich hatte mich mit dem Etappensieg auf den vierzehnten Rang verbessert.

Mit diesem schönen Erfolg und den „Blauen" ließ sich der Ruhetag in Aue natürlich sehr gut verleben. Nach den Anstrengungen des langen Renntages war die Muskulatur noch hart und wir absolvierten ein leichtes Training. Anschließend führte uns die fünfte Etappe am nächsten Tag über die Grenze nach Prag, wobei uns zunächst das kühle und regnerische Wetter treu blieb und die Bedingungen nicht gerade angenehm gestaltete. Zu Anfang hatten wir über Eibenstock und Wildenthal die langen Steigungen des Erzgebirges zu bewältigen, ehe Axel Peschel die Bergwertung am Grenzübergang gewinnen konnte und sich die lange Abfahrt nach Karlovy Vary anschloss. Im Kurbad sicherte sich Dieter Mickein den Erfolg bei der zweiten Bergwertung des Tages und so verlief das Rennen für uns nach Plan, auch wenn ich selbst ganz plötzlich ins Hintertreffen geriet. Als ich Günter Hoffmann einen Verpflegungsbeutel weiterreichen wollte, wurde gerade eine Attacke inszeniert. Ich verlor den Anschluss und hatte dann einige Mühe wieder heranzufahren. An der Spitze bestimmte schließlich eine achtköpfige Gruppe das Renngeschehen, in der wir mit Dieter Mickein und Axel Peschel gleich zwei unserer Mannschaftskameraden wussten. Im neuen Dukla-Stadion der CSSR-Hauptstadt sorgte Mickein dann für einen zweiten DDR-Etappensieg, als er im Spurtduell mit dem polnischen Fahrer Jasinski die Oberhand behielt. Dieter hatte zudem das Violette Trikot erobert, während wir unseren Vorsprung in der Mannschaftswertung weiter ausbauen konnten.

Von Prag aus führte die Strecke nach Hradec Kralove, wo gleich zwei Tagesentscheidungen fallen sollten. Dem Belgier Joseph Schoeters gelang es, diese beiden Etappen unter völlig verschiedenen Bedingungen für sich zu entscheiden. Seit dem Ruhetag hatte ich mich nicht mehr so besonders gut gefühlt und vermutete, die eintägige Rennpause hätte mich aus dem Rhythmus gebracht. Auch die achte Etappe bereitete mir bei kaltem und regnerischem Wetter einige Mühe. So verlor ich zu Beginn einer Bergwertung den Anschluss und musste auf der Abfahrt alles riskieren, um wieder aufzuschließen. Am Ende gab es einen italienischen Solosieg, während Dieter Mickein bei der Einfahrt unserer Verfolgergruppe im Stadion stürzte und somit eine gute Tagesplatzierung einbüßte. Auch sein „Violettes" musste er abgeben, konnte sich aber nun eines unserer Blauen Trikots überziehen, die wir erneut verteidigt hatten.

Der Kampf um die Mannschaftswertung, die zur damaligen Zeit für uns immer noch mehr Gewicht zu haben hatte als der Einzelsieg, blockierte die individuelle Entscheidungsfreiheit doch deutlich. Immer war darauf zu achten, wie das Kräfteverhältnis in den Spitzengruppen ausfiel. Schleppte man einen Zeitbringer für die Teamwertung aus einer anderen gut positionierten Mannschaft mehr mit, als man selbst zahlenmäßig mit seinen Teamkollegen vorn vertreten war, war das Engagement in der Spitze eigentlich sinnlos. Hätte man sich allein an der Einzelwertung orientieren können, wäre sicher von dem einen oder anderen Fahrer unserer Mannschaft noch mehr zu erwarten gewesen. So war auch kurz nach dem Start der elften Etappe in Karvina die Zusammensetzung eines Spitzenseptetts „ausgewogen". An der Seite zwei polnischer Fahrer agierten Günter Hoffmann und ich. Unser Vorsprung wuchs schnell an, während der „Gelbe" und einige andere Fahrer versuchten, die Verfolgung aufzunehmen. Vorn wurde man sich schließlich uneinig und ich versuchte mit einem Ausreißversuch die Gruppe um die Entkräfteten zu reduzieren. Das gelang mir aber nicht zu unseren Gunsten, am Ende setzten sich zwei andere Fahrer ab, machten die Etappe unter sich aus und ich kam im Hauptfeld ins Ziel. Während wir an diesem Tag unseren Vorsprung in der Mannschaftswertung verteidigt hatten, schmolz er an den Folgetagen doch sehr schnell.

Die polnische Mannschaft unternahm in ihrer Heimat natürlich alle Anstrengungen, uns die „Blauen" abzujagen. Auf der dreizehnten Etappe bildete sich schon nach wenigen Kilometern eine achtköpfige Spitzengruppe, in der neben Gainan Saidchushin auch der Pole Hanusik und unser Rainer Marks fuhren. Damit gab es einen 1 : 1-Gleichstand bezüglich der Mannschaftswertung zwischen den Teams der DDR und Polen. Das Hauptfeld ließ sie ziehen und so wuchs der Vorsprung bis auf elf Minuten an. Gefährlich für die Einzelwertung war nur CSSR-Fahrer Karel Vavra, der zu diesem Zeitpunkt nur vier Minuten Rückstand auf Tscherkassow

An der Spitze mit UdSSR-Fahrer Urbanowitsch

hatte. Erst spät stieg das Feld in die Verfolgung ein. Auch wir bemühten uns stark in der Tempoarbeit, denn wir wollten natürlich auch die Chancen unserer Fahrer im Einzelklassement nicht so leichtfertig verspielen. Etwa dreißig Kilometer vor dem Ziel in Lublin strich dann der „Gelbe“ plötzlich die Segel und stieg aus. Es hieß später, er habe entnervt aufgegeben, als er erfuhr, wie groß sein Rückstand war. Damit hatte das Rennen keinen Spitzenreiter mehr, ein Neuer fand sich aber schnell. Die Etappe ging an den Italiener Levati, während Vavra als Siebenter mit über zwei Minuten Vorsprung auf Saidchushin das Gelbe Trikot eroberte. Für uns hatte Rainer Marks einen dritten Platz herausgefahren und den Zeitverlust für die Mannschaftswertung auf nur fünfzehn Sekunden beschränken können. Somit stand noch ein Zeitpolster von genau einer Minute auf die polnische Mannschaft zu Buche. In der Einzelwertung waren Mickein und Peschel auf Rang vier und sechs abgerutscht und hatten auf Vavra inzwischen schon jeweils rund vier Minuten Rückstand.

Unsere ganze Hoffnung und Motivation galt dem Schlusstag, an dem wieder zwei Etappen zu absolvieren waren. Diese Doppelbelastung hatte uns ja bereits auf DDR-Gebiet Glück gebracht, als Axel Peschel Zweiter des Zeitfahrens wurde und ich die Etappe nach Aue gewinnen konnte. Warum sollte das nicht auch am Ende dieser Fahrt funktionieren?

Zunächst führte am Morgen ein fünfzig Kilometer langes Einzelzeitfahren von Pulawy nach Radom. Die Strecke war flach und damit für einen Zeitfahrwettbewerb gut geeignet, nur das Wetter zeigte sich mit kühlen Temperaturen nicht gerade zuvorkommend. Aber solange es nicht wieder regnete, waren wir schon froh. Ich staunte nicht schlecht, als mich im Rennen dann der polnische Fahrer Jan Magiera überholte, der immerhin viereinhalb Minuten nach mir ins Rennen gegangen war. Das bestätigte die Vorahnung, das unser knapper Vorsprung in der Mannschaftswertung gegen das starke polnische Team keinen Bestand haben würde. In der Tat wurde Magiera Sieger dieses Rennens, während seine Teamkollegen Blawdzin und Hanusik dazu beitrugen, dass die Blauen Trikots nun in sicherer polnischer Hand waren. Hinter Magiera hatte sich jedoch Axel Peschel als Zweiter platziert und seinen gesamten Rückstand auf Karel Vavra aufholen können. Mit einem Vorsprung von sechzehn Sekunden übernahm er das Gelbe Trikot – wir waren von den Socken!

Nun galt es diese Führung „nur“ noch über die 125 km lange Etappe nach Warschau zu verteidigen, um den fünften deutschen Einzelsieg nach den Erfolgen von Täve Schur, Erich Hagen und mir feiern zu können. Die Etappe war sehr flach, es gab also keine geografischen Schwierigkeiten zu absolvieren. Das Feld blieb nach den morgendlichen Anstrengungen lange zusammen und erst fünfzehn Kilometer vor dem Ziel setzte sich eine kleine Gruppe ab. Ich fuhr hinterher und als ich die drei erreicht hatte, kniete ich mich in die Führungsarbeit. Da keiner vorn vertreten war, der Axel gefährlich werden konnte und er im Feld noch vier Begleiter hatte, konnte ich mich vorn stark in der Führungsarbeit engagieren. Schließlich versuchte der Italiener Santambrogio zu attackieren. Ich ließ den Polen Blawdzin, der in seiner Hauptstadt natürlich unbedingt gewinnen wollte, zweimal hinterherfahren und tat selbst so, als wäre ich nach der vielen Führungsarbeit kaputt. Für mich war klar, ich hatte nur eine Chance mit einem Überraschungsantritt, den ich im Bereich der Stadionzufahrt starten wollte. Schließlich kannte ich das Umfeld des Warschauer Stadions aus den vergangenen Jahren sehr gut und diese Ortskenntnis machte mich recht zuversichtlich. Zu viert erreichten wir die Zufahrtsstraße und dort trat ich an. Ich setzte mich einige Meter von meinen Begleitern ab und schoss mit Vorsprung in den langen Tunnel hinein, der direkt in den riesigen Stadionkessel führte. Zwar kam der Belgier Mintjens noch dicht zu mir auf, dennoch konnte ich mein Rad als Erster über die Ziellinie steuern und gewann die Etappe unter dem Jubel der unzähligen Zuschauer. Nur eine dreiviertel Minute später sprintete das große Feld ins Stadion, das Gelbe Trikot von Axel Peschel leuchte am Ende, flankiert durch die Nationaltrikots von Rainer Marks und Dieter Mickein – der Friedensfahrtsieg war perfekt. Wenn wir auch in der Mannschaftswertung die „Blauen“ abgegeben hatten und mit fast sechs Minuten auf Polen dort den zweiten Rang belegten, war dieser Einzelsieg und die drei errungenen Tageserfolge eine stolze Bilanz.

Nach der offiziellen Feier haben wir im Hotel die „Sau rausgelassen“. Wir waren glücklich nach so langer Zeit einen solchen Erfolg eingefahren zu haben und zudem natürlich auch etwas angetrunken von Bier und Martini. So tanzten wir in einem unserer Zimmer auf Tisch und Stühlen, als plötzlich Klaus Huhn, ND-Sportchef, Renndirektor und zudem amtierender Präsident unseres Radsportverbandes ins Zimmer kam. Er machte zunächst eine finstere Miene, doch wir legten ihm schnell den sektverklebten Siegerkranz Axels auf die Schultern. Dieser hinterließ zwar einige Spuren auf seinem Anzug, aber er nahm das gelassen, schließlich hatte es einen solchen Erfolg ja schon lange nicht mehr gegeben. Die Rechnung für die Zimmerrenovierung übernahmen wir selbstverständlich, die Glastische hatten unseren Freudentänzen nicht standgehalten und auch die Tapete hatte etwas gelitten.

Mit knappen Vorsprung zum Sieg im Warschauer Stadion

Enttäuschung Olympia

Nach der Friedensfahrt galt die Konzentration den Olympischen Sommerspielen in Mexiko und damit insbesondere dem 100 km-Mannschaftszeitfahren.

Im Juni flogen wir in die UdSSR, wo wir ein erstes Höhentrainingslager durchführten. Wir fuhren am Sevansee jeden Tag zunächst eine flache Strecke und bogen dann ab, um einen langen und steilen Anstieg zu erklettern. Oben angekommen wendeten wir und rasten wieder zu Tal. Die halsbrecherischen Schussfahrten endeten dann plötzlich mit einem schrecklichen Unfall. Eine alte Frau trat aus dem Wald und überquerte hinter einer der zahlreichen Kurven die Straße. Dieter Gonschorek konnte weder bremsen noch ausweichen und fuhr in die Frau hinein. Mit schwersten Verletzungen wurde er nach Berlin geflogen. So blieb uns dieses Trainingslager trotz aller Schönheiten der Natur in keiner guten Erinnerung.

Nach der Rückkehr aus dem Kaukasus schwankte bei mir das Leistungsvermögen deutlich. Mitte Juli startete ich beim „Internationalen Olympiapreis“, einem Vierer-Wettbewerb. Das Rennen wurde diesmal in Gersdorf bei Dresden ausgetragen und mit Teams aus Italien, Dänemark, Schweden oder der UdSSR auch gut besetzt. Nachdem sich Axel Peschel nach Friedensfahrt und darauffolgender Hochzeit einer Blinddarmoperation unterziehen musste und erst wieder mit dem Training begonnen hatte, stand ein ganz wichtiger Fahrer nicht für den DDR-Vierer zur Verfügung. Dieter Gonschorek lag nach seinem Zusammenprall im Krankenhaus und fehlte genauso. Somit wurde der DDR-Vierer diesmal in der Besetzung Ampler, Borschel, Hoffmann und Mickein auf die Strecke geschickt. Dass Dieter Mickein nach 65 km das Tempo nicht mehr halten konnte und zurückfiel, war keine Überraschung, aber eine frühzeitige Schwächung unseres Teams. Auf den verbleibenden Kilometern verloren wir viereinhalb Minuten auf die siegreichen Italiener und belegten am Ende nur den achten Platz. Selbst das DDR-Nachwuchsteam um Wolfgang Wesemann sowie mehrere Klubmannschaften, darunter auch der DHfK-Vierer, waren schneller gewesen.

Vier Tage später begann dann in Potsdam die DDR-Rundfahrt, bei der Dieter Grabe ganz überzeugend seinen zweiten Gesamtsieg feierte und somit erneut für einen DHfK-Sieg sorgte. Nach großem Zeitverlust auf der ersten Etappe, war ich zwar mehrfach im Vorderfeld platziert, fuhr auf der vierten Etappe in Wittenberg auch als Dritter aufs Podium. Mit diesen Leistungen konnte ich trotzdem nicht zufrieden sein.

Vom Schweizer Radsportverband bekamen wir überraschenderweise eine Einladung zu einem Trainingslager in St. Moritz und einem sich daran anschließenden Mannschaftszeitfahren. Der amtierende Verbandspräsident Klaus Huhn, der sich in dieser Funktion sehr um eine dringend notwendige Weiterentwicklung unseres Radsportes bemühte, lud mich und einige andere Fahrer zu sich nach Hause ein, um darüber zu beraten, inwieweit ein solches Angebot nützlich sei und ob wir diese Einladung annehmen. Unsere Meinung wurde gehört und wir fuhren nach St. Moritz, auch wenn das einigen anderen nicht schmeckte und das Gerücht verbreitet wurde, uns wäre es dort um das ausgelobte Startgeld gegangen.

Ende August wurden in Leipzig dann noch zwei Olympia-Qualifikationsrennen ausgetragen, die uns zusätzliche Rennkilometer bescheren sollten. Das Rundstreckenrennen im Clara-Zetkin-Park gewann Axel Peschel, der sich damit wieder in guter Verfassung präsentierte. Das zweite Rennen führte über 160 km durch das Umland von Leipzig, in dem ich das Finale innerhalb eines Spitzenreiterquartetts absolvierte. Den Zielspurt in Leipzig-Thekla eröffnete Dieter Mickein, doch ich konnte ihn auf der Ziellinie gerade noch abfangen und das Rennen für mich entscheiden. Anschließend erfolgte die Nominierung unseres Olympia-Teams, in das Dieter Grabe, Günter Hoffmann, Axel Peschel und ich für den Mexiko-Vierer berufen wurden. Wolfgang Wesemann, der das Einzelzeitfahren der DDR-Rundfahrt gewonnen hatte, war unser Ersatzmann. Ob auch am Straßeneinzelrennen teilgenommen würde, sollte erst vor Ort entschieden werden.

Das 100 km-Mannschaftszeitfahren war der erste Radsportwettbewerb dieser Olympischen Spiele. Die schwere Strecke mit Start und Ziel in

Mexiko-City kannten wir ja bereits aus dem vergangenen Jahr, als wir an den Rennen der Vorolympischen Spiele teilgenommen hatten. Damals belegten wir immerhin den dritten Platz, was wir nur zu gern wiederholt hätten. Doch abgesehen davon, das die internationale Beteiligung nun viel größer und stärker war, merkte man bereits, dass unsere Verfassung nicht der Höchstform entsprach und die von uns praktizierte Vorbereitung mit den ständigen langen Trainingseinheiten im Grundlagenausdauerbereich nicht den gewünschten Leistungsstand erbracht hatte.

Das Mannschaftszeitfahren wurde dann auch tatsächlich zu einer gewaltigen Enttäuschung. Schon nach acht Kilometern ereilte Axel Peschel ein Reifendefekt. Doch selbst das hatte wenig Einfluss auf den danach immer größer werdenden Zeitverlust gegenüber den Teams aus den Niederlanden, Italien oder Schweden. Nach 84 km fiel Dieter Grabe zurück und zu dritt war schon überhaupt nicht mehr an ein Aufholen zu denken. Mit zehn Minuten Rückstand auf den niederländischen Vierer, um den späteren Tour-de-France-Sieger und Profi-Weltmeister Joop Zoetemelk, erreichten wir das Ziel als Dreizehnte und landeten damit noch hinter Argentinien, Westdeutschland oder Mexiko. Für das Straßeneinzelrennen zum Abschluss der Olympischen Radsportwettbewerbe, wurde wegen des enttäuschenden Vierer-Abschneidens keine DDR-Mannschaft gemeldet und unser Einsatz war beendet. Allein meine Wut über das blamable Resultat hätte vielleicht zu einem guten Platz reichen können. Auch Klaus Huhn war außer sich und wollte seine Tätigkeit als amtierender Präsident unseres Verbandes beenden. Das tat er dann auch und Anfang des folgenden Jahres gab es eine Neuwahl des DRSV-Präsidiums, nach der Gerhard Voss dieses Amt übernahm.

Reißnägel und Blaue Trikots

Die Saison 1969 begann später als üblich. Das erste Trainingslager und die ersten Rennen absolvierten wir diesmal in Bulgarien, allerdings bei schlechten Witterungsbedingungen. Dennoch erreichte ich eine gute Form und die wenigen Wettkämpfe verliefen recht erfolgreich, was sich auch bei den Nominierungsrennen zur Friedensfahrt zeigte. Ich fuhr zwar keine Siege ein, fühlte mich aber auch nach Sturz und Ausstieg bei der dritten Qualifikation in Leipzig sehr gut. Bei der Friedensfahrt konnten in jenem Jahr statt der üblichen sechs Fahrer diesmal sieben Aktive an den Start gehen. Das fand allgemein große Zustimmung, allerdings nicht die Tatsache, dass nunmehr die Gesamtfahrzeiten der jeweils ersten vier Fahrer jeder Mannschaft für die so wichtige Teamwertung um die Blauen Trikots summiert werden sollten. Für unser DDR-Team wurden Manfred Dähne, Dieter Gonschorek, Dieter Grabe, Bernd Knispel, Dieter Mickein, Axel Peschel und ich nominiert. Diese Mannschaft erschien recht schlagkräftig, doch die allerwichtigste Frage war einmal mehr: Wie stark sind unsere Gegner?

Die XXII. Friedensfahrt war nach dem „Prager Frühling" nur auf den Straßen Polens und der DDR organisiert. Zudem fehlte auch die Mannschaft der CSSR, die gerade seit dem FF-Einzelsieg von Jan Smolik in jedem Jahr zu den stärksten Teams gehört hatte und noch im Vorjahr mit Karel Vavra den Gesamtzweiten stellte. Unter vorgehaltener Hand hieß es, man wolle nicht mit „Okkupanten" fahren. Offiziell wurde erzählt, die Nationalmannschaft wäre neu formiert worden und die einzelnen Aktiven wären noch nicht erfahren genug, um eine solch schwere Rundfahrt zu bestehen. Das allerdings konnten wir uns beim besten Willen nicht vorstellen. Die Atmosphäre des Rennens, wie ich sie einst als junger Rennfahrer erlebt hatte, war damit deutlich gestört. Schade, dass sich die Politik immer wieder so stark auf den Sport auswirken musste.

Die erste von fünfzehn Etappen wurde im Warschauer „Stadion des 10. Jahrestages" gestartet, wo ich vor Jahresfrist die Finaletappe gewonnen hatte. So erfolgreich konnte ich mich bei meinem siebenten FF-Start aber nicht gleich wieder in Szene setzen. Die Fahrt hatte immer den Ruf, dass es ein langsames Einrollen nicht gäbe. Stattdessen ging es von den ersten Kilometern an immer gleich „volle Pulle" los. Als „Veteran" hatte ich es inzwischen natürlich lieber etwas ruhiger und so rollte ich mich lange Zeit am Ende des Feldes ein. Nachdem es eine Vielzahl von Angriffen gegeben hatte, endete die Auftaktetappe aber doch wieder im Spurt des großen Feldes, bei dem sich der Pole Zygmunt Hanusik den Tageserfolg und das „Gelbe" holte.

Eine erste erfolgreiche Fluchtgruppe bestimmte dann das Finale der zweiten Etappe, in dem sich ein polnischer FF-Neuling behauptete, der noch lange Zeit für Schlagzeilen sorgen sollte – Ryszard Szurkowski. Er gewann diesen Tagesabschnitt und eroberte damit zum ersten Mal das Gelbe Trikot mit dem Taubenlogo. Schon am nächsten Tag war das erste von insgesamt drei Einzelzeitfahren zu absolvieren. Bei großer Hitze präsentierte Axel Peschel sein Können, gewann und übernahm die Führung von Szurkowski. Die guten Positionen von Dähne, Gonschorek und Mickein brachten uns in den Besitz der „Blauen", für die in diesem Jahr ja nicht mehr die Tages- sondern die jeweiligen Gesamtplatzierungen herangezogen wurden. Das war natürlich ein sehr guter Einstieg, unsere Truppe wirkte daher locker und gelassen. Wir waren allerdings auch auf härtere Auseinandersetzungen eingerichtet.

Auf dem flachen Teilstück nach Gliwice machte uns die Hitze noch mehr zu schaffen. Schon nach ein paar Kilometern reichte ich Klaus Huhn, der das Rennen wie immer auf dem Motorrad begleitete, meine Sonnenbrille, weil der Schweiß über die Gläser lief und die Hitze nur noch mehr anzog. Schnell waren dann die Trinkflaschen geleert, aber das Buffet noch weit entfernt. Damals gab es noch nicht die Möglichkeit, sich während der Fahrt am Materialwagen zu verpflegen, heute ist das natürlich eine Selbstverständlichkeit. Für uns galt das noch als ein rennentscheidendes Problem. Wenn starke Fahrer das Tempo plötzlich nicht mehr halten konnten, so war das sehr oft der Tatsache geschuldet, dass sie nichts mehr zu trinken hatten und die Erfolgsaussichten waren dahin. Der Kantenwind, der nur wenig Kühlung bewirkte, teilte das Feld mehrfach in viele Gruppen auf. Während ich in einer der hinteren Staffeln agierte, erwies sich im Zielort unser Dieter Mickein schließlich als der Schnellste und spurtete zum Tagessieg. Das Gelbe Trikot ging an Manfred Dähne, der zum zweitenmal hintereinander den Ehrenplatz belegt hatte.

Wir konnten die Fahrt in den Blauen Trikots fortsetzen und auch unsere Erfolgssträhne sollte weiter andauern. Der gegenüber der 178 km – Angabe im Informator um vierundzwanzig Kilometer verlängerte Tagesabschnitt zwischen Kedzierzyn und Walbrzych, führte uns im letzten Drittel in das stark profilierte Terrain des Eulengebirges. Nach rund sechzig Kilometern bildete sich eine sechsköpfige Spitzengruppe mit Dieter Mickein, zu der ich nach kurzer Aufholjagd noch aufschließen konnte. Als dann die Steigungen im Etappenfinale begannen, war unser Vorsprung bereits auf mehrere Minuten angewachsen. In Walim, einem Ort der auch bei den Friedensfahrten der jüngsten Vergangenheit eine wichtige Rolle spielte, gewann UdSSR-Fahrer Tscherkassow die erste Bergwertung dieser Fahrt und übernahm damit nach der Etappe das neuerschaffene Rosa Trikot des „Besten Bergfahrers". Inzwischen war das Feld in viele Gruppen zerfallen, zwischen denen sich größere Abstände gebildet hatten. Am Ende setzte sich Mickein zusammen mit Tscherkassow etwas ab und beide strebten dem Tageserfolg entgegen. Ich lag zusammen mit zwei aus der ehemaligen Spitzengruppe verbliebenen Aktiven, dem Polen Stec und UdSSR-Fahrer Dimitriew nur wenige Sekunden hinter dem Duo. Im Stadion angekommen, spurtete ich hinter Stec auf den vierten Platz und traf dann auf den Etappensieger – Dieter Mickein. Dabei hatte es, von uns völlig unbemerkt, ein dramatisches Finale gegeben, denn Mickein und Tscherkassow waren im Stadion gestürzt und mussten sich erst wieder aufrappeln, um die Entscheidung um den Tagessieg auszutragen. Erst nach fast vier Minuten erreichte Ryszard Szurkowski als Solist das Ziel,

Vor Dieter Mickein am sehnlichst erwarteten „Buffet"

wenige Sekunden später folgten UdSSR-Fahrer Neljubin und der Franzose Jean-Pierre Danguillaume. Danach kamen immer kleine Gruppen im Stadion an, Dieter Gonschorek, Bernd Knispel und Axel Peschel, die sich noch innerhalb der ersten zwanzig Ränge platzierten, hatten bereits einen Rückstand von über sieben Minuten! Manfred Dähne, der das Gelbe Trikot nach Walbrzych getragen hatte, büßte sogar über elf Minuten ein, musste das Führungslaibchen aber einfach nur an seinen Teamkollegen Dieter Mickein abtreten. Im Kampf um die Mannschaftswertung lagen wir nun mit über sieben Minuten Vorsprung auf die UdSSR weiterhin in Front. Das war gerade nach dieser schweren Etappe eine besondere Freude, denn für uns hatten ursprünglich die polnischen Fahrer als die großen Favoriten für Einzel- und Teamklassement festgestanden. Nun aber waren auch unsere Chancen nicht schlecht.

Ursprünglich sollte die sechste Etappe über eine Distanz von 152 km zwischen Walbrzych und Wroclaw ausgetragen werden. Vor dem Start der Fahrt hatte jedoch die CSSR-Seite den Vorschlag gemacht, an diesem Tag doch noch ein Stück über das Territorium ihres Landes zu fahren. So wurde im Kommunique am Vorabend der sechsten Etappe die veränderte Streckenführung dieses Tagesabschnittes bekanntgegeben. Die Gesamtdistanz erhöhte sich auf nunmehr 250 km, der Start wurde in den polnischen Grenzort Jakuszycze verlegt. Dann führte die Strecke über Harrachov, Jablonec und Trutnov auf CSSR-Gebiet, bevor nach rund einhundertzehn Kilometern bei Kudowa Zdroj wieder das Territorium Polens erreicht werden sollte.

Wir gingen mit sehr gemischten Gefühlen an den Start, die sich sehr schnell als berechtigt erwiesen. Auf tschechischer Seite wurden wir mit Pfeifkonzerten und Buhrufen empfangen. Auf Fabrikdächern drohte man mit Schaufeln und Spaten. Einige riefen sogar „Verbrecher!“. Plötzlich häuften sich die Reifenschäden, wie ich es noch nie erlebt hatte. Man hatte Reißnägel auf die Straßen geworfen. Indem die Renndirektion weitere Begleitfahrzeuge vor dem Feld eingeordnet hatte, die mit ihren Reifen die Reißnägel „aufsammelten“, konnte normal weitergefahren werden. Mein Freund Gainan Saidchushin war besonders mutig und war nach der Hälfte dieser Überraschungsstrecke zusammen mit einem französischen und einem marokkanischen Aktiven davongefahren. Nicht nur ich war wohl froh, als wir schließlich wieder polnisches Gebiet erreichten. Dort begann dann auch das Rennen richtig ernst zu werden. Auf dem Weg zur Bergwertung zerfiel das Feld in mehrere Gruppen und aus unserer Mannschaft gelang es nur Dieter Gonschorek bis zur Spitze aufzuschließen. Diese bestand später aus elf Fahrern, unter ihnen fuhr auch der Franzose Jean-Pierre Danguillaume. Ich gehörte mit UdSSR-Fahrer Neljubin und dem Polen Magiera einem Verfolgersextett an, das aber immer mehr in Rückstand geriet. Als wir rund acht Minuten hinter den Spitzenreitern ins Ziel kamen, hatte Dieter Gonschorek die Etappe für sich entschieden und für den vierten DDR-Etappensieg in Folge gesorgt. Ich fuhr als zweiter Fahrer unseres Teams auf den vierzehnten Rang, aber da alle anderen Mannschaftskollegen mit noch größerem Rückstand ins Ziel kamen, mussten wir unsere Blauen Trikots an die UdSSR abgeben. Auch das Gelbe von Dieter Mickein ging verloren, das hatte sich Ryszard Szurkowski zurückgeholt.

So bestritten wir die nächsten Etappen wieder in unseren grauen Nationaltrikots, setzten aber alles an die Zurückeroberung wenigstens einer Spitzenposition. Mit nur 123 km wartete mit der achten Etappe dann ein relativ kurzer Tagesabschnitt auf uns. Das war nach den langen „Kanten" mal eine schöne Abwechslung, doch waren gerade ja die kurzen Rennen immer sehr gefährlich. Am Ende hatte Dieter Gonschorek wieder die Konkurrenz im Griff und verwies Ryszard Szurkowski im Stadion von Zielona Gora auf den Ehrenplatz.

Nach dem Ruhetag stand das zweite Zeitfahren auf dem Programm. Diesmal war vormittags ein 39 km langer Abschnitt nach Swiebodzin zu bestreiten. Rückenwind und kalter Regen begleiteten uns dabei, also kein ideales Zeitfahrwetter. Diesmal erwies sich Jan Magiera aus der polnischen Mannschaft als der Stärkste und gewann. Axel Peschel, der Sieger des ersten Zeitfahrens hatte Pech mit einem Reifenschaden und fuhr mit einem verbeulten Hinterrad auf den zehnten Platz. Ich wurde wie schon in Piotrkow erneut Vierzehnter und fiel in der Gesamtwertung um einen Platz, auf den siebenten Rang zurück. Trotzdem hatten wir in der Mannschaftswertung nun wieder viel Boden gutgemacht und übernahmen mit 2:45 min Vorsprung auf die UdSSR die Blauen Trikots. So konnten wir uns als führendes Team am Nachmittag auch unseren Fans in der Heimat präsentieren, denn da ging es auf DDR-Gebiet, nach Eisenhüttenstadt. Trotz der schlechten Witterungsbedingungen wollten wir offensiv fahren und initiierten schon nach wenigen Kilometern eine Spitzengruppe, in der gleich fünf DDR-Fahrer vertreten waren. Das entfesselte im Feld natürlich eine rasante Aufholjagd und zehn Kilometer weiter war alles wieder vereint. Ruhe stellte sich im ganzen Rennverlauf nicht mehr ein, bis auf jenen Moment, als der Franzose Roques dies zu einem Soloritt nutzte und mit rund einer halben Minute Vorsprung die Zielgerade erreichte. Bei dieser ersten und einzigen Straßenankunft hatte dann Dieter Gonschorek eine gute Ausgangsposition, stürzte aber eingangs der Zielgeraden und zog sich eine Handprellung zu. An seiner Stelle sprintete Bernd Knispel auf den dritten Rang – ein guter Einstand in der Heimat.

Am nächsten Tag folgte erneut ein Einzelzeitfahren. Innerhalb von zwei Tagen war damit zum zweiten Mal ein „Kampf gegen die Uhr" zu bestreiten, das war mir in meiner ganzen Laufbahn noch nie passiert. Diesmal war der Wettbewerb sogar 58 km lang. Im Jahr meines Einzelsieges 1963 hatte es das bis dato längste Friedensfahrt-Zeitfahren überhaupt gegeben und das war gerade mal einen Kilometer kürzer. Die Strecke war flach, führte von Guben nach Cottbus, teilweise sogar über die Autobahn. Ich konnte mich mit dem sechsten Platz sehr gut in Szene setzen, hatte am Ende genau 1:11 min Rückstand auf den Tagessieger Jean-Pierre Danuillaume. Der Franzose übernahm mit diesem Erfolg das Gelbe Trikot von Szurkowski, während sich Dieter Gonschorek auf den dritten Platz der Einzelwertung vorgearbeitet hatte. Unser Vorsprung in der Mannschaftswertung war mit dem Ergebnis dieser Etappe von drei auf fast neunzehn Minuten gegenüber der sowjetischen Equipe angestiegen. Unsere Moral war damit auf bestem Niveau – eigentlich nicht mehr steigerungsfähig.

Für die Etappe nach Dresden hatten wir uns vorgenommen, möglichst auf einen Massenspurt hinzuarbeiten. Wir wollten dann einen Kilometer vor dem Ziel Dieter Gonschorek in die bestmögliche Position fahren, um ihm so die besten Vorraussetzungen für die Stadionankunft zu schaffen. Man kann heute sagen, unser Vorhaben ging auf und Dieter gelang es tatsächlich, den Zielspurt im Heinz-Steyer-Stadion als Sieger vor dem Bulgaren Kotew und dem Polen Hanusik zu beenden. Damit hatte er den sechsten DDR-Etappensieg gesichert und drei Tage vor Schluss konnten wir damit schon mehr Erfolg vorweisen als wir zu Beginn erhofft hatten. Doch jedes Rennen ist erst am Zielstrich zu Ende und so hieß es auch trotz des respektablen Vorsprunges in der Teamwertung, weiter konzentriert und engagiert die herausgefahrenen Positionen zu verteidigen.

Auf dem Weg von „Elbflorenz“ nach Gera warteten die letzten zwei Bergwertungen, bei denen Punkte für das Rosa Trikot ausgegeben wurden. Noch trug es Gainan Saidchushin, der darin sicherlich eine gute Figur machte, aber auch unserem Dieter Gonschorek stand die Trophäe. Deshalb bemühte sich Dieter gleich bei der ersten Wertung in Meißen im direkten Vergleich mit Saidchushin um die zehn möglichen Punkte und gewann. Vierzig Kilometer vor dem Ziel passierten wir nach längerer Pause, ich glaube 1963 war sie zuletzt Bestandteil der Streckenführung gewesen, die legendäre „Steile Wand“ in Meerane, wo es die letzte Bergwertung gab. Hinter dem belgischen Solisten Vandevijver, der auch Gera als Etappensieger erreichte, kam Saidchushin nur auf den fünften Platz für den es lediglich einen Zähler gab. Das reichte jedoch nicht um Dieter Gonschorek noch einzuholen und so stand zu diesem Zeitpunkt schon fest, dass auch das Bergtrikot in unsere Mannschaft wechseln würde. Im Geraer Stadion, das vom Feld in mehreren Gruppen erreicht wurde, bilanzierten wir dann sogar einen weiter angewachsenen Vorsprung im eigentlich schon entschiedenen Kampf um die „Blauen“ und freuten uns über das Rosa Trikot für Dieter.

Die begeisterten Geraer, die an den Straßen der Thüringer Bezirksstadt und am gesamten Rennkurs für eine tolle Stimmung sorgten, erlebten noch eine zweite Entscheidung. Die vierzehnte Etappe führte über eine Schleife „Rund um Gera“, die sechsmal zu fahren war. Schon wenige Kilometer nach dem Start fuhr ich dem Feld davon und behauptete mich fast eine Runde lang an der Spitze. Damit wollte ich mich mit meinen Möglichkeiten beim Publikum für die großartige Atmosphäre bedanken, die sie für uns Rennfahrer geschaffen hatten. Noch konnte ich nicht ahnen, dass am Straßenrand in Gera-Thieschitz auch der neunjährige Olaf Ludwig einer der vielen Zuschauer war, der elf Jahre später zu einem der erfolgreichsten deutschen Rennfahrer werden sollte.

Vor dem späteren Gesamtsieger Jean-Pierre Danguillaume bei „Rund um Gera“

Kurz vor Ende der ersten Runde schlossen dreizehn Verfolger zu mir auf. Im Stadion wurde dann nach Hälfte des 90 km langen Rennens um die erste Prämie gespurtet, wobei ich hinter dem Belgier Verhaegen Zweiter wurde. Als sich dann später dessen Teamkollege Scheers absetzte, glaubten wir, ihm ginge es um die zweite Prämie. Als er diese dann gewonnen hatte und nicht wieder in Sichtweite gekommen war, nützte auch die beschleunigte Verfolgung nichts mehr. Der Belgier behielt eine halbe Minute Vorsprung und gewann die Etappe. Unsere Verfolgergruppe hatte sich dann noch geteilt und Manfred Dähne, der im ersten Quartett in Stadion sprintete, konnte mit dem zweiten Rang einen weiteren Podiumsplatz herausfahren. Ich erreichte als Siebenter das Ziel.

Die Schlussetappe von Leipzig nach Berlin hielt mit fast zweihundert Kilometern Streckenlänge noch einmal einen langen Ritt für uns bereit und so war an ein „Ausrollen“, wie heutzutage, keineswegs zu denken. Laut Informator sollte dieser letzte Tagesabschnitt ursprünglich sogar in Zeitz gestartet werden und 237 km lang sein! Nur gut, dass die Verantwortlichen da noch eine Korrektur vorgenommen haben. Ein letztes Mal hieß es nun also volle fünf Stunden konzentriert zu fahren und die erreichten Wertungspositionen zu verteidigen. Die Angriffe begannen praktisch mit dem Startschuss. Der „Gelbe“ Danguillaume fuhr für kurze Zeit nur in der zweiten Gruppe, schloss aber zügig wieder zur Spitze auf. Nach dauernden Attacken der polnischen Fahrer setzte sich Axel Peschel vom Feld ab und hatte nach Hälfte der Distanz schon zwei Minuten Vorsprung. Er sicherte sich beide Prämien, bekam dann aber nach und nach einige Begleiter, bevor er ins Hauptfeld zurückfiel. Am Ende befand sich der Pole Blawdzin allein an der Spitze und wurde Etappensieger. Eine dreiköpfige Verfolgergruppe mit Saidchushin, Dähne und Mickein kämpfte auf der Weißenseer Radrennbahn dann um die verbleibenden Podiumsplätze. Saidchushin ging dabei leer aus.

Am Ende wurde mit Jean-Pierre Danguillaume ein würdiger Gesamtsieger geehrt, der mit Ryszard Szurkowski den Star der Zukunft auf den zweiten und unseren Dieter Gonschorek auf den dritten Platz verwiesen hatte. Ich belegte hinter Dieter Mickein einen sehr zufriedenstellenden sechsten Platz, mein zweitbestes FF-Einzelresultat überhaupt. Groß war der Jubel der Zuschauer, als wir dann zur Mannschaftssiegerehrung gerufen wurden. Nach vierjähriger Pause konnte unser Team wieder die Blauen Trikots erkämpfen, was nach uns erst wieder im Jahre 1982 gelingen sollte! Das Rosa Bergtrikot von Dieter Gonschorek war dann noch das Sahnehäubchen auf eine rundum gelungene Vorstellung der DDR-Equipe. Mit der Leistungsfähigkeit unseres Radsports schien es wieder leicht aufwärts zu gehen.

Die Erfolgsserie hält an

Nach der Friedensfahrt galt meine Orientierung der Vorbereitung auf die Straßenweltmeisterschaft in Brno. Nach meinem ersten Saisonerfolg bei „Rund um Langenau“ Ende Juni, startete ich nur wenige Tage später mit der Nationalmannschaft bei der 25. Jugoslawien-Rundfahrt. Das Jubiläumsrennen sah in Belgrad ein starkes Fahrerfeld am Start. Im Team der Niederländer war Mannschaftsolympiasieger Joop Zoetemelk aufgeboten, der kurz zuvor bereits drei Etappen der schweren Österreich-Rundfahrt für sich entschieden hatte. Er schob sich am dritten Tag, einen Einzelzeitfahren über 44 km auch hier in den Vordergrund, indem er den dritten Platz belegte. Einen Tag später übernahm Zoetemelk dann auch das Gelbe Trikot, bevor auch wir uns mit Axel Peschels Etappensieg auf dem bergreichen sechsten Tagesabschnitt wieder erfolgreich zeigen konnten. Seinem Beispiel folgte am Tag darauf Dieter Mickein mit einem Etappensieg in Sarajevo.

In der späteren Olympiastadt begann schließlich der 233 km lange achte Tagesabschnitt nach Banja Luka, welcher als der längste „Kanten“ dieser Rundfahrt ausgeschrieben und damit ganz nach meinem Geschmack geraten war. Ich konnte das Rennen in einer sechsköpfigen Spitzengruppe nachdrücklich mitgestalten und am Ende hatte ich die größten Kraftreserven, um mir den Tagessieg zu sichern.

Während Joop Zoetemelk die Führung bis zum Finale in Ljubljana verteidigte, gelang unserer Mannschaft durch Dieter Voigtländer noch ein weiterer Tageserfolg. Ich platzierte mich in der Einzelwertung auf einem guten elften Rang.

Nach einigen kleineren Rennen in der Heimat ging es Mitte August in Schleusingen wieder einmal um den DDR-Meistertitel im Straßenrennen. Hier war ich 1964 durch einen Sturz am Ende des Rennens um eine gute Platzierung gebracht worden und hoffte es nun besser machen zu können. Es sollte übrigens auch mein letzter nationaler Titelkampf dieser Art werden.

Der berg- und abfahrtsreiche Kurs dieser Meisterschaft verlangte uns alles ab, gleißender Sonnenschein und eine brutale Backofenhitze erschwerten das Rennen besonders. Gut, dass die zahlreichen Zuschauer nicht mit Wasser geizten.

Elf Runden von je 16,5 km Länge hatten wir zu absolvieren. Nur in der ersten blieb der große Pulk zusammen, dann begannen die ersten Attacken. Unsere DHfK-Mannschaft vertrat dabei Dieter Mickein sehr aktiv, der sich schon frühzeitig mit Manfred Kummich absetzte. Das Feld teilte sich und nach dem ersten Drittel der Distanz lag eine etwa dreißigköpfige Hauptgruppe in Front. Zu Beginn der fünften Runde leitete dann Jürgen Exner mit seinem Angriff die Vorentscheidung der Meisterschaft ein. Einzelne Fahrer folgten ihm, darunter auch ich, Axel Peschel, Dieter Mickein und fünf weitere Aktive. Der Abstand zu den Verfolgern wuchs schnell an, während der eine oder andere aus unserer Spitzengruppe den Anschluss verlor und zurückfiel. In der achten Runde verzichtete ich auf die gereichten Trinkflaschen und attackierte um die Gruppe noch einmal zu verkleinern. Nur mein Teamkollege Dieter Mickein und Dynamo-Fahrer Axel Peschel schlossen anschließend wieder zu mir auf und fortan zogen wir als Trio mit großem Vorsprung auf die Verfolger über den Hitzekurs. Nun galt es, den Sieg für unseren Klub abzusichern, was gegen einen so erfahrenen Gegner wie Axel nicht leicht war. Aber es stand 2 : 1 gegen ihn und wir konnten taktisch einiges an den Steigungen probieren, um ihn vielleicht doch noch abzuschütteln. In der vorletzten Runde attackierte Dieter an einer Steigung, Axel musste heranfahren, wenn er ihn nicht ziehen lassen wollte. Ich blieb an seinem Hinterrad. In der Schlussrunde attackierte ich auf diese Weise und wieder musste Axel die Verfolgung aufnehmen, um seine Chancen zu waren. Als er es wieder geschafft hatte war es nun wieder Dieter Mickein, der auf der ansteigenden Zielgerade antrat und schnell etwas Vorsprung herausfuhr. Dieser sollte reichen, um das Meistertrikot für unser Team zu sichern. Peschel fuhr auf den zweiten

Rang und ich holte mir die Bronzemedaille – besser konnte dieses Rennen nicht ausgehen. Über acht Minuten vergingen schließlich, ehe die Verfolger das Ziel erreichten.

Enttäuschung in Brno

Die gute Form dieser Schleusinger Meisterschaft wollte ich vierzehn Tage später, bei den Straßenweltmeisterschaften in Brno, möglichst optimal umzusetzen. Nachdem unser diesmal ausschließlich mit jungen Fahrern wie Wolfgang Wesemann oder Karl-Heinz Miersch besetzer Straßenvierer auf dem zwölften Platz gelandet war und damit auch in dieser Disziplin keine Vorwärtsentwicklung erkennbar wurde, ruhten die Hoffnungen des Verbandes und natürlich die der zahlreichen Radsportfans auf einem guten Abschneiden unserer Mannschaft beim Einzelrennen.

Auf dem alten Autorennkurs, südlich der mährischen Messestadt, startete ich mit Bernd Knispel, Siegfried Huster, Dieter Mickein, Axel Peschel und Horst Wagner in mein zweites und letztes WM-Einzelrennen – man mag es kaum glauben. Nach meinem „freiwilligen Verzicht“ 1961, wo ich auf dem Kurs in Bern wohl noch die größten Chancen auf eine WM-Medaille gehabt hatte, den Einreiseverboten für DDR-Teams in NATO-Länder und den Nichtnominierungen des DDR-Verbandes für die Titelkämpfe, war ich tatsächlich erst zum zweiten Mal bei einem Einzelrennen um das begehrte Regenbogentrikot dabei.

Dreizehn Runden waren zu fahren, in deren Verlauf eine mehrere Kilometer lange Steigung absolviert werden musste. Lange Zeit blieb das große Feld zusammen, der Anstieg sorgte nicht für die erwartete Selektion. Einzelne Ausreißversuche dauerten immer nur kurze Zeit, unsere Mannschaft hielt sich dabei konzentriert in der Spitze, um im entscheidenden Moment mit vorn vertreten sein zu können. Zu Beginn der neunten Runde setzte sich dann eine vierköpfige Spitzengruppe ab, in der neben dem FF-Sieger Jean-Pierre Danguillaume auch unser Axel Peschel fuhr. Doch auch diese Gruppe hatte keinen Bestand. Später waren es Huster und Mickein, die einer Ausreißergruppe angehörten. Doch als sich die Entscheidung anbahnte und gleich acht Fahrer das Weite suchten, waren wir nicht mit von der Partie. Wir sahen die Spitze nicht wieder, Peschel und Knispel waren inzwischen sogar hoffnungslos weit zurückgefallen. So kamen wir schließlich in kleineren Gruppen ins Ziel, Mickein war als Bester noch 28. geworden, während ich rund eine Minute später den 51. Platz belegte. Den Titel hatte sich der Däne Leif Mortensen erkämpft, der als Solist ins Ziel kam. Wieder war der Beweis erbracht worden, das wir DDR-Radsportler nur national Klasse hatten, aber bei internationalen Rennen, wie bei solchen stark besetzten Titelkämpfen, einfach nicht mitmischen konnten. Es fehlten nach wie vor internationale und hochkarätige Wettkämpfe, um sich mit der Spitze des Amateurradsports vergleichen zu können.

Zuhause rollt es wieder

Nachdem ich bei der DDR-Meisterschaft im 100 km-Mannschaftsfahren im DHfK-Vierer mit Knispel, Mickein und Wagner den Titel errungen hatte, stand innerhalb der „Internationalen Woche 1969“ Mitte September auch wieder unser Klassiker „Rund um Berlin“ auf dem Programm. Vier Siege hatte ich bei diesem Klassiker bereits gefeiert. Ein fünfter Erfolg war möglich, denn ich fühlte mich in guter Form und wollte die Chance nutzen, meine besondere Vorliebe für die „langen Kanten“ vielleicht in einen weiteren Erfolg umzumünzen.

Bei schönem Spätsommerwetter gingen wir auf die 235 km lange Strecke. Nach etwa 50 Kilometern stieg ich mit einigen Fahrern einem Ausreißerduo hinterher, woraus sich innerhalb kurzer Zeit eine etwa zwanzigköpfige Spitzengruppe entwickelte, die das Rennen bestimmen sollte. Zur Überraschung kam es in Deutsch-Wusterhausen nach 100 km, als das Feld falsch eingewiesen wurde und sich plötzlich mit unserer Spitzengruppe vereinigte. Die Jury ließ das Rennen stoppen, suchte alle Spitzenreiter heraus und schickte uns dann mit einem Vorsprung von drei Minuten wieder ins Rennen. Davon büßten wir etwas ein, als sich für einige Sekunden die Schranken an einem Bahnübergang senkten. Rund achtzig Kilometer vor dem Ziel attackierte Axel Peschel zum ersten Mal, kam aber nicht entscheidend weg. Er versuchte es immer wieder, allein oder schließlich, etwa 40 km vor dem Ziel, gemeinsam mit Horst Wagner. Ich kam zusammen mit Knispel und dem Polen Kluj jedoch wieder heran. Als nur noch 20 km zurückzulegen waren, startete ich meinen Angriff und gewann schnell an Boden. Nur der polnische Fahrer vermochte mir zu folgen und schloss auf. Innerhalb von wenigen Kilometern hatten wir gegenüber den Verfolgern schon zwei Minuten Vorsprung herausgefahren. Kluj überließ mir größtenteils die Führungsarbeit und konnte meinen Antritt in den Straßen Berlins auch nicht mehr Paroli bieten. So erreichte ich am Ende allein das Stadion und feierte mit acht Sekunden Vorsprung meinen fünften „Rund um Berlin"-Sieg. Damit hatte ich den einstigen Lokalmatador Rudi Kirchhoff überboten und einen bis heute noch gültigen Erfolgsrekord aufgestellt.

Perspektiven gesucht

In unserem Verband begann man wieder einmal nach neuen Wegen zu suchen und die Trainingsmethoden zu verbessern. Doch erneut änderte sich wenig und die Vorbereitung auf meine letzte Saison im Jahr 1970 unterschied sich nur geringfügig von der vorhergehenden. Es gab Phasen, da dachte man, es wären gar keine Trainer mehr anwesend. Wie sollten wir vorwärtskommen? Wie sollten wir so wieder zu jener Position im internationalen Radsport gelangen, die wir Ende der fünfziger, Anfang der sechziger Jahre, innehatten?

Für mich stand inzwischen fest, ich wollte selbst Trainer werden und mich damit in die Entwicklung unseres Radsports einzubringen. Dazu sollte ich im September an der DHfK ein Sportstudium beginnen und damit war im Sommer dieses Jahres mein Abschied vom Leistungssport geplant. Letzter Höhepunkt sollte die Teilnahme an der Friedensfahrt sein.

Im Januar und Februar startete ich bei einigen Rennen wieder einmal auf der Winterbahn in der Berliner Seelenbinder-Halle. Dann flogen wir nach Algerien, wo wir die Landesrundfahrt zur hauptsächlichen Vorbereitung auf die Straßensaison nutzen wollten. Diesmal trafen wir dort allerdings auf recht ungünstige Witterungsverhältnisse. Es schneite sogar, wodurch die 2000 km lange Rundfahrt nach dem Abbruch der zehnten Etappe in zwei Teilen veranstaltet werden musste. Bis zu diesem Zeitpunkt lag ich auf dem dritten Platz der Gesamtwertung, wurde bei der zweiten Tour dann Achter. Axel Peschel sorgte mit seinem Gesamtsieg für den ersten Saisonerfolg für die DDR-Radsportler.

Als wir wieder nach Hause gekommen waren, erfuhren wir davon, dass es in der westdeutschen Presse eine Meldung gegeben hatte, in der es hieß, in Algerien hätte die BRD-Mannschaft unserem Team mit Essen aushelfen müssen. Doch da hatte wohl jemand die Reihenfolge verwechselt – wir haben den westdeutschen Fahrern ausgeholfen und von unserer Verpflegung abgegeben. Wir hatten das aber nicht an die große Glocke gehangen.

Danach führte bei mir eine Erkrankung zu Trainingsausfall, doch zu unseren nationalen Nominierungsrennen für die Friedensfahrt war ich wieder in Schuss. Ich absolvierte sie mit guten Resultaten und wurde zum achten Mal in meiner Laufbahn in die DDR-Friedensfahrt-Mannschaft berufen.

Meine letzte Mai-Schleife

Bei der 23. Friedensfahrt erwies sich unser Team, in dem außer mir noch Lothar Borschel, Siegfried Huster, Bernd Knispel, Dieter Mickein, Axel Peschel und Dieter Voigtländer fuhren, als nicht besonders erfolgreich. Genauer gesagt, so schlecht wie in jenem Jahr hatte ein DDR-Team schon lange nicht mehr abgeschnitten.

Auf den ersten Etappen in der CSSR platzierten wir uns nur gelegentlich auf den Rängen fünf bis zehn. Die polnischen Fahrer wie Szurkowski, Hanusik oder Czechowski wechselten sich als Etappensieger oder Podiumsplatzierte täglich ab. Auf den polnischen Tagesabschnitten ging es ähnlich weiter, bis beim Einzelzeitfahren zwischen Plock und Wloclawek unser Axel Peschel hinter dem französischen Sieger Marcel Duchemin und dem „Gelben“ Szurkowski auf den dritten Rang fuhr. Auch auf dem Weg in die DDR blieben wir erfolglos, wussten aber sehr wohl, was zumindest auf den letzten Etappen in Richtung des Endzieles in Berlin von uns erwartet wurde. Ein ungeheurer Druck lastete auf uns, natürlich wollten wir zumindest in der Heimat gut aussehen. In Frankfurt (Oder) erreichte ein belgischer Fahrer als Solist das Ziel und in Potsdam, wo wir alles auf eine Karte gesetzt hatten, um Bernd Knispel im Thälmann-Stadion in die beste Position zu fahren, sprang an Stelle des so ersehnten Etappensieges „nur" der zweite Platz heraus. Für Bernd und auch für uns war das eine mächtige Enttäuschung. Ich teilte während der Fahrt mit ihm das Zimmer und erlebte, wie sehr ihm der Erfolgsdruck zu schaffen machte. Mitten in der Nacht stand er auf und begann schlafwandelnd das Zimmer „umzuräumen". Noch ehe ich mitbekam, was eigentlich los war, schlug nur wenige Zentimeter neben mir der Schrank auf das Kopfende meines Bettes. Ich war völlig erschrocken, rappelte mich hoch und machte erstmal Licht. Bernd war überhaupt nicht ansprechbar, ich weckte die Teamkollegen und nur gemeinsam konnten wir den „Randalierer" bändigen.

An Szurkowskis Triumphmarsch kam inzwischen kein Zweifel mehr auf, er würde in Berlin seinen ersten FF-Einzelsieg feiern. Bis dahin gab es für uns noch viermal die Möglichkeit, einen Etappensieg zu erringen. Im Anschluss an die unruhige Nacht im Potsdamer Hotelzimmer starteten wir konzentriert in die Etappe nach Halle. Zunächst setzte sich der Jugoslawe Cubric vom Feld ab und gewann die Prämien in Wittenberg und Dessau. Anschließend schlossen wir wieder zu ihm auf und ich attackierte zusammen mit dem Ungarn Imre Gera. Wir hielten uns etwa 15 km lang in Front, wurden aber etwa 45 km vor dem Ziel wieder gestellt. Kurz darauf versuchtes es Axel Peschel allein und kam auch vom Feld weg. Sein Vorsprung vergrößerte sich zügig und es gelang ihm tatsächlich als Solist ins Hallenser Kurt-Wabbel-Stadion einzuziehen – unser erster Etappensieg bei dieser Tour! Es sollte der einzige bleiben. Beim anschließenden Zeitfahren zwischen Halle und Leipzig holte sich der Franzose Duchemin den zweiten Erfolg und Peschel wurde Zweiter. Auch ich konnte auf dem Weg in meine Heimatstadt mit einer guten Leistung aufwarten und belegte den fünften Platz, während Ryszard Szurkowski nur auf dem achten Rang einkam.

Nach einem Kriterium im Leipziger Clara-Zetkin-Park, bei dem Bernd Knispel hinter dem Belgier Lemmens auf den dritten Platz fuhr und uns

Die Mannschaft mit der ich 1970 meine letzte Friedensfahrt bestritt (v.l.n.r.): Bernd Knispel, Dieter Voigtländer, Axel Peschel, Lothar Borschel, Siegfried Huster und Dieter Mickein

damit erneut eine Podiumsplatzierung eintrug, stand zwischen Eilenburg und Berlin meine letzte Friedensfahrtetappe auf dem Programm. Das Profil war flach wie ein Teller und starker Seitenwind war unser ständiger Begleiter. Bernd Knispel gewann die beiden Sprintwertungen in Torgau und Herzberg und wir reihten uns ein, um das Feld geschlossen bis an die Stadtgrenze Berlins zu führen. In Schöneweide bildete sich dann eine siebenköpfige Spitzengruppe, in der Axel Peschel, unser Mann mit der besten Ortskenntnis, fuhr. Das Septett setzte sich etwa dreißig Sekunden weit vom Feld ab, doch wie wir später erfuhren, versteuerte sich Peschel vor der Einfahrt auf die Weißenseer Radrennbahn, wodurch der Pole Matusiak zum Etappensieg kam. Ich passierte an der Seite von Gainan Saidchushin letztmalig den Zielstreifen der Friedensfahrt. Auch in der Gesamtwertung belegte ich genau einen Platz hinter meinem sowjetischen Freund den elften Rang. Ein recht gutes Ergebnis beim großen Finale. Ein Abschied für immer wurde es freilich nicht.

Nur zwei Tage nach der Friedensfahrt nahmen wir erfolgreich am Grand Prix „L'Humanite" im französischen Le Havre teil. Das Drei-

Etappenrennen beinhaltete ein Auftaktzeitfahren und zwei Straßenrennen. Axel Peschel gewann die zweite Etappe und abschließend auch die Gesamtwertung, in der ich den zehnten Platz belegte. Die Teilnahme an solchen internationalen Rennveranstaltungen in Westeuropa, als dauerhafter Bestandteil unserer Vorbereitung auf die Jahreshöhepunkte, waren unverzichtbar für die Entwicklung unseres Radsports, doch profitieren sollte erst die Fahrergeneration nach uns, als man diesen Weg konsequenter fortsetzte.

Abschied und Neuanfang

Mein letztes Rennen fuhr ich dann am 5. Juli 1970, beim „Großen Wismut-Preis" in Wolkenstein. Im Anschluss daran beendete ich den Abitur-Schnellkurs an der DHfK, der mir den notwendigen Befähigungsnachweis für das Sportstudium einbrachte. Anlässlich der DDR-Straßenmeisterschaft in Gersdorf wurde ich am Start des Rennens, schließlich ganz in „zivil", vom Verband aus dem aktiven Leistungssport verabschiedet. Eine lange und erfolgreiche Laufbahn ging für mich zu Ende, in der ich mich nur zu gern in viel größeren Maße an großen internationalen Rennen beteiligt hätte. Ich hatte die Friedensfahrt gewonnen und damit war 1963 ein großer Traum für mich in Erfüllung gegangen. Dieser Erfolg hat mich bekannt gemacht und ich erfahre durch ihn auch heute noch viel Wertschätzung. Aber eine WM-Medaille gelang mir aus vielen Gründen leider nicht. Das machte mich trotz vieler Etappensiege bei der Friedensfahrt oder der DDR-Rundfahrt, acht errungener DDR-Meistertitel oder meinen fünf Siegen bei „Rund um Berlin" etwas unzufrieden. Doch die langjährig erfahrenen Einschränkungen, unter denen nicht nur wir als Radsportler zu leiden hatten, konnten in den Jahren meiner aktiven Zeit eben nicht in diesem Maße aufgehoben werden, wie es dann ab Mitte der siebziger Jahre geschah und dann zu jenen großen Erfolgen führte, die auch wir gern erreicht hätten.

Für mich begann im Sommer 1970 ein neuer und wichtiger Lebensabschnitt. Ich begann mein Sportlehrerstudium, bei dem ich mich an der DHfK in einem internationalen Seminar einschrieb. Darin waren Studenten aus verschiedenen Ländern zusammengefasst, selbst junge Männer aus Mosambique waren dabei. Die Ausbildung umfasste neben den verschiedenen theoretischen Inhalten auch einige sportpraktische Fächer die nichts mit dem Radsport zu tun hatten. Dabei u. a. Turnen, Judo, Boxen oder Ringen. Das war allerdings nicht gerade meine Strecke. Da fehlte mir in der Tat das entsprechende Interesse und beim Turmspringen machte ich auch überhaupt keine gute Figur. Ich habe zwar immer oben auf dem Brett gestanden, bin aber jedesmal wieder heruntergestiegen.

Während des Studiums übernahm ich dann im Rahmen eines Praktikums und an der Seite von Erich Stammer die Vorbereitung einer Schüler-Trainingsgruppe auf die Spartakiade in Berlin. So begann meine Tätigkeit als Trainer, die mir sofort viel Spaß bereitete.

In ungewohnter Funktion

Der Friedensfahrt blieb ich auch weiterhin verbunden, denn schon im Mai 1971 war ich wieder dabei. Diesmal als Fahrer des ND-Fahrzeuges, das das Fahrerfeld über die ganze Tour begleitete. Das war schon sehr interessant, einmal aus dieser Perspektive das Rennen zu beobachten und die Arbeit der Journalisten kennenzulernen. Wichtigster Mann war dabei Klaus Huhn, ND-Sportchef und gleichzeitig einer der Renndirektoren. Er begleitete die Etappen wie schon zu meinen aktiven Zeiten auf dem Rücksitz eines Motorrades, um näher an den entscheidenden Rennsituationen dran zu sein. Mit dem Auto war das ja nicht so einfach möglich. Sein Motorradfahrer war dann auch immer ein ehemaliger Rennfahrer, zum Beispiel mein Freund und einstiger „Rund um Berlin"-Konkurrent Rudi Kirchhoff. Ab und zu fuhr Klaus Huhn auch mal im Auto mit. Dann wurde der Wartburg zu einer wahren Kommandozentrale. Die wichtigsten Rennberichte wurden in die Tasten der Schreibmaschine gehämmert und kurz vor dem Ziel an einem vereinbarten Punkt an Mitarbeiter übergeben. Bis hin zum Einparken im Zielbereich hatte Klaus Huhn mitunter das Wort. Manchmal gerieten wir dabei auch etwas aneinander. Wenn sich die Gelegenheit dazu ergab, fuhr ich mit ihm vormittags ab und zu ein Stück mit dem Rad, wo wir natürlich oft über den Radsport sprachen.

Seine Kondition war zwar weit von der eines Friedensfahrtteilnehmers entfernt, aber es hat Spaß gemacht. Ich hatte dabei die Möglichkeit, ihm die Bedienung und Beherrschung des Rades zu demonstrieren, was nicht immer einfach, aber meiner Meinung nach durchaus erfolgreich war. Er glänzte wiederum in seinem Metier, in dem mich seine schnelle Fertigstellung und die Übermittlung der Tagesberichte beeindruckte. Hier bewies sich immer wieder, dass ein solch großes Rennen nur dann Erfolg haben kann, wenn jeder an seinem Platz zur Höchstform aufläuft.

Ein Jahr später lernte ich an der Seite von Günther Kumm den Alltag der Jury-Mitarbeiter kennen. Er war es, der mir einst beim Jugendrennen in Rostock, wegen der weggeworfenen Sturzkappe die Leviten las und mir die einzige Startsperre in meiner Laufbahn aussprach.

Die gesamte Friedensfahrt 1972 begleitete ich aus dieser, besonders für meine spätere Trainertätigkeit sehr interessanten Jury-Perspektive. Als Rennfahrer dachte ich eigentlich wenig darüber nach, was von den Kampfrichtern hinter den Kulissen zwischen Start und Ziel eines Rennens so alles geleistet werden muss. Ich hatte vorerst eine kleine „Rolle" zu übernehmen und war zuständig, das Fahrerfeld daraufhin zu beobachten, ob die Fahrweise der Aktiven den Regeln entspricht oder bei der Verpflegungsannahme alles in Ordnung geht. Das hört sich vielleicht einfach an, jedoch ist der Radsport eine sehr schnelle und temporeiche Sportart und es ist nicht immer leicht, in dem großen Pulk Einzelheiten zu erkennen. Daher werden auch immer mehrere Kampfrichter eingesetzt, die letztlich für ihre Entscheidungen gemeinsam verantwortlich sind. Die technische Entwicklung, besonders bei der Zeitnahme und der Platzierung der Fahrer im Etappenziel, ist seither um vieles einfacher und genauer geworden. Die Friedensfahrt war zudem manchmal auch eine recht komplizierte Rundfahrt. Es gab Funktionäre, die das Rennen schon auf gleicher Stufe wie die Tour de France stellen wollten. Darum versuchte man ständig etwas zu verändern, was neben der Organisation insbesondere das Reglement betraf.

Mein Studium beendete ich 1973 mit der Diplomarbeit. Deren Thema lautete: „Ergebnisse einer 8-jährigen sportmethodisch-physiologischen Längsschnittstudie bei einem Leistungssportler". Gegenstand der Untersuchung war meine eigene sportliche Laufbahn und als Mentoren betreu-

Jury-Mitglied bei der Friedensfahrt 1972

ten mich unser langjähriger Teamarzt Prof. Siegfried Israel sowie der später langjährige SRB-Präsident Prof. Dietmar Junker. In dieser Arbeit analysierte ich eine Reihe von Daten aus Training und Wettkämpfen, die Entwicklung biologischer Parameter und zeigte darin auch die Probleme auf, die insbesondere die langen erfolglosen Phasen im DDR-Radsport begründeten. Sie bilanzierte unter anderem auch, dass ich als Aktiver im Zeitraum zwischen 1956 und 1970 insgesamt 254.168 km zurückgelegt hatte, eine Distanz, die etwas mehr als sechs Erdumrundungen auf Äquatorhöhe ergeben hätte. Eine stolze Bilanz, die im Vergleich mit den Trainings- und Wettkampfumfängen heutiger Spitzenprofis allerdings nicht mehr mithalten kann.

Als Trainer am Start

Im Anschluss an das Studium begann ich meine Trainerlaufbahn im Jahr 1973 unmittelbar im Bereich der Leistungsklasse und wurde Disziplintrainer im Straßenradsport. Damit konnte ich mein Wissen und meine Erfahrungen sofort an der Stelle weitergeben, von der ich mich vier Jahre zuvor als Leistungssportler verabschiedet hatte. Inzwischen waren schon einige neue Namen zu festen Größen geworden. So reiste ich mit Gonschorek, Kramer, Milde, Schiffner und Wesemann erstmalig zur Polen-Rundfahrt, die in jenem Jahr von Warschau nach Kalisz führte.

Unser Nachbarland östlich der Neiße, in dem ja einst auch meine Familie beheimatet war, sollte für mich noch sehr oft ein bevorzugtes Ziel beruflicher und privater Reisen werden. Zu jener Zeit stellten die polnischen Fahrer mehrere Jahre lang die Spitze im Amateurradsport. Allen voran Ryszard Szurkowski, der schon 1969 bei der Friedensfahrt für Wirbel gesorgt hatte und sie danach insgesamt viermal gewinnen sollte. Neben ihm hatten sich Stanislaw Szozda, Tadeusz Mytnik, Janusz Kowalski und einige andere, zu starken Fahrern entwickelt. Der Verband hatte ihnen die Möglichkeiten geschaffen, an vielen internationalen und hochkarätig besetzten Rennen teilzunehmen. So dominierten sie schließlich auch gleich mehrfach die Entscheidungen bei den Weltmeisterschaften, wo sie sowohl im Einzelrennen, als auch im Mannschaftsfahren, einige Titel erkämpften.

Wir waren in der DDR erst dabei, Schritt für Schritt wieder an die Spitze vorzudringen. Auch bei uns hatte nun endlich eine Entwicklung eingesetzt, welche die Starts unserer Nationalmannschaftskader auf internationaler Ebene wieder in größerem Umfang möglich machte. Zwar fuhren wir mit unseren Aktiven überwiegend noch bei Rennen in unseren „Bruderländern“, doch nahm der Anteil von Starts im „nichtsozialistischen Ausland“ deutlich zu. Insbesondere in Belgien starteten regelmäßig DDR-Mannschaften.

Ich arbeitete von Beginn an in einer Doppelfunktion. Zum einen war ich Klubtrainer der DHfK-Radsportsektion und zum anderen Disziplintrainer unseres Verbandes. In Leipzig betreute ich daher einen Kreis „eigener“ Sportler und darüber hinaus die Straßennationalmannschaft. So auch bei der Friedensfahrt, die ich 1974 zum ersten Mal in der Funktion des Trainers begleitete.

Sein FF-Debüt bestritt in jenem Jahr der Cottbuser Hans-Joachim Hartnick, der bis Anfang der 80er Jahre noch einige große Erfolge feiern sollte. Zusammen mit Karl-Dietrich Diers, Dieter Gonschorek, Michael Milde, Wolfram Kühn und Michael Schiffner gelang es ihm in jenem Jahr zwar noch nicht, sich im Gesamtklassement gegen die polnischen und sowjetischen Fahrer durchzusetzten, doch mit zwei Etappensiegen feierte er einen respektablen Einstand.

Den ersten Grund zum Feiern hatte die Mannschaft schon am dritten Tag in Poznan. Nach zwei kalten und windigen Renntagen war es sonnig geworden und Rückenwind beschleunigte die Fahrt. Ich rechnete deshalb schon mit einer Massenankunft. Am Ende der 145 km langen Distanz gab es dann aber zahlreiche Vorstöße, bei denen sich auch die Fahrer unserer Mannschaft ordentlich engagierten. Acht Kilometer vor dem Ziel sprang eine achtköpfige Gruppe davon, zu der schließlich auch Hartnick, mit neunzehn Jahren damals der jüngste Fahrer des Feldes, noch den Anschluss fand. Mit dabei war auch UdSSR-Sprint-As Walerie Lichatschow, gegen den im direkten Vergleich wohl kaum eine Chance bestand. Dessen war sich Hans-Joachim bewusst und er setzte genau 1000 m vor dem Ziel alles auf eine Karte und attackierte. Zwar kamen die Verfolger noch recht nahe heran, aber für ihn reichte es im Poznaner Stadion dennoch zu einem eindrucksvollen Tagessieg. Das war natürlich ganz nach meinem Geschmack, hatte ich doch noch vor wenigen Jahren auf diese Art eine Vielzahl von Erfolgen eingefahren.

Mit Wolfram Kühn (links) und Michael Schiffner (Mitte) nach einer Etappenankunft

Die Motivation der Mannschaft war sehr hoch, auch wenn wir nach dem schweren Sturz von Karl-Dietrich Diers, auf dem Weg nach Zielona Gora, nur noch fünf Fahrer im Rennen hatten. Am Morgen des fünften Tages gingen alle sehr konzentriert in das 48 km lange Einzelzeitfahren. Ich fuhr den Materialwagen hinter Dieter Gonschorek, unserem vermeintlich besten Zeitfahrer. Als wir in Gorzow ankamen, war ich total heiser. Ich hatte Dieter ständig aus dem Auto heraus angefeuert und es hatte sich gelohnt! Er gewann das Rennen gegen die Uhr mit sieben Sekunden Vorsprung vor dem Finnen Hannus und dem „Gelben“ Mytnik, schob sich dadurch auf den zweiten Platz der Gesamtwertung nach vorn.

Am achten Tag stand die „Berlin-Etappe“ auf dem Programm. Für mich als Trainer erzeugten die Erwartungen der Partei- und Sportfunktionäre an das Abschneiden der Mannschaft in der Hauptstadt den gleichen Druck, wie ich ihn bereits zu meinen aktiven Zeiten gespürt hatte. Sollte es im Jahn-Stadion zu einem Massenspurt kommen, schien Michael Milde die besten Karten zu haben, er war im Verlaufe der bis dahin ausgetragenen Sprintfinals schon einmal Zweiter geworden. In seiner Heimatstadt Berlin besaß er möglicherweise einen Heimvorteil, schließlich hatte er 1972 an gleicher Stelle schon einen Tagessieg erspurtet. Die Taktik war also auf ihn abgestimmt, sollte es zu einem Sprint des Feldes kommen. Natürlich lassen sich Radrennen nicht auf dem Reißbrett planen und so müssen auch mehrere Varianten ausprobiert werden, um den angestrebten Erfolg zu erringen. Im Finale sprang daher Wolfram Kühn vom Feld weg und versuchte sein Glück. Nachdem es ihm jedoch nicht gelungen war, sich entscheidend abzusetzen, attackierte Hartnick. Seinem Antritt, drei Kilometer vor dem Ziel, konnte jedoch keiner widerstehen und so erreichte der „Lange“ als Solist das Zielstadion. Das Publikum tobte und die Funktionäre waren sehr zufrieden.

Dieser erfolgreiche Verlauf der Fahrt hielt die Motivation unseres DDR-Quintetts auf einem hohen Niveau. Während sich Stanislaw Szozda mit weiteren Tagessiegen die Spitzenreiterposition erkämpfte, fuhr Michael Milde in Leipzig und Karl-Marx-Stadt jeweils einen Podiumsplatz ein. Bei dem scheinbar unaufhaltsamen Siegeszug Szozdas hielt sich zunächst auch Dieter Gonschorek sehr gut. In Sokolov erreichte er als Zweiter einer zehnköpfigen Spitzengruppe, die mehrere Minuten Vorsprung hatte, das Stadion. Er geriet nach der Einfahrt gegen die Steinkante des Innenraumes. Danach platzte ihm der Reifen, Speichen rissen. Als er den Zielstrich erreichte, brach just in diesem Moment das Vorderrad zusammen und er stürzte. Es entstand damals ein spektakuläres Foto – Dieter verletzte sich zum Glück nicht. Bis nach Usti nad Labem hielt er sich auf dem zweiten Rang der Gesamtwertung, doch auf dem bergreichen Weg nach Mlada Boleslaw verlor er viel Zeit. Der härteste Tagesabschnitt erwartete die Mannschaft am Schlusstag, von Mlada Boleslav ging es nach Prag. Hartnick lag als der beste DDR-Fahrer hinter dem Polen Szozda auf dem siebenten Rang des Einzelklassements und in der Mannschaftswertung behaupteten unsere Männer den dritten Platz. Dazu die drei Etappensiege – eigentlich konnten wir recht zufrieden sein. Bei kühlem und regnerischen Wetter, dass sogar ein heftiges Gewitter bereithielt, versuchten die CSSR-Fahrer alles daranzusetzten, uns den dritten Rang im Teamklassement streitig zu machen. Das gelang ihnen dann auch, weil sie im Gegensatz zu unserer Mannschaft einen ihrer Fahrer in der fünf Kilometer vor dem Ziel auf dem Prager Strahov entstandenen Spitzengruppe dabei hatten und durch den Vorsprung und die Zeitgutschriften um wenige Sekunden in der Teamwertung an uns vorbeiziehen konnten. Auch Hans-Joachim Hartnick büßte nochmal einen Rang im Einzelklassement ein. Stanislaw Szozda feierte indessen nach einem sechsten Tageserfolg auch den Gesamtsieg, seine Mannschaft sicherte sich die immer noch sehr begehrten Blauen Trikots.

Als verantwortlicher Trainer konnte ich resümieren, dass unser DDR-Team im Gegensatz zum Vorjahr eine deutlich bessere Figur gemacht hatte und der Weg an die Spitze, repräsentiert durch die Polen, die Sowjets oder die CSSR-Aktiven, nun nicht mehr so weit war. Allen voran überzeugte natürlich der neunzehnjährige Hans-Joachim Hartnick, der mit seiner beherzten Fahrweise bereits demonstrierte, zu was er in einigen Jahren, mit noch mehr Erfahrung, fähig sein könnte.

Zu Hause unternahmen unsere Kinder schon seit einiger Zeit die ersten erfolgreichen Schritte ihrer sportlichen Zukunft. Sybille und Uwe waren jeweils zu Beginn ihrer Schulzeit für das Schwimmen gesichtet worden.

Fortan nahmen sie an regelmäßigem Training teil und strebten nun Spartakiadeerfolge und eine Delegierung zur Kinder- und Jugendsportschule an. Für uns als Eltern, die selbst Leistungssportler waren, eine Entwicklungsrichtung, die wir begrüßten. Für Waltrauts Arbeit als Lehrerin und meine Tätigkeit als Trainer, die uns immer auch über die normale Arbeitszeit hinaus beanspruchten, war diese Freizeitbeschäftigung unserer Kinder eine gute und sinnvolle Angelegenheit.

Ein Aufwärtstrend wird erkennbar

Im August 1974 konnte dann der Aufwärtstrend im DDR-Radsport bestätigt werden, als bei den Weltmeisterschaften in Montreal unser Vierer mit Hartnick, Diers, Lauke und Tischoff hinter Schweden und der UdSSR zur Bronzemedaille fuhr. In Richtung des Nahzieles „Olympische Sommerspiele 1976", die ja auch in der kanadischen Hauptstadt ausgetragen werden sollten und zu denen noch zwei Jahre Vorbereitungszeit verblieben, schienen wir recht gut im Plan. Das Ergebnis des Straßeneinzelrennens, bei dem sich der Pole Janusz Kowalski den Titel sicherte, ließ allerdings wieder einmal einiges zu wünschen übrig. Hinter einer 11-köpfigen Spitzengruppe, kamen Diers und Hartnick mit fast einer Minute Rückstand als 20. bzw. 22. ins Ziel. Aber WM-Rennen sind eben immer auch eine Lotterie und können nicht immer den konkreten Leistungsstand zeigen.

Die Teilnahme des schwedischen Weltmeisterquartetts, sowie einiger starker Belgier und Niederländer, half der Anfang September ausgetragenen DDR-Rundfahrt zu einem recht ordentlichen Anspruch. Dieser war nach wie vor dringend notwendig, weil wir trotz der erweiterten Startmöglichkeiten in Westeuropa, auch bei den wichtigsten Rennen in unserem Land, Vergleichsmöglichkeiten benötigten. Die Qualität in der Organisation unserer Rennen hatte zudem ein solch hohes Niveau, dass man sich damit keineswegs verstecken brauchte. Insbesondere die DDR-Rundfahrt hatte rundum einen sehr guten Anspruch, stellte den letzten großen Höhepunkt in dieser Saison dar.

In Forst brillierte Hans-Joachim Hartnick zum Auftakt mit einem deutlichen Sieg im Einzelzeitfahren. Am nächsten Tag sicherte sich Michael Milde nach Zielfotoentscheid den Tageserfolg vor dem Niederländer van Katwijk. Nachdem Milde auch in Berlin gesiegt hatte, übernahm er in Dresden dann durch einen Sturz von Hans-Joachim Hartnick das Gelbe Trikot. Der wiederrum holte es sich gleich darauf auf dem Weg nach Nordhausen wieder zurück und kam am Folgetag auch als Gesamtsieger ins Ziel. Der „Lange" hatte mit diesem Ergebnis seine Erfolgsbilanz, zu der auch der DDR-Meistertitel im Straßeneinzel gehörte, für diese Saison noch einmal deutlich ergänzen können. Auch der damals noch 18-jährige Bernd Drogan, wie Hartnick vom SC Cottbus und im Klub von Eberhard Pöschke trainiert, zeigte als Mitglied der siegreichen DDR-Auswahlmannschaft, dass da wohl gleich noch ein weiteres Talent heranwächst.

Auch im Leipziger Sportklub der DHfK entwickelte sich eine hoffnungsvolle Radsportler-Generation. An der Seite von Michael Schiffner, Dietmar Käbisch, Eberhard Sanftleben und Horst Tischoff trainierte zum Beispiel der 22-jährige Bernd Fischer, der bei verschiedenen Rennen, wie u.a. bei der Internationalen Woche als „Bester Nachwuchsfahrer" geglänzt hatte. Noch im Juniorenbereich zeigte Andreas Petermann bereits international auf Bahn und Straße, dass auch er gute Entwicklungschancen besaß. Um die jungen Nachwuchsfahrer möglichst schnell an die Spitze heranzuführen, gab man ihnen Gelegenheit, sich u.a. bei den Friedensfahrt-Vorbereitungsrennen mit den Männern zu messen. Außerhalb der Etappenwertung gewann so Petermann ein Zeitfahren der Jugend in Gera und distanzierte seine Konkurrenten um Volker Winkler aus Cottbus recht deutlich.

Für eine Nominierung zur Friedensfahrt 1975 reichte es nur für Michael Schiffner, der im Mai dann einmal mehr als Kapitän unserer DDR-Mannschaft eingesetzt wurde. Gemeinsam mit Diers, Hartnick, Kühn, Lauke und Milde startete er in Berlin in die „28.", die ich wieder als Auswahltrainer betreute.

Gleich zu Beginn sorgte Hans-Joachim Hartnick am Ziel in Magdeburg für einen DDR-Etappensieg, nachdem er, wie beinahe schon üblich, 1000 m vor dem Ziel das Weite gesucht und als Solist das Zielstadion erreicht hatte. Damit übernahm er auch das Gelbe Trikot, das er am Folgetag zunächst um zwei Sekunden an CSSR-Fahrer Moravec verlor, auf dem Weg nach Karl-Marx-Stadt aber wieder zurückeroberte. Die Begeisterung der Zuschauer in der DDR war groß, schließlich hatte zwei Jahre lang keiner unserer Aktiven das „Gelbe“ getragen.

Das Sekundenduell an der Spitze führte auf dem Weg nach Prag dann zu einem erneuten Wechsel und Ryszard Szurkowski zog das Führungslaibchen über, das er bis zum Endziel in Warschau nicht mehr abgeben sollte. Hinter ihm arbeitete sich Hartnick jedoch innerhalb weniger Etappen bis auf den zweiten Platz nach vorn. Diesen verteidigte der Cottbuser bis zum Finale und durch den sechsten Rang von Gerhard Lauke schnitt die Mannschaft mit einem ausgezeichneten Ergebnis ab. Nicht zuletzt trug dazu auch der zweite Platz in der Teamwertung bei, auch wenn der Rückstand auf die UdSSR mit 8½ Minuten recht groß ausgefallen war.

Der weitere Saisonverlauf war dann auf die Weltmeisterschaft im belgischen Mettet ausgerichtet. Ich fuhr zunächst mit einem Nationalteam zur international stark besetzten Bohemia-Tour nach Novy Bor. Dort trafen wir auch wieder auf eine Mannschaft aus Westdeutschland, in der der spätere Querfeldeinweltmeister Klaus-Peter Thaler aufgeboten war. Die BRD-Fahrer waren damals recht erfolgreich, hatten sie doch auch bei der Friedensfahrt durch Peter Weibel ihren ersten Tagessieg überhaupt eingefahren. Aus unseren Reihen überzeugte, nach dem frühen und sturzbedingten Ausscheiden von Lothar Pfuhl, der Erfurter Wolfram Kühn zum Abschluss der „Bohemia“ mit einem Etappensieg. Das tröstete über unser sonst recht mageres Abschneiden auf den vorangegangenen Etappen hinweg.

Die erste Garde unserer Straßenfahrer war wenige Tage später beim Forster Olympia-Preis, einem international besetzten 100 km-Mannschaftszeitfahren am Start. Dort suchte Wolfram Lindner als Verbandstrainer die bestmögliche Formation für unser WM-Quartett und schien sie mit Hartnick, Diers, Drogan und Lauke gefunden zu haben.

Ich startete dann Mitte Juli wieder in Richtung Polen und begleitete unsere WM-Kader zu einer Sternfahrt ins polnischen Sudetengebirge, die ganz klar von den starken polnischen Aktiven dominiert wurde. Für unsere Fahrer lief es nicht schlecht, aber es blieb noch einiges zu tun, um den Leistungsvorsprung unserer Nachbarn aufzuholen. Wenige Tage darauf ging es dann zur noch stärker besetzten Schottland-Rundfahrt nach Glasgow. Wieder sammelten die polnischen Fahrer durch Szozda, Szurkowski und Boniecki jede Menge Tageserfolge und stellten mit Nowicki auch den Gesamtsieger. Unsere Männer hatten jedoch nicht mehr die Verfassung aus der Vorwoche. Hans-Joachim Hartnick hatte zudem nach einem Sturz viel Zeit verloren, kämpfte dennoch aber wie gewohnt. Gerhard Lauke und Wolfram Kühn traten wegen Magenproblemen nicht mehr zur Schlussetappe an, bei der Michael Schiffner mit seinem zweiten Rang wenigstens einen Spitzenplatz herausfahren konnte.

Im Anschluss an die Schottland-Tour erwartete unsere Nationalfahrer zu Hause die DDR-Rundfahrt als letzter wichtiger Test vor den Weltmeisterschaften. Umfangreicher als bisher setzten sich zwischen Neubrandenburg und Görlitz dort die Gäste aus der Schweiz, den Niederlanden oder der CSSR mit Tageserfolgen ins Szene. Allerdings sorgte Hans-Joachim Hartnick mit seinem Etappensieg am Ende der dritten Etappe in Forst dafür, das er schließlich zum zweiten Mal nach 1974 als DDR-Rundfahrtsieger geehrt werden konnte. Aus meiner Perspektive als Leipziger Klubtrainer waren die Podiumsplatzierungen von Schiffner und Käbisch ein sehr ordentlicher Erfolg. Michael Schiffner hatte Hartnick nach der vorletzten Etappe sogar das Gelbe Trikot abgenommen, musste es am Schlusstag aber wieder an den Cottbuser Nationalmannschaftskollegen abtreten. Eberhard Sanftleben als Dritter im Bunde hatte neben seinem Etappensieg in Görlitz auch noch das Violette Trikot des Aktivsten Fahrers gewonnen und Youngster Andreas Petermann war es als Jugend A-Fahrer gelungen, in der zweiten DDR-Auswahl startend, die Wertung des „Besten Nachwuchsfahrers“ für sich entscheiden.

Unmittelbar vor der Abreise zur Weltmeisterschaft in Belgien, rief noch unser ältester Klassiker „Rund um Berlin“ zum Start. Ich war dabei für unseren WM-Kader verantwortlich, durfte mich am Ende aber über einen DHfK-Erfolg durch den 22-jährigen Eberhard Sanftleben freuen. Im Spurt einer sechsköpfigen Spitzengruppe hatte er Wolfgang Lötzsch

Erfrischung für Hans-Joachim Hartnick

und Eberhard Schimbor bezwungen. Die Nationalfahrer bewiesen mit Platzierungen im Vorderfeld, dass sie gut vorbereitet in die WM-Rennen gehen würden.

In Mettet waren unsere Hoffnungen dann darauf gerichtet, nach der Bronzemedaille vom Vorjahr auch diesmal wieder etwas zu den Spitzenteams aufgeholt zu haben, denn es blieben nur noch 12 Monate bis zu den Olympischen Spielen. Da war eine neue Standortbestimmung sehr wichtig, wobei sie auch zeigen sollte, wieviel wir mit neuen Methoden erreicht hatten, um die Saisonvorbereitung weiter zu optimieren. Angesichts des Favoriten-Trios aus UdSSR, Schweden und Polen, rechnete ich für unser Quartett mit einem Platz zwischen Position vier und acht.

In der Besetzung Diers, Drogan, Hartnick und Lauke schickten wir unser Quartett bei bestem Wetter in die 100 km lange Prüfung. Wie nicht anders erwartet, bestimmten die sowjetischen Fahrer schon bei der ersten Zeitnahme das Rennen vor der polnischen Equipe und überraschenderweise vor dem Team aus der CSSR. Unsere Mannschaft lag zunächst auf dem siebenten Rang. An der Spitze blieb es bis zum Schluss bei einem Dreikampf, den am Ende die polnische Mannschaft mit nur fünf Sekunden Vorsprung für sich entscheiden konnte. Im letzten Viertel der Distanz gelang es unseren Männern sich wenigstens um eine Position an den Dänen vorbeizuschieben und auf den sechsten Platz zu fahren – rund vier Minuten hinter Szurkowski & Co. Auch wenn damit das Resultat von Montreal nicht wiederholt werden konnte, dieser Vierer hatte zumindest meine vorherigen Erwartungen bestätigt.

Im Straßeneinzelrennen der Amateure starteten für die DDR die Teilnehmer des Mannschaftszeitfahrens sowie Rainer Salan und Michael Schiffner. Am Ende siegte der Niederländer Adrianus Gevers, der kurz zuvor noch hinter dem Karl-Marx-Städter Harald Wolf Zweiter des Einzelzeitfahrens der DDR-Rundfahrt geworden war. Als Bester unserer Fahrer erreichte Karl-Dietrich Diers das Ziel, der an der Spitze einer dreiköpfigen Gruppe als Neunter einkam. Nur wenige Sekunden dahinter platzierte sich Hans-Joachim Hartnick als Zwölfter. Bernd Drogan war wegen eines Sturzes in der ersten Runde weit zurückgefallen, ehe er aus dem Rennen genommen werden musste. Es war sein erstes WM-Einzelrennen bei den Männern und er sollte noch mehrfach Gelegenheit haben, sich viel besser in Szene zu setzen!

Visionen, Erfolge und Ernüchterungen

Für das Olympiajahr waren die Maßstäbe von den Funktionären wieder weit nach oben geschraubt worden. Natürlich hatten auch wir Trainer, ob nun in den Klubs oder im Bereich der Nationalmannschaften auf Straße und Bahn, große Visionen. Nur zu gern hätten wir das Patenrezept gefunden, noch schneller aus den Erkenntnissen der Sportwissenschaftler die Entwicklung des Radsportes voranzutreiben, Weltmeister und Olympiasieger hervorzubringen. Der deutliche Aufwärtstrend war erkennbar, doch die Früchte der Arbeit wohl erst mit der Generation Rennfahrer zu ernten, die gerade den Übergang in die Männerklasse vollzogen hatte.

Zum Traineraustausch in Schweden mit Wolfram Lindner (links) und dem Trainer der Petterson-Brüder

Die Saisonvorbereitung auf die Höhepunkte 1976 konnte mit einer noch größeren Anzahl von Auslandstarts als bisher durchgeführt werden. So gingen unsere Auswahlfahrer Ende März wieder bei mehreren Rennen in Belgien an den Start. Unter Beteiligung namhafter Konkurrenz holte sich Michael Schiffner einen Sieg und auch seine Teamkollegen wie Petermann, Kletzin oder Schmeißer hielten sich mit Podestplätzen schadlos. Zum ersten Mal starteten Fahrer unseres Verbandes damals auch bei der französischen „Tour du Vaucluse", bevor unsere nationalen Ausscheidungsrennen für die Friedensfahrt absolviert werden mussten. Bei der Rundfahrt in Frankreich erwies sich Hartnick als der Stärkste und ging danach auch als Gesamtsieger aus der Fünf-Etappenfahrt auf den DDR-Streckenabschnitten der Friedensfahrt hervor. Zusammen mit ihm wurden dann Diers, Lauke, Petermann, Salan und Schiffner für die Teilnahme an der 29. Friedensfahrt nominiert. Verbandstrainer Wolfram Lindner war Mannschaftsleiter und ich hatte wieder, die Funktion als Auswahltrainer inne.

Kurz vor dem Start waren wir als Trainer der Ansicht, dass Ersatzfahrer Bernd Drogan in den letzten Rennen unmittelbar vor der Friedensfahrt, wohl doch in besserer Form schien als Rainer Salan und so nahmen wir vor dem Abflug nach Prag noch eine Umstellung der Mannschaft vor. Für Salan sicher eine bittere Pille, für Drogan der Beginn einer langen und erfolgreichen FF-Karriere.

Die Friedensfahrt `76 entwickelte sich dann zu einem Radsportfest der besonderen Art, vor allem für die Radsportfans in der DDR. Zunächst lief es aus unserer Sicht in punkto Tagesplatzierungen weniger erfolgreich. Die Mannschaft ließ aber auch auf dem sehr bergreichen Kurs der ersten Etappen nichts anbrennen, Hartnick fuhr zwei Tage lang im Grünen Bergtrikot, Schiffner seit der zweiten Etappe bereits im „Violetten" des „Aktivsten Fahrers". Mit Nikolai Gorelow behauptete bis zum dritten Tag ein Fahrer aus der UdSSR die Führung im Gesamtklassement, bevor er sie auf dem Weg nach Poprad an seinen Teamkollegen Sergej Morosow verlor. Doch seine Zeiteinbuße wäre sicherlich weit größer ausgefallen, wenn nicht unser Mechaniker Alfons Kindermann so umsichtig gewesen wäre und nach einem Massensturz im Feld, kurz vor dem Ziel in Poprad, Gorelow eine Ersatzmaschine zugeschoben hätte. Der sowjetische Fahrer hat es ihm später herzlich gedankt. Zuvor erreichten jedoch am Ende der vierten Etappe erst zwei sowjetische Aktive das Ziel, ehe ihnen eine siebenköpfige Gruppe mit Lauke und Hartnick folgte. Das sollte eine kleine Vorentscheidung im Kampf um den Gesamtsieg werden.

Danach gab es wieder einmal in Stary Smokovec einen Ruhetag. Doch ehe dann das Feld in Tatranska Lomnica zum Start der vierten Etappe antrat, hatte es einen heftigen Kälteeinbruch gegeben. Eisige Temperaturen und sogar Schneevorhersagen für die wichtigsten Steigungen dieser Etappe machten uns unruhig. Wolfram Lindner besorgte zusätzliche Handschuhe, die Fahrer zogen mehrere Trikots übereinander. Am Start hatte der Rumäne Mircea Romascanu ein besonderes Problem. Er hatte seine Sturzkappe nicht in seine Sporttasche gesteckt, die man im Begleitfahrzeug deponiert, sondern hatte sie versehentlich in den Koffer gepackt, der von den Helfern gleich nach der Abfahrt vom Hotel auf die Bagagetransporte verladen worden war. Ich gab ihm einen unserer DDR-Rennhelme, die damals vom westdeutschen Rennfahrer Jürgen Trott hergestellt wurden!

Die Unwetter-Etappe zwischen Tatranska Lomnica und Krakau ist bei den Beteiligten bis heute noch in aller Munde. Schneeräumkommandos waren auf den Straßen hinauf zu den Bergwertungen eingesetzt. Dort wo es nicht schneite, regnete es in Strömen. In den Bergen machte der Nebel und die Glätte die Abfahrten kreuzgefährlich. Michael Schiffner musste in einer entscheidenden Rennsituation sein Rad wechseln, weil seine Kette festgefroren blockierte. Viele Fahrer verloren eine Menge Zeit. Wir fuhren mit unseren Materialwagen ständig an Männern vorbei, die wie Gorelow oder Morosow sogar das Gelbe Trikot getragen hatten und nun viele Minuten auf die Spitze einbüßten. Auf den Abfahrten sahen die Rennfahrer und wir Trainer am Steuer der Begleitfahrzeuge fast nichts – alles grau in grau. Vorn kämpfte Hans-Joachim Hartnick schließlich in einer vierköpfigen Spitzengruppe um den Tagessieg. Er wurde Etappenzweiter hinter CSSR-Fahrer Pavel Galik und eroberte das Gelbe Trikot. Dahinter rollten mit rund einer Minute Rückstand, bis auf Karl-Dietrich Diers, alle DDR-Fahrer ins Ziel. Die Duschen liefen danach ewig, bis sich alle wieder einigermaßen wohlfühlten. Besser als gedacht, hatte sich unsere Mannschaft bei dieser extremen Härteprüfung geschlagen.

Die Berge dieser Fahrt lagen in Krakau dann schon komplett hinter den Fahrern, die typisch polnischen Flachetappen standen nun bevor. In Kielce unterlag Gerhard Lauke dem polnischen Sprint-As Szozda nur knapp, beim Zeitfahren in Warschau platzierten sich vier DDR-Fahrer unter den ersten Zehn und Hartnick bestätigte seine Leader-Position. Mit einem weiteren Etappensieg in Poznan und der damit verbundenen Zeitgutschrift schob sich Szozda bis auf 19 Sekunden an Hartnick heran. Es wurde brenzlig. Als wir unter großem Jubel das Gebiet der DDR erreicht hatten, stand zwischen Forst und Cottbus ein 24 km langes Zeitfahren auf dem Programm. Mit einem zweiten Platz hinter Nikolai Gorelow, konnte „der Lange" wieder viel Boden auf Szozda gutmachen, der nun mit 1:22 min Rückstand wieder etwas weiter zurücklag. Besonders erfreulich war aber auch, dass Drogan, Schiffner, Lauke und Petermann die Plätze 4 bis 7 belegten und damit im „Kampf gegen die Uhr" erneut ein ganz ausgezeichnetes Resultat zustande gekommen war.

Auf dem Weg nach Leipzig hatten wir vielleicht zwanzig Kilometer hinter uns, als ich Hartnicks „Gelbes" am Ende des Feldes sah. Er zeigte mir, das ihm im Hinterrad eine Speiche gerissen war und wir gaben uns Zeichen, wann wir wo, so unauffällig wie möglich, das Rad wechseln wollten. Doch das, was wir damit verhindern wollten, begann in genau diesem Moment – die polnische Mannschaft um Stanislaw Szozda ging zum Angriff über! Mit vereinten Kräften hatten sie sich an der Spitze des Feldes in eine wilde Raserei gestürzt, Hartnick musste ohne neues Hinterrad nach vorn. Die Sturmfahrt dauerte etwa zwanzig Kilometer lang, ehe Szozda Hartnick sagte, er könne sich nun ruhig zurückfallen lassen um den Schaden zu beheben. Der Pole hielt sein Wort und Alfons Kindermann konnte den „Langen" helfen – eine faire Geste.

In Leipzig angekommen, unterlag Michael Schiffner CSSR-Fahrer Antonin Bartonicek im Stadionspurt – nur zu gern hätte er in seiner Heimatstadt gewonnen. Doch noch hatte er das Violette Trikot auf seinen Schultern, das einen ebenbürtigen Erfolg darstellen konnte – wenn man es bis zum Endziel verteidigt. Natürlich war unser Hauptanliegen auf den letzten beiden Etappen, das Gelbe Trikot und damit den ersten DDR-Gesamtsieg seit 1968 abzusichern. Das „Violette" sollte dabei möglichst

„mitverteidigt“ werden. Die Streckenkenntnis unserer Fahrer konnte da durchaus ein entscheidender Vorteil sein, musste aber nicht.

In der Mannschaftsbesprechung vor dem Start der Etappe nach Magdeburg, erinnerte ich nochmal daran, das gleich hinter Leipzig auf einer Autobahnbrücke eine gefährliche Kantenwindstrecke beginnt und geradezu zum Attackieren einlädt. Sicher würde die polnische Mannschaft um Szozda dort zum Angriff blasen. Michael Schiffner war als Mannschaftskapitän hier nicht zuletzt auch im Interesse seines Violetten Trikots gefragt. Doch als es dann soweit war und das Fahrerfeld bei Schkeuditz jene Brücke erreichte, sah ich aus der Position unseres Materialwagens, mit dem ich gleich an erster Stelle fuhr, ausgerechnet Schiffners Startnummer „60“ am Ende des Feldes. Vorn hatten zur gleichen Zeit die Polen eine wilde Jagd entfesselt und nahmen das Feld auseinander. Ich war total sauer und brüllte meine Meinung aus dem Fenster, das nützte nun aber auch nichts mehr, der Zug war abgefahren. Ich konnte es nicht fassen! Eine größere Spitzengruppe war entstanden, in der ausgerechnet auch Schiffners schärfster Konkurrent, der Bulgare Michail Michailow fuhr, aber auch vier DDR-Fahrer mit von der Partie waren. Bei den Sprintwertungen in Halle-Neustadt und Schönebeck setzten Andreas Petermann und Gerhard Lauke alles daran, die Prämienpunkte zu erringen und Michailow so die meisten Zähler wegzuschnappen. Er wurde aber einmal Zweiter und erzielte damit im Kampf um das Violette Trikot zumindest den Gleichstand. Das Feld erreichte übrigens mit rund sieben Minuten Rückstand das Tagesziel.

Am Schlusstag war die Spannung vor dem Start riesengroß. Es ging um Hartnicks Gelbes Trikot und damit um den begehrten Einzelsieg. Außerdem fuhren wir in die Hauptstadt und alles das, was schon immer für die Berlin-Etappe galt, war an diesem 24. Mai 1976 noch bedeutungsvoller. Die ganze Staatsführung saß auf der Tribüne, tausende Zuschauer erwarteten ihre DDR-Mannschaft. Nach der Pleite vom Vortag hieß es nun: absolute Konzentration, wie vor dreizehn Jahren, als es um meinen Gesamtsieg ging.

In Burg wurde das Fahrerfeld herzlich verabschiedet. Die 163 km lange und sehr flache Etappe hielt gleich im ersten Drittel die letzten beiden

Sprintwertungen dieser Fahrt bereit, bei denen es um das „Violette Trikot“ von Michael Schiffner ging. Er und der Bulgare Michailow hatten jeweils neununddreißig Punkte auf ihrem Konto, der Ausgang im Kampf um den Titel des „Aktivsten Fahrers“ war also noch völlig offen. Vor der ersten Sprintprämie in Genthin setzten sich zunächst drei Fahrer ab, die für die Trikotwertung nicht gefährlich werden konnten – die Entscheidung war auf den letzten Zwischenspurt in Brandenburg vertagt. Sollte sich die Schlafeinlage von Schkeuditz rächen, oder würde es Schiffner doch noch schaffen? Um die Prämie gab es einen knallharten Spurt. Ein Brite und der Pole Matusiak sprinteten an der Spitze und holten sich die ersten Zähler. Im Kampf um den dritten Platz distanzierte Michailow jedoch Michael Schiffner und holte sich den notwendigen Punkt. Damit war das „Violette“ weg. Nun galt alle Konzentration der Verteidigung des Gelben Trikots von Hans-Joachim Hartnick, der sich unmittelbar vor dem Jahn-Stadion mit vier Begleitern löste und vor 20.000 Zuschauern sogar noch einen großartigen Etappensieg feierte. Besser konnte man dieses Rennen nicht abschließen – er war ein würdiger Sieger dieser Friedensfahrt. Damit war endlich eine lange Durststrecke des DDR-Radsports überwunden.

Ein zweiter großer Höhepunkt dieses Jahres waren auch für uns als Trainer die Olympischen Sommerspiele in Montreal. Doch die erfreuliche Entwicklung der vergangenen zwölf Monate schlug sich dort nicht auch in den erwarteten bzw. von der Sportführung vorgegebenen Leistungen und Platzierungen nieder.

Beim Forster Olympiapreis hatte der DDR-Vierer in der Besetzung Hartnick, Lauke, Schiffner und Diers mit 2:06 h einen damaligen Streckenrekord und Landesbestleistung gefahren. Doch im Olympischen Mannschaftsrennen hatte unsere Vertretung viel Pech. Nach 25 km lagen unsere Männer nur 45 Sekunden hinter der führenden UdSSR-Mannschaft. Doch im weiteren Verlauf hatten Hartnick und Diers jeweils Reifenschäden und das ging nicht ohne deutliche Zeiteinbuße an unserem Team vorüber. Am Ende landeten wir auf dem zehnten Platz. Das abschließende Straßeneinzelrennen „überlebte“ nur Karl-Dietrich Diers, der im Spurt der Verfolger des Solisten Bernt Johansson den 16. Rang belegte. Der radsportliche Mai-Jubel war bei unserer Sportführung ganz rasch verflogen.

Uwe macht ernst

Bei der Friedensfahrt gelangen uns in den Folgejahren zwar weitere schöne Tageserfolge durch Siegbert Schmeißer oder Bernd Drogan und 1979 wurde Andreas Petermann sogar Gesamtzweiter des Rennens. Doch mit den Fahrern aus der UdSSR erwuchsen uns in jenen Jahren recht überlegene Gegner, wie es Anfang der siebziger Jahre noch die polnischen Aktiven um Ryszard Szurkowski für uns gewesen waren. Insbesondere der Leningrader Sergej Suchorutschenkow erwies sich zwischen Berlin, Warschau und Prag als beinahe übermächtig, ehe er sich in Moskau 1980 den Olympiasieg holte.

Doch zurück zum Jahr 1979. Es gab für unsere Familienchronik ein Ereignis, was Folgen haben sollte. Nachdem schon unsere Tochter Sybille ihre sportlichen Laufbahnen als Schwimmerin und Ruderin beendet hatte, schien es auch bei Uwe, der immerhin Spartakiadesieger war, nicht mehr so erfolgreich weiterzugehen. Er hatte inzwischen, natürlich bedingt durch meine Laufbahn als Rennfahrer und die Tätigkeit als Trainer, am Radsport Gefallen gefunden und sich auch auf dem Rennrad zu bewegen gelernt. Er wollte vom Schwimmen zum Radsport wechseln. Das war damals eigentlich nicht der normale Weg eines Leistungssportlers in der DDR, aber warum eigentlich nicht. Das sein Wunsch nicht nur ein Strohfeuer war, erlebte ich auf recht schmerzliche Art.

Wir waren alle zusammen im Sommerurlaub in Neuglobsow und feierten am letzten Abend mit unseren Gastgebern eine zünftige Abschiedspartie. Wir haben gegrillt und uns alles schmecken lassen, was bei solchen Vergnügungen so auf den Tisch kam. Uwe überraschte mich plötzlich mit dem Einfall, er und ich könnten doch mit unseren Rennrädern bis zur Tante nach Zerbst fahren. Ich lachte „Du, und mit dem Rad bis nach Zerbst fahren! Da brauchst Du richtig Power, das sind mehr als 250 km!“. Uwe wettete, er würde das schaffen, ich hielt dagegen. Nachdem er im Bett verschwunden war, feierten wir Erwachsenen noch lange, ich hatte mächtig einen gepichelt. Am nächsten Morgen hieß es natürlich Wort halten, auch wenn es mir sehr recht gewesen wäre, wir hätten die Wette vergessen und wären in Ruhe mit dem Auto heimgefahren.

Der Weg war weit, aber Uwe hielt sich wacker. Er hatte gut daran getan, rechtzeitig ins Bett zu gehen und konnte diesen Vorteil ausnutzen. Wir schafften es bis nach Zerbst, ich aber war fix und fertig. Mir hatte er bewiesen, dass es mit seinem Interesse am Radsport durchaus ernst war und so setzte ich mich dafür ein, dass er in die Radsportsektion der DHfK wechseln konnte. Dort begann er im Alter von fünfzehn Jahren in der Jugendklasse und fuhr im September 1979 sein erstes Rennen.

Leipziger Radsport-Traditionen wiederbelebt

Seit dieser Zeit hatten sich auch die Aufgabenbereiche innerhalb unseres Radsportverbandes etwas verschoben. Ab der Saison 1979 hatte Wolfram Lindner als Nationaltrainer die Gesamtverantwortung über den Straßenbereich und begleitete die Auswahlfahrer insbesondere zu den großen Höhepunkten. Die Friedensfahrt z.B. hatte ich 1978 letztmalig in der Funktion des Trainers bestritten. Meine Konzentration galt nun neben gelegentlichen Auslandseinsätzen mit den Nationalfahrern meiner Arbeit als DHfK-Klubtrainer. Mit Andreas Petermann konnten wir im August 1979 nach neunzehnjähriger Durststrecke wieder einen Weltmeister auf der Straße feiern. Nachdem es 1960 Bernhard Eckstein auf dem Sachsenring gelungen war Einzelweltmeister zu werden, holte sich „Piepe" den Titel im DDR-Vierer zusammen mit Hans-Joachim Hartnick, Bernd Drogan und Falk Boden. Jetzt war das Vierer-Desaster von Montreal völlig vergessen und alles war gut.

Nach den Olympischen Spielen von Moskau, bei denen der DDR-Straßenvierer die Silbermedaille errang, bereiteten wir die Fahrer auf die Weltmeisterschaften vor, die 1981 in Prag stattfinden sollten.

Auf dem Weg dorthin hatten sich auch die Leipziger Radsportler sehr positiv entwickelt. Martin Goetze war 1980 DDR-Straßenmeister geworden, Andreas Petermann gehörte immer noch zu unseren stärksten Fahrern und gewann 1981 zum zweiten Mal hintereinander die schwere Thüringen-Rundfahrt. Hinzu kamen Bodo Straubel oder Uwe Raab, der auf dem besten Wege war, einmal ein ganz Großer zu werden.

Für die Vorbereitung unseres WM-Einsatzes schickte mich der Verband im Sommer nach Prag zur Beobachtung der CSSR-Meisterschaft, die auf dem WM-Kurs ausgetragen wurde. Mit dieser Reise verbinden sich für mich besondere Erinnerungen, denn ich hätte beinahe das ganze Rennen verpasst. Ich war mit meiner Familie gefahren und wir hatten uns eigentlich auf den Ausflug ins Nachbarland gefreut. An der Grenze gestaltete sich die übliche Grenzkontroll-Prozedur jedoch zu einer bösen Geduldsprobe. Auf der DDR-Seite wurden wir gefilzt, was die Dienstvorschrift hergab. Wir hatten durch das Warten in der ewigen Schlange sowieso schon sehr viel Zeit verloren, aber das war wirklich der Hammer. Seit diesem Tag war ich schon bei dem Gedanken an diese Kontrollen bedient, wenn wieder irgend eine Grenzpassage bevorstand. Als wir in Prag ankamen, lief das Rennen schon, meine Aufgabe konnte ich gerade noch so erfüllen. Wenn auch unsere Mannschaft Ende August dann im Einzelrennen nicht ganz so erfolgreich war, der Weltmeistertitel im Vierer konnte souverän verteidigt werden.

Das regenbogenfarbene Weltmeistertrikot war in jenem Sommer auch das Traumziel von Uwe, der Kandidat für die Juniorenweltmeisterschaften in Grimma war. Das lag ja beinahe vor der Haustür und umso mehr war er motiviert, den Sprung in das Nationalteam zu schaffen. Verantwortlicher Verbandstrainer der Junioren war damals Thomas Gleisner, Verertrainer Norbert Oehlmann. Mit ihnen hatte ich als Kollege und Vater natürlich einen guten Kontakt, um Uwes Entwicklung gut verfolgen zu können. Er war zu dieser Zeit recht erfolgreich, hatte sich innerhalb von zwei Jahren in beeindruckender Manier zu einem ehrgeizigen Rennfahrer entwickelt. Bei der DDR-Meisterschaft der AK 16/18, die auf dem Grimmaer JWM-Kurs ausgetragen wurde, fiel Uwe zunächst als einer der aktivsten Fahrer auf, landete am Ende aber nur in einer abgeschlagenen Verfolgergruppe. An den drei folgenden Tagen gewann er jedoch in Erfurt und Stadtilm gleich drei Rennen hintereinander und empfahl sich nachdrücklich für einen Einsatz bei den Welttitelkämpfen. Gemeinsam mit Dan Radtke, Ralf Wodynski und Frank Jesse wurde er dann auch für das 75 km-Mannschaftszeitfahren nominiert. Dieses wurde bei Engelsdorf auf der Autobahn zwischen Leipzig und Dresden gestartet und das DDR-Quartett erreichte alle drei Zeitnahmen in Bestzeit! Acht Kilometer vor dem Ziel fiel Dan Radtke zurück und die Mannschaft war nur noch zu dritt im Rennen, kein Problem, denn mit dem dritten Fahrer wurde im Ziel die Zeit gestoppt. Doch drei Kilometer vor dem Ziel passierte es – Uwe hatte einen Reifendefekt. Mechaniker Volker Rudolphi wechselte das Rad in Weltrekordzeit und schob Uwe wieder „ins Rennen". Der schloss auf und die Mannschaft gewann mit einer Sekunde Vorsprung vor den sowjetischen Fahrern. Damit hatte Uwe das erste Weltmeistertrikot in unsere Familie geholt, mir war dieser Erfolg bekanntermaßen ja leider verwehrt geblieben. Ein Jahr später verteidigte er den Titel bei der Junioren-WM im italienischen Deruta und sicherte sich damit sogar ein zweites Regenbogenhemd.

Zuvor hatten wir für die Friedensfahrt 1982 erstmals wieder zwei DHfK-Fahrer im Aufgebot platzieren können. Andreas Petermann war zum siebentenmal im DDR-Sextett aufgeboten und Uwe Raab wurde als Ersatzfahrer nominiert. Letzterer hatte sich sehr stark entwickelt und brachte den Spitznamen „Molle" mit, weil er als Kind etwas mollig war und den Radsport ärztlich empfohlen bekam. Er hatte viel daraus gemacht, war dabei nicht nur schlank geworden. Zwar kam er als Ersatzfahrer 1982 noch nicht zum Einsatz, gehörte ab dem nächsten Jahr aber zum Stammaufgebot unserer Nationalmannschaften.

Die Friedensfahrt jenes Jahrganges war für unsere Fahrer sehr erfolgreich verlaufen. Olaf Ludwig hatte fünf Tageserfolge eingefahren und war in Berlin auch verdient Einzelsieger und so praktisch direkter Nachfolger von Hans-Joachim Hartnick geworden. Das Team um Barth, Ludwig, Lötzsch, Boden, Köhler und Petermann trug außerdem vom ersten bis zum letzten Tag die Blauen Trikots und sorgte mit dem Mannschaftssieg für einen Erfolg, den ich selbst noch 1969, und damit das bisher letzte Mal, miterobert hatte.

Anfang September erlebten wir bei der Straßenweltmeisterschaft im britischen Goodwood eine Sternstunde des DDR-Radsports. Auf einem alten Motorradrennkurs verabschiedete sich Bernd Drogan aus einer frühzeitig entstandenen Spitzengruppe. Ich rief ihm bei seinem unvergesslichen Solo als einer der DDR-Streckenposten die Abstände zu den Verfolgern zu und auch wenn das Feld zum Schluss immer näher herankam, er rettete ein paar Sekunden ins Ziel und wurde Weltmeister. Endlich einmal wieder ein Einzeltitel für uns – Wahnsinn!

Mit Andreas Petermann auf der Winterbahn in der Berliner Seelenbinder-Halle

Am Ende dieser so erfolgreichen Saison wechselte Uwe in die Männerklasse und gehörte damit auch zu den Fahrern, die ich zu betreuen hatte. Er war aber in dieser Trainingsgruppe nicht der erste Sohn eines ehemaligen Rennfahrers, denn auch Jan Schur und Uwe Adler hatten ja erfolgreiche Radsportler zum Vater. Anfangs war es für mich natürlich nicht so einfach. Unser Verhältnis Trainer / Sportler sollte keinesfalls den Verdacht der Bevorzugung aufkommen lassen. Es gab damals auch Neider, die der Meinung waren, hier würde ein „Familienclan" entstehen. Die beste Antwort auf solche Ideen war jedoch einzig und allein die sportliche Leistung. Im ersten Männerjahr galt es zunächst erst einmal zu lernen und dazu gab es für Uwe gute Vorbilder.

„Molle" hatte 1983 das Jahr seines Lebens. Bei seinem Friedensfahrt-Debüt holte er drei Etappensiege, half den Einzelsieg von Falk Boden abzusichern und gehörte wie auch Andreas Petermann zur siegreichen Mannschaft in Prag. Andreas hatte sich auf dem Schlussabschnitt endlich einen großen Wunsch erfüllt, nach über 100 km langer Alleinfahrt gewann er die letzte Etappe, hinein in die „Goldene Stadt". Es sollte seine letzte FF-Etappe sein und wie auch ich, hatte er damit acht Friedensfahrten absolviert.

Die Rheinland-Pfalz-Rundfahrt war viele Jahre lang für die DDR-Auswahlfahrer eine gute Vorbereitung auf die Weltmeisterschaften. In den achtziger Jahren wurden die Titelkämpfe ja noch Ende August veranstaltet und entsprechend früher, im Juli, lag die Tour durch die Pfalz, die größte und bedeutendste Rundfahrt in der damaligen Bundesrepublik. Als Trainer fuhr ich 1983 mit einer DDR-Mannschaft um Boden, Drogan, Lötzsch, Ludwig, Petermann und Radtke nach Bad Neuenahr, dem Start- und Zielort des Rennens. Elf Tagesabschnitte waren zu absolvieren und unser Sextett sorgte gleich beim Mannschaftszeitfahren zum Auftakt für einen DDR-Erfolg. Falk Boden und Olaf Ludwig gewannen danach zusammen sechs Etappen, während sich Dan Radtke den Gesamtsieg holte. Für unsere Mannschaft also eine rundum erfolgreiche Tour, bei der ich eine besonders interessante Begegnung hatte. In einem der Etappenorte kam nach der Zielankunft Rudi Altig auf mich zu und lud mich ein, ihn am Abend zu Hause zu besuchen. Die Etappenankunft war entweder in seinem Wohnort oder zumindest ganz in der Nähe und ich wollte diese Möglichkeit schon ganz gern nutzen einmal zu sehen, wie der einstige Profi-Weltmeister lebt. Allein konnte ich das aber nicht entscheiden, schließlich war der Rudi ja einer der „Klassenfeinde“ und wir mussten uns ja eigentlich auf Distanz halten. Bei unseren Auslandsstarts hatten wir immer einen Delegationsleiter dabei, der die „politische Verantwortung“ trug und das war diesmal Werner Gröning vom ASK Frankfurt (Oder), ein Oberst der NVA. Ich fragte ihn und er antwortete: „Wenn Du nichts sagst, sage ich auch nichts.“. So stand einem feuchtfröhlichen Abend bei Familie Altig nichts mehr im Wege. Wir saßen bis zum nächsten Morgen im Weinkeller zusammen und hatten eine schöne Zeit. Es hat keiner unserer Funktionäre je etwas davon mitbekommen.

Drogans WM-Titel vom Vorjahr galt es in der Schweiz zu verteidigen. Unsere Nationalmannschaftsfahrer waren gut vorbereitet und das Unterfangen schien nicht unmöglich. Der schwere Kurs in Altenrhein sah dann auch tatsächlich wieder einen DDR-Fahrer in Front, diesmal war es Uwe Raab. Er war im Finale allein mit dem Schweizer Niki Ruettimann und bezwang ihn klar im Spurt. Damit bescherte er dem Sportclub DHfK nach Schurs und Ecksteins WM-Titel das vierte Regenbogentrikot eines Einzelweltmeisters – die Freude war riesengroß. Die sportlichen Erfolge und der damit verbundene Aufstieg des DDR-Radsports hatten natürlich Ursachen. Lange Zeit waren wir in den sechziger und siebziger Jahren solchen Erfolgen meilenweit hinterhergefahren. Es wäre jetzt müßig hier über das Training unserer Fahrer ausschweifend zu referieren. In Kurzform ausgedrückt könnte man sagen: wenn wir uns an die Planungen und Vorgaben der Funktionäre im Sportverband gehalten hätten, wären weder Friedensfahrtsiege, noch Weltmeistertitel zu Stande gekommen. Der Erfolg unserer Fahrer resultierte aus den langjährigen Erfahrungen, die Trainer wie Werner Marschner in Chemnitz und dann in Gera, Eberhard Pöschke in Cottbus oder eben ich in Leipzig viele Jahre lang gemacht haben. Ich hatte zudem ja noch persönlich die Ratlosigkeit der Trainer meiner aktiven Zeit erlebt und wollte selbst in diesem Beruf voll verantwortlich für etwas Besseres tätig sein. So habe ich es u. a. im Winter oftmals so gehalten, dass wir bei Schnee anstatt auf der Straße unsinnig Kilometer runterzuspulen, das Training aufs Eishockeyfeld verlegten. Das ging offiziell natürlich überhaupt nicht, da waren die Straßenkilometer exakt einzuhalten, egal wie die Witterungsumstände waren. Ich fuhr also jedesmal mit dem Barkas, oder später mit unserem VW-Bus hinter der Trainingsgruppe aus dem Klubgelände in Richtung unserer Trainingsstrecke. Am Ortsausgang von Leipzig stiegen die Sportler dann bei mir ein, wo schon die Eishockeyklamotten deponiert waren. Dann fuhren wir nach Leuna, wo es ein Spielfeld gab und da wurde dann drei Stunden lang hinter dem Puck hergejagt. Das brachte dreimal mehr als bei diesen Bedingungen Straßentraining zu absolvieren. Auf dem Rückweg mussten die Rennfahrer am Ortseingang wieder aufs Rad und so dann in den Klub einfahren, das dies nicht bekannt wurde. Allerdings wurde mir das mit zunehmendem Erfolg unserer Sportler immer mehr egal. Schließlich hatten wir den Beweis erbracht, das diese Methoden richtig sind, auch wenn man sich im Interesse optimaler Entwicklungsmöglichkeiten hier und da über Verbote und Anweisungen hinweggesetzt hat. In die Unterlagen des Verbandes musste natürlich die geforderte Kilometerzahl für das Straßentraining eingetragen werden, Planerfüllung zu 100 % – wie überall.

Das Olympiajahr 1984 wurde zu einer recht traurigen Saison, auch wenn sich Uwe auf dem Schleizer Dreieck seinen ersten DDR-Meistertitel im Einzelrennen der Männerklasse holte. Als Solist war er vor Olaf

Ludwig und Falk Boden über die Motorrennstrecke gekurbelt und hatte mit sieben Sekunden Vorsprung das Weiße Trikot mit den schwarz-rot-goldenen Brustringen gewonnen. Damit trat er die Nachfolge von Bodo Straubel an, der ein Jahr zuvor auf diesem Kurs den fünfzehnten Titel für unseren Klub holte. Mit diesem Erfolg hatte sich Uwe wohl endgültig in der DDR-Spitze etabliert, nachdem er bereits bei der DDR-Rundfahrt 1983 das Gelbe Trikot getragen hatte und beinahe sogar Gesamtsieger geworden wäre.

Zwischen Olympiaboykott und ungeahnten Möglichkeiten

Sehr ärgerlich war für Sportler, Trainer und Fans der unmittelbar vor dem Start der Friedensfahrt im Mai verkündete Olympiaboykott der Sowjets und das brüderliche Verhalten unseres Landes, ebenfalls keine Teilnehmer zu den Olympischen Sommerspielen nach Los Angeles zu schicken. Es hieß, die Spiele seien insbesondere für die Aktiven aus den sozialistischen Ländern nicht sicher. Den Sportlern war in allen Disziplinen damit natürlich eine ganz wesentliche Motivation genommen, sowohl in Richtung ihrer sportlichen Vorstellungen wie auch die in Bezug auf die zusätzliche materielle Vergütung, die seit den großen Erfolgen unserer Radsportler recht ordentlich gestaltet war. Zwar mussten zum Beispiel die Friedensfahrtsieger das am Ende gewonnene Auto immer noch an den Verband abtreten, dafür gab es aber für Spitzenleistungen bei Jahreshöhepunkten einen finanziellen Ausgleich, der nicht unerheblich war.

Die Sportgewaltigen der sozialistischen Länder kreierten anstelle der boykottierten Olympischen Spiele eine „Ersatzolympiade". Die Wettkämpfe der Bahnradsportler wurden in Moskau-Krylatskoje, auf der Olympiabahn von 1980 ausgetragen, die Straßenwettbewerbe, welche eigentlich auch in der sowjetischen Hauptstadt stattfinden sollten, wurden von unserem Verband beansprucht. In Forst fand somit das Mannschaftszeitfahren statt und auf dem Schleizer Dreieck wurde das Einzelrennen ausgetragen.

Beim Forster Viererrennen holte sich unsere DDR-Vertretung in der Besetzung Ampler, Boden, Drogan und Kummer den Sieg, elf Sekunden vor der UdSSR-Mannschaft. Das Einzelrennen, bei dem pro Land wie bei Olympia (!) nur drei Starter teilnehmen durften und das Fahrerfeld aus 15 Nationen natürlich dann entsprechend klein war, siegte UdSSR-Fahrer Alexander Sinowjew vor Uwe Raab. Einmal Gold, einmal Silber – die Prämien wurden in der Höhe verteilt, als hätten die Sportler diese Plätze in Los Angeles herausgefahren. Für Funktionäre, Aktive und Trainer gab es sogar eine Belohnung in Form einer Schiffsreise. Es blieb die Hoffnung, dass eine Teilnahme an den nächsten Sommerspielen im Jahr 1988 nicht erneut durch Boykotte verhindert würde.

Amerika war innerhalb von rund einem Jahr für uns plötzlich wieder ganz sicher geworden. Zum Glück, denn sonst wäre mir und einigen Rennfahrern ein wunderbares Erlebnis entgangen: die Colorado-Rundfahrt 1985. Ausgangspunkt für die USA-Reise, bei der ich eine DDR-Mannschaft zum „Coors Classic" begleitete, war die Tasache, dass die Weltmeisterschaften auf Bahn und Straße im folgenden Jahr in und um Colorado Springs stattfinden sollten. Im Rahmen dieser Open-Rundfahrt war ein Ausflug zum WM-Kurs des Straßeneinzelrennens vorgesehen, der an einem militärischen Sperrgebiet lag und somit nicht einfach so zugänglich war. Diese Möglichkeit sollte unbedingt genutzt werden.

Ich bestritt die Reise diesmal nur mit den sechs Rennfahrern Jens Heppner, Olaf Jentzsch, Matthias Lendt, Dan Radtke, Christian Jäger und Hardy Gröger, sowie mit Mechaniker und Masseur, jedoch ohne den sonst so „wichtigen" Delegationsleiter, der als verlängerter Arm des Verbandes aufpasste, das alles „seinen Gang" geht. Allein dieser Umstand war schon eine große Überraschung für mich. Wir flogen also Anfang August von Berlin aus in die Bundesrepublik und stiegen dort in einen Flieger in Richtung USA. Eigentlich gar nicht zu fassen – es ging tatsächlich nach Amerika!

In San Francisco begann dann die Tour und wir staunten jeden Tag über etwas anderes. Alles war kunterbunt, insbesondere auch das Peloton. Die Open-Kategorie bedeutete ja, dass Amateure und Profis gemeinsam fahren und so trafen unsere Jungs, die nicht alle zur absoluten Spitze unserer Nationalfahrer gehörten, auf den fünffachen Tour-de-France-Sieger Bernard

Hinault, Ex-Weltmeister Greg LeMond oder dessen amerikanische Landsleute Andy Hamsten oder Thurlow Rogers, der zwei Jahre zuvor noch als Vierter der Friedensfahrt überrascht hatte.

Gleich zu Beginn gab es ein herzliches Wiedersehen, denn ich traf Hinaults Sportlichen Leiter, den Schweizer Paul Köchli. Wir kannten uns noch aus unserer aktiven Zeit, in der wir 1967 einmal zusammen bei der Friedensfahrt am Start waren. Es gab ja damals immer sehr viele Pokale für die Sieger und Platzierten der Etappen, bei Prämienspurts u.s.w., man wusste manchmal gar nicht wohin damit. Paul zeigte großes Interesse daran und weil er selbst nichts gewonnen hatte, stellten wir ihm im Klub einen ganzen Karton mit diesen besonderen FF-Souvenirs zusammen. Die Erinnerung daran, war natürlich auch Gesprächsthema auf der Colorado-Tour.

Zum Auftakt fand dort zunächst ein Zeitfahren in San Francisco statt, bei dem Olaf Jentzsch vor großer Zuschauerkulisse als Vierter einen guten Einstand hatte. Am nächsten Tag wurde dort noch ein Kriterium durch die Markthalle bei „Fisherman`s Wharf" veranstaltet, was uns staunen ließ. Unzählige Zuschauer hatten sich wieder an der Strecke eingefunden, säumten die Straßenränder, drängelten sich in den Fensterrahmen ihrer Häuser und belagerten die Dächer. Das Kriterium war zwar mehr eine Art Showveranstaltung, aber wegen der engen Passage zwischen den Fisch- und Gemüseständen eine technische Herausforderung für die Rennfahrer. Die Profis hatten damit die besten Erfahrungen und machten den Sieg unter sich aus.

Anschließend ging es nach Sacramento, wo ebenfalls zwei Tagesentscheidungen ausgetragen wurden. Erst holte sich der Kanadier Steve Bauer einen Solosieg und übernahm das Führungstrikot. Das war rot-weiß-gestreift und nicht gelb, wie sonst üblich. Das Gelbe Trikot war hier dem besten Sprinter gewidmet – in Amerika war eben alles ganz anders. In Old Sacramento wurde dann noch ein Kriterium gefahren, dass durch eine faszinierende Kulisse führte. Häuser wie in einer alten Westernstadt, hartes Knüppelpflaster und wieder tausende Zuschauer begeisterten uns.

Olaf Jentzsch siegt bei der „Colorado-Rundfahrt" vor dem Amerikaner Greg LeMond

Größere Transfers wurden von den Fahrern mit dem Flugzeug absolviert. Wir Betreuer bestritten mit den vom Veranstalter gestellten Begleitfahrzeugen die Distanz auf der Straße durch die riesigen Salzseegebiete. Auch das war, trotz der langen Strecken, immer wieder ein Erlebnis. Einmal erreichten wir erst am Morgen den nächsten Startort und erlebten ein Canyon-Tal im tiefen Morgenrot – ein unvergessliches Bild.

Am siebenten Tag, inzwischen hatte Greg LeMond die Führung in der Gesamtwertung übernommen, führte eine Etappe „Rund um das Colorado Monument". Wieder erwarteten unzählige Menschen am Straßenrand die Rennfahrer und im Finale war diesmal auch eines unserer silbergrauen Nationaltrikots ganz vorn zu sehen. Olaf Jentzsch bezwang im Spurt Greg LeMond und dessen Landsmann Andy Hampsten. Zunächst gab es einige Diskussionen, „Ole" sollte LeMond im Spurt behindert haben, doch der Ex-Weltmeister und spätere Tour-de-France-Sieger zeigte sich fair und verzichtete auf einen Einspruch. Der DDR-Etappensieg war perfekt!

Gleich am nächsten Tag gelang Dan Radtke mit einem zweiten Platz hinter Thurlow Rogers in Aspen eine weitere Spitzenplatzierung, wir konnten also mit unseren Auftreten recht zufrieden sein. Im Anschluss ging es dann in die Berge der Rocky Mountains. Auf der zehnten Etappe waren stundenlang Steigungen zu befahren, die in 3449 Meter Höhe üNN gipfelten. Das waren für unser Team ungewöhnlich schwere Herausforderungen, doch Olaf Jentzsch bewies als Neunter in Copper, das er durchaus mit den langjährig erfahrenen Profis mithalten konnte.

Danach stand für uns auch der Ausflug zum WM-Kurs bei Colorado Springs auf dem Programm. Es bestand die Gelegenheit, ein paar Runden zu fahren und als ich mir Profil und Anlage des Kurses angesehen hatte, war ich der Meinung, dass könnte etwas für Uwe sein! In Boulder endete der „Coors Classic" nach fünfzehn Tagen dann mit dem Gesamtsieg von Greg LeMond. Olaf Jentzsch hatte zum Abschluss noch einen zweiten Etappenrang ersprintet und die Rundfahrt als Bester unserer Mannschaft auf dem 23. Rang abgeschlossen.

Als wir gerade beim Einladen des Teamwagens waren, kam ein freundlicher Zuschauer zu mir, dessen Erscheinen mich wirklich verblüffte. Seine Bekanntschaft hatte ich schon vor mehreren Tagen gemacht, als er mich in einem Etappenort ansprach und fragte, ob es möglich wäre, eines unserer Nationaltrikots zu bekommen. Ich sagte ihm dort, dass ich höchstens am Ende der Tour ein Trikot erübrigen könnte, weil wir ersteinmal sehen müssen, ob wir mit denen, die wir mithaben, auskommen. Der Mann gab sich damit zufrieden und verabschiedete sich. Ich hatte an diese Begebenheit schon nicht mehr gedacht, als er in Boulder wieder vor mir stand und fragte, ob es jetzt möglich wäre, ein Trikot zu bekommen. Das Unglaubliche war, dass zwischen dem Ort, in dem er mich das erste Mal gefragt hatte und Boulder mehr als 1000 Kilometer lagen. Er hatte sich also wegen des DDR-Trikots extra auf diesen Weg gemacht. Das musste natürlich belohnt werden!

Nach dem Rennen waren wir die paar Tage bis zum Heimflug in einem Hotel untergebracht, das einem Deutschen gehörte. Er hatte die Organisatoren gebeten, die DDR-Mannschaft bei ihm einzuquartieren. So hatten wir dort eine sehr schöne Zeit, saßen einige Male in gemütlicher Runde und lachten darüber, dass er ebenfalls „Klaus" hieß. Der größte Witz war aber, das wir beim Vergleich des Geburtsdatums beide den 15. November nannten!

Diese Reise in die USA würde ich als mein interessantestes Erlebnis als Trainer bezeichnen. Die Lockerheit und diese ständig neuen Eindrücke waren berauschend. Diese Einblicke in den Profiradsport waren zu dieser Zeit für uns ja noch recht selten, etwas später erhielten unsere Fahrer dann die Möglichkeit, sich bei noch mehr Open-Rennen mit den Berufsfahrern zu messen.

Trainerherz, was willst Du mehr?

Wie sich etwa zwölf Monate später herausstellte, hatte ich bei der Colorado-Tour und der damit verbundenen Besichtigung des WM-Kurses das richtige Gefühl gehabt. Es wurde zu einem Kurs für Uwe! Nachdem die gesamte DDR-Mannschaft konzentriert und aktiv das Rennen mitbestimmt hatte, konnte er sich am Ende einer Nebeljagd allein absetzen und sich den Weltmeistertitel holen. Es war unglaublich! Die Live-Übertragung kam damals zeitversetzt spät abends und wenn ich mich recht erinnere waren wir im Garten, der noch eine Baustelle war und haben dort Uwe's Triumphfahrt am Radio miterlebt. Wir waren natürlich sehr glücklich und stolz, dass er nun das erreicht hatte, was mir fünfundzwanzig Jahre vorher noch völlig verwehrt geblieben war. Auch für den Leipziger Klub

Erfolg im Doppelpack: „Molle“ Raab gewann 1985 die Finaletappe der Friedensfahrt in Berlin, Uwe wurde als Neuling gleich Dritter der Gesamtwertung und sollte die Fahrt später viermal gewinnen

war es ein toller Erfolg, denn aus ihm waren mit Schur, Eckstein, Raab und Ampler mittlerweile fünf Amateur-Straßenweltmeister gekommen. Am Ende dieses für die DDR überaus erfolgreichen Sportjahres gab es sogar noch eine Schiffsreise über die Ostsee in Richtung UdSSR. Diese diente dem Erfahrungsaustausch der Trainer und Funktionäre und dort gab es sogar einmal ganz vernünftige Gespräche über das, was uns als Trainer bewegte.

Im Trikot des Weltmeisters startete Uwe 1987 nach seinem zweiten Sieg bei der Thüringen-Rundfahrt, die bei uns meist der letzte wichtige Test vor der Friedensfahrt war, in das Traditionsrennen zwischen Berlin, Prag und Warschau. Es war die vierzigste Auflage, also ein kleines Jubiläum. Nach einem Etappensieg und einem dritten Gesamtrang 1985 sowie dem Prologerfolg 1986, wollte Uwe natürlich endlich die Einzelwertung der Friedensfahrt für sich entscheiden. Der Einstieg war gut, beim Prolog wurde er hinter UdSSR-Fahrer Wassili Shdanow Zweiter. Die „Rund in Berlin"-Etappe ging an Olaf Ludwig, weshalb insbesondere anlässlich der 750 Jahr-Feierlichkeiten der Hauptstadt, auf der Ehrentribüne in der Karl-Marx-Allee eine tolle Stimmung herrschte. Damit war der DDR-Mannschaft schon etwas vom Erwartungsdruck genommen. Zunächst wechselten sich Uwe Raab und Olaf Ludwig im Gelben Trikot ab, bis es in der CSSR dann in die Berge ging. Radsportfreunde werden sich nur zu gut an die Ortsbezeichnung „Harrachov" erinnern. Der malerische Wintersportort war Zielstation der achten und neunten Etappe und Dreh- und Angelpunkt der Entscheidung um den Gesamtsieg. Wie bei der Unwetteretappe der 76'er Fahrt, als es bei Schnee, Regen und im Nebel von Tatranska Lomnica nach Krakow ging, hatten die Fahrer auf dem Weg zwischen Pardubice und Harrachov mit den Wetterunbilden zu kämpfen. Aus einer sechsköpfigen Spitzengruppe heraus sicherte sich Uwe den Tagessieg und übernahm vor dem sowjetischen Krawallsprinter Abdushaparow das Gelbe. Am nächsten Tag gab es dann das spektakuläre Bergzeitfahren, hinauf zur Skiflugschanze. Die tschechischen Organisatoren hatten sich überlegt, kurzerhand auch noch ein besonders steiles Finale zu gestalten, indem sie die Zielpassage auf einer 28 %-Rampe installierten. Längst bekannt ist das Manöver, mit dem sich die DDR-Mannschaft für die Kletterei vorbereitete: An der Zufahrt zum Schanzenareal wechselten alle Fahrer das Zeitfahrrad mit einer normalen Straßenmaschine, die über besonders kleine Übersetzungen verfügte. Der Zeitverlust beim Wechsel war nur gering und konnte dann am Steilanstieg mit kleinsten Übersetzungen wieder wettgemacht werden. Viele Fahrer anderer Teams mussten absteigen und auf Socken oder barfuß ins Ziel laufen. Selbst das war angesichts dieses Anstieges nicht so einfach! Uwe war als Führender der Einzelwertung zuletzt gestartet, erreichte die Steilhangpassage mit der Bestzeit. Diese verteidigte er bis zur Zielmarkierung und baute seinen Vorsprung im Gesamtklassement deutlich aus. Als er nach dem Ruhetag in Karpacz, in Höhe der dortigen Skisprungschanze, auch noch die dritte Etappe hintereinander für sich entschieden hatte, lag der erste FF-Sieg in greifbarer Nähe. Und in der Tat, die

DDR-Mannschaft verteidigte das „Gelbe“ bis nach Warschau und eroberte auch noch den Mannschaftssieg. Nun gab es zwei Amplers in der Siegerliste der Friedensfahrt. Schon das wäre eine schöne Familienbilanz.

Aus anderer Perspektive

Doch bei einem Friedensfahrterfolg allein, sollte es nicht bleiben. Im Olympiajahr 1988 feierte Uwe einen zweiten Sieg, den ich diesmal auf einigen Etappen beim DDR-Fernsehens in Berlin-Adlershof mitverfolgte. Entweder als Studiogast bei Moderator Achim Schröter, oder als Co-Kommentator an der Seite des unvergessenen Peter Woydt, konnte ich auch einmal hinter die Kulissen der umfangreichen Übertragungen schauen – eine interessante Angelegenheit. Spannung pur waren die Etappen für mich natürlich immer auch aus der Perspektive des Trainers und Vaters. Bei den Direktübertragungen hatte man dort eine optimale Position. Dabei war es aber gar nicht so einfach, konzentriert auf die Fragen des Moderators zu antworten oder auf Zuschauerfragen einzugehen, wenn jeder Blick auf den Monitor gerichtet ist und man ungeduldig auf den entscheidenden Antritt wartet.

Ungeahnte Folgen hatte dann die Finaletappe nach Berlin. Die einzelnen Klassements der Fahrt waren „gemacht“ und so setzte sich das Feld in Dessau recht gemächlich in Bewegung. Während der Direktübertragung, die ich in der Karl-Marx-Allee gemeinsam mit Peter Woydt am Monitor kommentierte, sah man dann im Feld, wie sich verschiedene Fahrer miteinander unterhielten und scherzten. DDR-Fahrer sah man Seite an Seite mit Fahrern der BRD-Mannschaft, Italiener mit sowjetischen Aktiven usw.. Neben uns saßen auf der Ehrentribüne die Vertreter des Politbüros und des Staatsrates und harrten der Dinge. Durch die ruhige Fahrt verspätete sich die Ankunft natürlich, aber bei einer Schlussetappe war das keine Besonderheit. Als dann das Feld die letzten Kilometer erreicht hatte, wurde es sehr schnell. Wie immer galt für unsere Mannschaft ein Sieg in der Hauptstadt als Basis für das Wohlwollen der Funktionäre und so war alles auf unsere Sprinter Uwe Raab und Olaf Ludwig abgestimmt. Die UdSSR-Fahrer um „Kamikaze“ Abdushaparow wollten da natürlich auch ein Wort

Im DDR-Friedensfahrtsextett 1988 standen gleich drei meiner erfolgreichsten DHfK-Schützlinge: Jan Schur (2. v. l.), Uwe Ampler (3.v.r.) und Uwe Raab (r.)

mitreden und fuhren unseren Männern kräftig in die Parade. An der 180° Wende fuhr dann einer der Sowjets schräg nach links und bremste Olaf Ludwig derart aus, dass er gleich zehn Positionen verlor. Vorn schaukelte Abdushaparow zum Sieg, der ihm dann aber wegen Verlassens der Fahrlinie aberkannt wurde. Dennoch, Uwe hatte seinen zweiten Einzelsieg eingefahren und wir begrüßten uns herzlich unter den Sonnenschirmen der TV-Übertragungsplätze. Jetzt hatte er mich auch bei der Friedensfahrt erfolgsmäßig überholt und das freute mich doch sehr.

Wieder zu Hause in Leipzig erhielt ich die Mitteilung, das ich zusammen mit allen anderen Heimtrainern der Friedensfahrt-Teilnehmer nach Kienbaum zu kommen hätte. Ich fuhr am Morgen noch mit Uwe in der Straßenbahn und er fragte mich, wann ich wieder zurück wäre. Ich rechnete mit einer Rückkehr gegen Abend. Als wir schließlich in einem Schulungsraum der Kienbaumer Sportschule Platz genommen hatten, öffnete sich die Tür und Manfred Ewald höchstpersönlich trat ein. Augenscheinlich unter Einfluss von Alkohol erklärte er: „Liebe Genossen, ich habe mich so gefreut, dass ihr so erfolgreich wart, ich wünsche Euch eine gute Heimfahrt!". Das war alles, sollte die Quittung für das lange Warten auf der Ehrentribüne sein. Danach wurden auch noch die Prämien gekürzt, weil sich unsere Fahrer mit den BRD-Aktiven unterhalten hatten.

Mehr ist nicht zu erreichen

Höhepunkt des Jahres waren im September die Olympischen Spiele in Seoul. Ich betreute die DDR-Nationalmannschaft um Olaf Ludwig und Uwe Raab noch bei der DDR-Rundfahrt, während sich unser Olympiateam mit den Vierermannschaftsfahrern Ampler, Kummer, Landsmann und Schur schon auf die Reise nach Seoul begeben hatte. Uwe Raab feierte drei Etappensiege und den Gesamterfolg, dann flog auch er nach Südkorea, um dort das Einzelrennen zu bestreiten.

Der erste Radsportwettbewerb war dann das 100 km-Mannschaftsfahren. Nach mitteleuropäischer Zeit in den frühen Morgenstunden, sah ich mir ungeduldig die Übertragung des Olympiaprogrammes an. Noch bevor die ersten Bilder zu sehen waren, lief eine Schriftleiste über den Bildschirm: der DDR-Vierer hatte das erste olympische Gold geholt! Mit einer unglaublichen Zeit von 1:57 h und sieben Sekunden Vorsprung auf das polnische Team hatten unsere Männer auf den neuen FES-Carbon-Maschinen den höchsten Lorbeer im Sport erobert. Zwanzig Jahre nach unserem Olympiadesaster von Mexiko hatten sich unsere Erfahrungen und Bemühungen in den größtmöglichen Erfolg niedergeschlagen. Das dann auch noch Olaf Ludwig den Olympiasieg im Einzelrennen einfuhr, war sicherlich der absolute Höhepunkt in der Entwicklung des DDR-Radsports.

Die „Kienbaumer Vorladung" schien völlig vergessen, nun waren wir alle wieder wer. Die Freude der Funktionäre über die großen Erfolge war riesig und so luden sie Sportler und Trainer auch wieder zu einer großen Schiffsreise übers Mittelmeer ein. Sigward Lychatz aus der Forschungsstelle der DHfK nutzte den Landgang in Tunesien mit seiner Frau zur Flucht und sorgte für Aufregung auch lange über die Reise hinaus.

Noch im Herbst geisterte die Idee durch den DDR-Sportalltag, auf Vorschlag der Franzosen, die Friedensfahrt 1989, anlässlich des 200. Jahrestages der Französischen Revolution, von Paris nach Moskau zu führen und ihr den Open-Status zu verleihen. Dem Anspruch unserer Spitzenfahrer wäre dies sicherlich entgegengekommen, bestritten sie doch schon seit Jahren Rennen gemeinsam mit Profis. Allerdings konnten sie selbst nicht zu den Berufsfahrern wechseln, weil dies bei uns im Gegensatz zu Regelungen in Polen oder in der damaligen CSSR nicht möglich war. Das Rennen sollte sogar durch die Bundesrepublik führen, doch letztlich scheiterte alles an Problemen mit dem Open-Status. Es fanden sich nicht genügend Rennställe, die parallel zu den großen Profirennen mit guter Besetzung an der Friedensfahrt teilnehmen konnten. Ein Problem, dass der Friedensfahrt auch später noch Schwierigkeiten bereitete.

In der Vorbereitung auf die Höhepunkte des Jahres 1989 erwiesen sich die DHfK-Sportler einmal mehr sehr stark. Hinter Ampler, Raab und Schur entwickelten sich im Männerbereich Fahrer wie Steffen Rein und Bert Dietz zu angehenden Leistungsträgern. Bei der Thüringen-Rundfahrt holte sich Rein den Gesamtsieg und wurde neben Uwe und „Molle“ Raab dritter Leipziger in der DDR-Friedensfahrtmannschaft. Die auf normalem Kurs zwischen Warschau, Berlin und Prag verlaufende Fahrt, erlebte ein schweres Finale. Die Schlussetappen führten über das Erzgebirge und in die Höhen des Riesengebirges. Nachdem Jentzsch, Ludwig und Raab zusammen bereits fünf der Flachetappen für sich entschieden hatten, holte sich Uwe in Mlada Boleslaw den Tagessieg. Uwe Raab verteidigte das Gelbe Trikot, musste es aber am nächsten Tag an seinen Teamkollegen „Ole“ Jentzsch abgeben. Er war am Ende der Bergetappe nach Trutnov der Schnellste einer Spitzengruppe, zu der auch Uwe und die beiden starken Polen Jaskula und Halupczok gehört hatten. Im folgenden Zeitfahren erwies sich dann Uwe als der Beste und übernahm am Tag vor dem Schlussabschnitt nach Prag das Gelbe Trikot des Führenden. Auch die letzten Kilometer in die CSSR-Hauptstadt änderten daran nichts mehr – Uwe wurde zum dritten Mal hintereinander Gesamtsieger der Friedensfahrt! Das DDR-Team gewann alle Wertungen, bis auf das Nachwuchsklassement, hatte acht der zwölf Etappen für sich entschieden. Besser ging es eigentlich kaum noch.

Veränderungen

Nachdem unser Straßenvierer 1989 in der Besetzung Boden, Kummer, Landsmann und Schur mit dem Gewinn des Weltmeistertitels im französischen Chambery den Olympiaerfolg bestätigt hatte, begleitete ich eine DDR-Mannschaft im Herbst zu einer Etappenfahrt in Australien. Es war das erste Mal, das wir dort an einem Rennen teilnahmen und wie schon bei der Colorado-Rundfahrt, lief alles ohne Delegationsleiter oder andere überflüssige Funktionäre. Doch so wie wir die DDR verließen, so fanden wir sie bei unserer Rückkunft nicht mehr vor. Schon auf der Autobahn von Leipzig nach Berlin waren uns unmittelbar vor den Feiern zum 40. DDR-Jahrestag Kolonnen von Polizei-LKW's begegnet.

Die „Commonwealth Bank Tour" war ein sehr schönes Rennen über zwölf Etappen. Jede Mannschaft hatte einen eigenen Trikotsponsor. So fuhren unsere Männer nicht in den silbergrauen Hemden, sondern in einem weißen Trikot mit der Aufschrift „Ron Bates Cycles". Die Organisatoren gaben von jedem Team sogar Autogrammkarten heraus, schließlich sollten die Sponsoren optimal präsentiert werden. Bereits am Tag nach dem Fototermin bekamen wir 5000 gedruckte Karten zu unserer freien Verfügung überreicht – wir staunten nicht schlecht. Das Rennen verlief für unsere fünfköpfige Mannschaft mit Ampler, Boden, Kummer, Ludwig und Schur recht gut. Guten Tagesplatzierungen folgte am vierten Tag der Etappensieg von Jan Schur, der in der Einzelwertung dann auch die beste Position belegte. Erst Ende Oktober kehrten wir in einem fast leeren Flugzeug in die DDR zurück und landeten mitten in einer Zeit großer Veränderungen. Besondere Freude gab es für unsere Familie im November, denn Uwe's Frau Anett brachte unseren Enkel Rick zur Welt.

Den politischen Umwälzungen folgten auch jene auf dem Gebiet des Leistungssports. Die Frage der Finanzierung wurde öffentlich thematisiert und angesichts der katastrophalen wirtschaftlichen Situation lag die Überlegung nahe, ob unsere besten Fahrer eventuell als Profis dazu beitragen könnten, einen wesentlichen Teil zur Selbstfinanzierung des Radsports zu leisten. Außerdem hatten sie im Amateurbereich alles erreicht, was es zu erreichen gab und wollten neue Herausforderungen. Die großen

Ehrenrunde für die DDR-Rad-Olympiasieger von Seoul: Mit Jan Schur (links) und Uwe (Mitte) stammten zwei von sechs aus der DHfK-Trainingsgruppe

Klassiker oder die Tour de France waren trotz der jahrzehntelangen Verteufelung des Profisports auch für unsere Sportler ein interessantes Ziel. Diesen Gedanken schloss sich praktisches Handeln an und so entstanden Kontakte, die nach dem Fall der Mauer Jan Schur nach Italien und Uwe Raab sowie unseren Sohn in die Niederlande führten. Der PDM-Rennstall von Jan Gisbers hatte Interesse an den DDR-Fahrern signalisiert und nach einer Reihe von für uns völlig neuen Formalitäten wurde man sich für die Saison 1990 auch einig. Raab und Ampler zogen also das Trikot von PDM über, einem Produzenten von Video- und Tonbändern. Jan Schur und Mario Kummer unterschrieben beim italienischen Rennstall „Chateau d' Ax" und Olaf Ludwig wurde Profi im niederländischen Panasonic-Team.

Auch wenn „Molle" und Uwe damit aus dem Sportklub DHfK ausgeschieden waren, widmete ich mich dennoch so gut es möglich war, ihrer Trainingsbetreuung. Zunächst wohnten sie auch noch in Leipzig, weshalb dies keine Probleme mit sich brachte. Als sie dann mit ihrem neuen Team um Kelly, Breukink oder Alcala in die großen Rennen der Profis einstiegen, zeigte sich Raab von Beginn an besonders erfolgreich. Er sicherte sich bei der Spanienrundfahrt gleich drei Etappensiege und das Trikot des Besten Sprinters, während sich Uwe als Neunter der Gesamtwertung schon sehr gut platzieren konnte.

Neue Herausforderungen

Zuhause im Leipziger Klub ging es sportlich gesehen zwar erfolgreich weiter, doch die gesellschaftlichen Veränderungen lockerten auch das System des Leistungssportes auf und so wanderten die besten Amateure nach und nach zu den stärksten Bundesligateams in den Westen Deutschlands ab. Dem Ausverkauf unserer besten Talente folgte auch das Ende meiner Trainerlaufbahn. Im Auftrage des Verbandes betreute ich bei der Weltmeisterschaft in Japan noch unsere Profi-Auswahl. Doch entgegen den Gewohnheiten bei den Amateuren galt für unsere Aktiven, sich für die Kapitäne ihrer Rennställe einzusetzen, egal welches Nationaltrikot sie trugen. So galt „Molles“ und Uwe's Konzentration den Belgiern, die dann mit Rudy Dhaenens und Dirk de Wolf einen Doppelsieg feierten. Die beiden Leipziger hatten ihren Job also ganz gut gemacht, auch wenn sie selbst auf eine Spitzenplatzierung verzichten mussten.

Es war in dieser Zeit für viele Menschen nicht einfach, sich neu zu orientieren. Ich hatte über PDM mit dem Manager Krikke Kontakt, schon als es um die Verträge mit den Rennfahrern ging. Er hatte eine Fahrrad-Firma, welche die Concorde-Rennräder für das PDM-Team herstellte. Eines Tages äußerte er dann die Idee, in Leipzig einen Fahrrad-Großhandel aufzubauen. Ich war interessiert daran.

So kümmerte ich mich um die Räumlichkeiten in der Umgebung von Leipzig. Schließlich fand ich in Rückmarsdorf 100m². In dieser Vorbereitungszeit, arbeitete ich für die deutsch-belgische Farbenfirma Histor. Grund dafür war, dass diese Firma einen Profirennstall unter dem Namen „Histor-Sigma“ aufmachen wollte, zu dem Uwe 1991 ging. Ich war allerdings total dagegen, denn so ein schneller Wechsel, nach nur einem Jahr bei PDM, war besonders für das Image nicht gerade förderlich.

Der Großhandel lief gut an, die Räumlichkeiten wurden schnell viel zu eng. Mit Uwes sportlichem Werdegang war ich weniger zufrieden. Er kaufte sich in der Nähe von Leipzig ein großes Grundstück mit großer Halle. Obwohl die Lage ungünstiger als in Rückmarsdorf war, zog ich dorthin um. Perspektivisch sah ich Möglichkeiten, dass Uwe das mal übernimmt. Aber irgendwie hatte es einen Bruch in der Familie gegeben. Ich hatte große Bedenken, ob das alles gut geht. Uwes Manager Rabbel brachte alles sehr unüberlegt in die negative Richtung. Unser Sohn war ihm nahezu völlig hörig, Waltraut und ich konnten trotz aller Bemühungen nichts bei ihm erreichen. Meine Kundschaft blieb aus, die Entfernung war für die Händler zu weit und dazu kam, dass die Großhändler aus den alten Bundesländern immer mehr aufrückten und sich der Konkurrenzkampf weiter verstärkte. Die Banken waren nicht bereit weitere Kredite zu geben und so blieb mir 1996 nichts weiter übrig, als Insolvenz anzumelden.

Wiedersehen mit der Friedensfahrt

In der Zwischenzeit hatte Uwe seine sportliche Laufbahn nach den Querelen mit dem Telekom-Team beendet, zu dem er 1992 von „Histor-Sigma" aus gewechselt war. Meine Verbindung zum Radsport beschränkte sich zu dieser Zeit nur noch auf das eigene Training zur Gesunderhaltung und gelegentliche Einladungen als Ehrengast zu verschiedenen Veranstaltungen. Anlässlich der 50. Friedensfahrt 1997, die sich zu Glück trotz vieler Schwierigkeiten über die Wende gerettet hatte, war ich vom ORB zum Start des Rennens in Potsdam eingeladen worden. Dort traf ich neben vielen „Ehemaligen" auch auf den neuen deutschen Organisationschef, mit dem ich Ende der sechziger Jahre im Sportclub DHfK noch gemeinsam Rennen gefahren war. Der Leipziger hatte in seinen ersten Männerjahren schon zum Kandidatenkreis für die Friedensfahrt und die WM gehört, brach dann aber seine sportliche Laufbahn ab. Wie zu hören war, arbeitete er dann bei der Staatsicherheit, bevor er sich nach der Wende als Unternehmer etablierte. Nebenbei hatte er sich dann mit einer Marketingagentur um die Finanzierung und Organisation des Rennens, insbesondere auf deutschem Gebiet gekümmert. Dies zunächst sehr erfolgreich, denn die Fahrt war gut besetzt, viele Zuschauer verfolgten das Rennen an den Straßen und auch das Fernsehen war wieder mit dabei.

Von Potsdam aus war ich dann direkt nach Hause gefahren, wo ich kurz nach der Ankunft den Anruf eines Journalisten aus Frankfurt am Main bekam. Er fragte mich, ob ich wüsste, dass mir Täve Schur 1961 durch Verrat bei der Stasi „die Beine weggeschlagen hätte". Ich konnte ihm diese Vermutung zwar nicht bestätigen, doch darauf hatte er es scheinbar auch nicht angelegt. Die Friedensfahrt war gerade unterwegs in Richtung Dresden, als die Zeitungen diese Meldung veröffentlichten und für großen Trubel sorgten. Man hatte es wohl darauf angelegt, die Person Täve Schur zu diffamieren, weil er als Präsident des Friedensfahrtvereins dafür gesorgt hatte, dass das Rennen wieder zu größerer Popularität gekommen war. So stürzten sich die Journalisten plötzlich alle auf mich, um zu erfahren, ob der Vorwurf aus der Zeitung stimmt. Bestätigen konnte und wollte ich ihn nicht, auch ohne Einblick in meine Stasi-Akten war ich mir sicher, dass Schur mit meiner damaligen Angelegenheit nichts zu tun hatte. Am Ende blieb nur der Beweis, dass einigen das Aufblühen der Friedensfahrt ein Dorn im Auge zu sein schien.

In der Zwischenzeit hatte Uwe wieder Lust auf's Radfahren bekommen und trainierte täglich. Durch Kontakte zu Boleslaw Bernaczek kam er mit der polnischen Mroz-Mannschaft zusammen, bei der er einen Vertrag unterschrieb und im September 1997 bereits die stark besetzte Polen-Rundfahrt bestritt. Dort schlug er sich ganz achtbar, belegte den 32. Rang in der Einzelwertung. Dass Uwe wieder aktiv war und möglicherweise im folgenden Jahr auch wieder die Friedensfahrt bestreiten könnte, trug ihm eine Reihe von Einladungen ein. So auch zum für kurze Zeit wieder ins Leben gerufenen Leipziger Sechs-Tage-Rennen. Dort traf ich dann wieder auf den deutschen FF-Organisationschef, der mich bat, doch wieder in den Radsport einzusteigen, speziell in die Friedensfahrt. Angesichts der Ambitionen von Mroz, mit Uwe dort 1998 als Kapitän an den Start zu gehen, erklärte ich mich bereit und schloss mich dem deutschen Organisationskomitee an.

Bei der 51. Friedensfahrt, die von Poznan über Karlovy Vary bis nach Erfurt führte, stand dann auch Uwe am Start. Neun Jahre waren inzwischen seit seinem letzten FF-Sieg im Jahre 1989 vergangen. Ich fuhr in einem der offiziellen VW-Begleitfahrzeuge die gesamte Tour mit und konnte das Rennen so aus nächster Nähe verfolgen. Nach den Flachetappen auf

Gemeinsam mit Uwe nach der Etappe in Karlovy Vary – einen Tag später eroberte er das Gelbe Trikot und gab es bis zum Finale der „51." nicht mehr ab

polnischem Gebiet, wo sich Mroz-Fahrer Raimondas Rumsas nach einem Etappensieg das Gelbe Trikot gesichert hatte, ging es am vierten Tag zwischen Legnica und Liberec in die Berge. Uwe zeigte sich stark, gewann die vorletzte Bergwertung und kam am Hinterrad von Tour de France-Sieger Bjarne Rijs ins Ziel. Gewonnen hatte erneut sein Mroz-Teamkollege Rumsas, der das „Gelbe“ damit klar verteidigte. Am nächsten Tag war der Spitzenreiter aber nicht ganz vorn zu finden, als an den Bergwertungen vor dem Ziel in Usti die Entscheidung fiel. Stattdessen fuhr Uwe in einer Vierergruppe hinter drei einzelnen Fahrern ins Ziel und schob sich in der Einzelwertung nach vorn. Im Gepunkteten Berg-Trikot erlebten ihn die Zuschauer dann auf dem Weg nach Zwickau wie zu seinen besten Zeiten. Zunächst waren mit dem Leipziger Bert Dietz und dem Polen Artur Krasinski zwei Fahrer davongesprungen, die einen großen Vorsprung herausfuhren. Das Mroz-Team hatte dahinter taktisch klug mit Ozols und Brozyna zwei Fahrer auf Verfolgungsjagd geschickt, die für die Einzelwertung völlig harmlos erschienen. Am Aschberg in Klingenthal attackierte Uwe dann gemeinsam mit Rumsas und lies die Telekom-Fahrer um Wesemann und Rijs förmlich stehen. Andrej Sypytkowski, der Sportliche Leiter der Mroz-Mannschaft, hatte nach diesem erfolgreichen Angriff Ozols und Brozyna zu ruhigerem Tempo angehalten, damit sie den von hinten kommenden Teamkollegen die Möglichkeit zu einem schnellen Heranfahren boten. Als die beiden aufgeschlossen hatten, jagte ein Mroz-Vierer in Richtung Ziel, der fast drei Minuten auf das Verfolgerfeld herausfuhr. In Zwickau durfte ich dann Uwe das Gelbe Trikot überreichen, ein schönes und ergreifendes Erlebnis!

Am letzten Tag wurde es noch einmal spannend. Nachdem es in Erfurt am Mittag eine Massenankunft gegeben hatte, wurde das Finale der Fahrt als 34 km langes Einzelzeitfahren von Weimar aus in die Thüringer Landeshauptstadt bestritten. Uwes Zeitfahrqualitäten waren inzwischen zwar nicht mehr so wie zu Amateurzeiten, aber der Vorsprung in der Einzelwertung sollte eigentlich reichen. Am Ende wurde das Rennen zu einer Triumphfahrt. Als Vierter im Kampf gegen die Uhr verlor Uwe nur 47 Sekunden auf dem Tagessieger und verteidigte das Gelbe Trikot mit eineinhalb Minuten Vorsprung auf Wesemann. Damit war der vierte Einzelsieg perfekt.

Vor der Kamera

Die Friedensfahrt hatte nicht zuletzt wegen dieses fast unglaublichen Comebacks viel Zuspruch erfahren. Auch das Fernsehen, insbesondere der MDR, verstärkte seine Berichterstattung und Produktionsleiterin Marita Schröter fragte mich, ob ich als Co-Moderator für die täglichen Übertragungen zur Verfügung stehen würde. Ich sagte zu und hatte anschließend viele schöne und interessante Erlebnisse mit den MDR-Teams vor und hinter der Kamera.

Ab 2000 produzierte das MDR-Fernsehen für die Friedensfahrt dann die Reihe „Amplers Antritt", bei der ich einige Wochen vor der Fahrt, auf der Originalroute die verschiedenen Streckenabschnitte oder Zielankünfte „testete". Während des Fahrens erläuterte ich im Focus der Kamera und mit einem Mikrofon am Trikot, jene Schwierigkeiten, mit denen die Rennfahrer auf den Etappen der Fahrt zu rechnen hatten und kam dabei manchmal auch ganz schön außer Puste. Das war allerdings nicht immer nur dem Profil schwerer Bergwertungen geschuldet. Oft musste eine Aufnahme auch mehrfach wiederholt werden, bis wirklich alles in Ordnung und sendefähig war. In den Beiträgen demonstrierte ich den Zuschauern zudem, wie die Verpflegung der Fahrer während der Fahrt funktioniert, ein Zielspurt vorbereitet wird oder man sich der Rennfahrer die Büsche schlägt, wenn die Blase drückt – es machte mir viel Spaß. Und weil das Team um Frank Stuckartz oder Michael Drevenstedt auch viele Eindrücke von den Sehenswürdigkeiten der Etappenorte drehte, erlebte ich auch viele Dinge, die mir wohl sonst völlig entgangen wären. Nicht zu vergessen sind natürlich auch die vielen Trainingskilometer, die ich vor oder nach den Aufnahmen abspulen konnte.

In Vorbereitung der Friedensfahrt 2002 fuhren wir für die Dreharbeiten zu „Amplers Antritt" zuerst nach Warschau, dem Endzielort der Tour. Die MDR-Beiträge wurden also praktisch in „entgegengesetzter" Fahrtrichtung produziert, das war organisatorisch günstiger. In Warschau hatte ich ja 1968 die Finaletappe gewonnen und so bot es sich an, untermalt von den Bildern aus dem Archiv, das „Stadion des X. Jahrestages" zu besuchen. Eine besondere Überraschung bot sich uns, als wir die Einfahrt des Stadi-

Streckenjubiläum bei der Friedensfahrt 2000 in Hannover

ons erreichten. Der lange Zufahrtstunnel war durch ein großes Blechtor verschlossen. Glücklicherweise fanden wir einen Verantwortlichen, der den Schlüssel hatte und uns hereinließ. Eine kleine Tür ermöglichte den Zugang und hinter ihr – ich staunte mächtig – war eine moderne Tennishalle eingerichtet! Das war sicher eine gute Idee, denn solch einen riesigen Tunnel nutzt man ja heute weniger, denn Radrennen enden seit vielen Jahren auf der Straße. Wie aber würde der riesige Stadionkessel aussehen? Mein Staunen über die moderne Nutzung des Tunnels wich dann aber der Enttäuschung über den totalen Zerfall der Stadionanlage. Der große Kessel glich einem riesigen Müllplatz. Die Holzbänke waren zertrümmert, massenhaft zersplitterte Glasflaschen und jede Menge anderer Dreck gaben diesem traditionsreichen Ort ein hässliches Antlitz. Während an jenem Tag ansonsten völlige Ruhe herrschte, erlebte ich dann wenige Wochen später, beim Finale der Friedensfahrt, das ganze Gegenteil. Dann war auf dem Stadionwall, von dem man direkt hinunter auf das Fußballfeld schauen konnte, ein riesiger Markt mit hunderten Ständen errichtet. Es gab ein Gewimmel tausender Menschen, man konnte kaum vernünftig

Bei der Friedensfahrt 2001 am Moderatoren-Pult des MDR-Fernsehens

Ernüchternder Besuch im Warschauer Stadion 2002

laufen und stieß ständig irgendwo an. Die Sonne brannte und im Stadion stank es fürchterlich. Einige Händler nutzten die Traversen im Rücken ihrer Stände scheinbar als öffentliche Toilette. Plötzlich gab es Tumult, irgendwo hatte ein Mann ein Messer gestohlen und der Verkäufer hatte es gerade noch bemerkt. Auf einen Wink hin machte sich sofort ein anderer auf die Verfolgung des Diebes. Als der ihn dann erreicht hatte, flogen die Fäuste – furchtbar. Das war nun mein letztes Erlebnis im Warschauer Stadionareal. Wehmütig erinnerte mich an die Glanzzeiten dieses Bauwerkes, das zwischen den 50er Jahren bis Anfang der 70er eines der Friedensfahrt-Wahrzeichen gewesen ist.

Mit dem Polen Tadeusz Mytnik nach dem Prominentenrennen an der „Steilen Wand" in Meerane

Für die Tageszusammenfassungen von der Friedensfahrt entschied sich die MDR-Sportredaktion 2004 für eine neue Serie mit mir. In Roland Eberts DDR-Museum in Podelwitz bei Rackwitz, drehten wir Beiträge unter dem Motto: „Klaus Amplers Erinnerungen“. Hier hatte ich schon Christine Errath in „Außenseiter-Spitzenreiter“ getroffen und mit ihr gemeinsam die unglaubliche Sammlung von DDR-Produkten besichtigt. Von der Streichholzschachtel bis zum Wohnwagen hat Roland Ebert in seiner riesigen Scheune in jahrelanger Sammelarbeit all das zusammengetragen, was einst zu den Alltagsgegenständen in der DDR gehörte.

Im Stile von Willy Schwabes „Rumpelkammer“ stieg ich für die Einspielbeiträge zur 57. Friedensfahrt hinauf in die erste Etage des Museums und berichtete in der gut ausgestatteten Radsportkulisse von meinen Rennfahrer-Erlebnissen im Zusammenhang mit der Streckenführung der aktuellen Fahrt. Für die Ausstrahlung während der abendlichen Zusammenfassungen wurde dann alles noch mit Archivbeiträgen kombiniert.

Dass die Friedensfahrt wegen Auseinandersetzungen in der Organisation keineswegs optimal lief, war mir seit längerem bekannt. Doch dass die Vorbereitungen der 58. Auflage so sehr ins Straucheln geraten könnten, wie es Anfang 2005 bekannt wurde, überraschte mich doch sehr. Es bleibt zu hoffen, dass sich endlich die richtigen Leute finden, die sowohl im Marketing, als auch in der Organisation einer solch großen Sportveranstaltung etwas Nachhaltiges auf die Beine stellen, damit die Tradition dieses Rennens doch noch erhalten bleiben kann. Es wäre jammerschade, wenn die Fahrt zwischen Brüssel, Hannover, Wroclaw und Prag die letzte gewesen sein sollte.

Teamberater

Unter Leitung von Michael Schiffner war nach der Wende die Tradition des Leipziger Straßenradsports in Form eines Bundesliga-Teams fortgeschrieben worden. Es war jedoch jedes Jahr sehr schwer zahlungskräftige Sponsoren zu finden, obwohl hier Weltmeister wie Jens Lehmann oder Thomas Liese fuhren. Ende der neunziger Jahre engagierte sich der Milchhof Magdeburg mit seiner Marke „Bunte Berte“ für die Mannschaft, aber nachdem Uwe hier im Jahr 2000 seine letzte Saison als Aktiver gefahren war, beendete auch der Sponsor sein Engagement. Der deutsche Organisationschef der Friedensfahrt hatte inzwischen auch das Management dieser Mannschaft übernommen und versuchte Friedensfahrt-Sponsor Wiesenhof zur Unterstützung einer Profi-Sportgruppe zu begeistern. Kurz vor Weihnachten hatte er auch tatsächlich Erfolg, die Geschäftsführung sagte zu, ein GS III-Team als Hauptsponsor zu finanzieren. Das war zum damaligen Zeitpunkt eine Profimannschaft der kleinsten Kategorie. Der Manager sprach mich danach an, ob ich als Berater für die Mannschaft tätig werden könnte. Ich sagte zu, denn wenn mein Rat wirklich gefragt sein sollte, wollte ich mich nicht verweigern. Schließlich hatte ich schon als Aktiver und Trainer an der erfolgreichen Leipziger Radsporttradition mitwirken können, warum also nicht auch als Teamberater?

Die Wiesenhof-Mannschaft kam bei den Rennen im Frühjahr vor allem durch Enrico Poitschke zu einigen achtbaren Erfolgen und so versprach man sich für den Jahreshöhepunkt, die Friedensfahrt, ein gutes Abschneiden. In der Tat zeigte sich Poitschke auch dort sehr stark, gewann die schwere vierte Etappe in Olomouc ganz klar vor Tour-Etappensieger Tom Steels. Zwei Tage später fuhr er in einer Spitzengruppe nach Plzen und übernahm danach das Gelbe Trikot. Ein schöner Erfolg, der den Sponso-

Rückblick auf glanzvolle DHfK-Traditionen (l. Bernhard Eckstein)

ren zeigte, eine kluge Entscheidung getroffen zu haben. In meiner Funktion, als offiziell deklarierter Berater des Teams, erlaubte ich mir danach, Michael Schiffner ein paar Tipps zu geben, was jetzt bei der Verteidigung des „Gelben" beachtet werden müsste. Die Erinnerung an die Bitte, beratend die sportliche Leitung zu unterstützen, führte mich zu dieser Idee. Das Echo folgte jedoch auf dem Fuße – der Teammanager kam zu mir und teilte mir mit, dass es nicht meine Aufgabe wäre, mich in Schiffners Arbeit einzumischen. Da war mir klar, dass ich mich von dieser „Aufgabe" vollkommen zurückziehen würde. So setzte ich meine Beratertätigkeit lediglich für die MDR-Crew bei der Friedensfahrt fort und blieb so mit dem Rennen verbunden.

Akteneinsicht

Als ich mich entschloss, meine Erlebnisse in Form dieses Buches aufzuschreiben, hatte mich zuvor lange die Frage beschäftigt, warum und wie im Spätsommer 1961 die Turbulenzen um meine „versuchte Republikflucht" ausgelöst wurden und was die Gründe gewesen sind, dass ich im Gegensatz zu vielen anderen, so gut davongekommen war. Aufklärung erhoffte ich mir durch die Birthler-Behörde und stellte einen Antrag auf Einsicht in die Staatssicherheits-Akten. Von deren Existenz war ich schon dadurch überzeugt, da ich als Sportler und in meiner Trainerfunktion zu den vom MfS beobachteten „Reisekadern" gehört hatte. Im Herbst 2002 erhielt ich dann die Nachricht, dass ich zur Akten-Einsicht kommen könne, es hatte sich einiges finden lassen.

Ich betrat das Gebäude der ehemaligen Stasi-Bezirksverwaltung, die „Runde Ecke" in Leipzig, mit einem komischen Gefühl. Für viele war nach dem Lesen der über sie angefertigten Akten so einiges nicht mehr so, wie es einmal war. Freunde und Kollegen hatten sie bespitzelt und auch nach der Wende ihr Schweigen nicht gebrochen. Was würde mich erwarten?

Herr Hollitzer von der Birthler-Behörde empfing mich und gemeinsam mit einer Sachbearbeiterin erläuterte er mir den Stand der Dinge. Die Stasi hatte für mich ohne mein Wissen am 22. März 1962 eine „IM-Vorlaufakte" angelegt. Man wollte mich scheinbar als einen inoffiziellen Mitarbeiter nutzen. Mir galt der Deckname „Favorit“ und unter einem damit beschrifteten Aktendeckel waren Berichte über mich gesammelt worden. Es waren etwa siebzig Seiten, denen ein Abschlussvermerk folgte, in dem sich klärte, warum ohne mein Wissen hier von „IMS“ oder „IM“ die Rede war. Ende September 1978 schrieb ein Stasi-Major: *„Obwohl im Sommer 1962 eine formelle Umregistrierung des IM-Vorlaufes zum IM-Vorgang vorgenommen wurde, erfolgte auf Weisung des damaligen Abteilungsleiters, Major Eichler keine Zusammenarbeit auf der Basis eines IM. Es wurde festgelegt, dass der Kontakt durch den operativen Mitarbeiter in loser Form aufrechterhalten wird, um eine Kontrolle des IM zu sichern. Der Kontakt wurde bis ca. 1966 in großen Abständen aufrechterhalten. Entsprechend der Weisung des Abteilungsleiters wurden keine Treffs durchgeführt; … Während der Zeit des inoffiziellen Kontaktes erhielt der IM keine Kenntnis über spezielle Mittel und Methoden des MfS. Ihm war keine mündliche und schriftliche Verpflichtung zur inoffiziellen Zusammenarbeit abgenommen worden.“* Gott sei Dank hatten Sie mich dazu auch nicht erpresst.

Am meisten interessierte mich, wie es dazu gekommen war, dass mein Vorhaben, im Westen Profi zu werden, bekannt wurde. Das jedoch der erste Hinweis dazu erst im Juli 1961 bei der Staatssicherheit eingegangen war, verblüffte mich sehr. Aber wie bereits erwähnt, war ich im Kreise vermeintlich Gleichgesinnter einfach zu unvorsichtig und hatte Pech, das darunter ein Stasi-Zuträger war. Ich las rund drei Stunden lang in den Berichten, bestellte mir dann einige Kopien und war um eine Erfahrung reicher. Mein Glück war, dass ich zumindest sportlich gesehen, als Nachfolger von Täve Schur galt und man perspektivisch mit mir große Hoffnungen verband. Daher beschränkten sich die Sanktionen auf den „freiwilligen WM-Verzicht“ und man sah zu, mich anschließend ungehindert fahren zu lassen, um die gewünschten Erfolge einfahren zu können. Im Fall von Wolfgang Lötzsch ist ein Jahrzehnt später allerdings ganz andersherum entschieden worden.

Im Laufe der folgenden Monate erhielt ich dann noch mehrfach Post von der Gauck-Behörde, in der mir die Klarnamen all derer bekanngegeben wurden, die als IM’s auf mich angesetzt waren. Die Liste liest sich zunächst recht harmlos: „Reinhard“, „Marlies“, „Dick“, „Diamant“,

„Maler“, „Dieter II“, „Heinz Mohr“, „Inge Kaiser“, „Emil Kunze“, „Annemarie“, „Reinhold“, „Klaus“, „Jonny“, „Reinhold Bieneck“ oder „Frank Fischer“, doch unter den tatsächlichen Namen fanden sich Journalisten, Sportkameraden und Trainerkollegen, denen nicht in jedem Fall der Ruf vorausgeeilt war, schwatzhaft zu sein. Große Überraschungen gab es für mich allerdings nicht. Insbesondere der IM „Reinhold Bieneck“ trat als fleißiger Schreiber in Aktion. Er war Trainer an unserem Klub und beobachtete auch mein Auftreten als Parteisekretär. Diese Funktion, die ich vor allem deshalb übernommen hatte, um damit das Optimum für unsere Belange herausholen zu können, war schlussendlich mehr Last als Lust. So vertrat ich dort, so gut es möglich war, meine nicht immer auf die offizielle Linie geeichte Meinung laut und deutlich, auch wenn mich der Klubleiter des öfteren zur Seite nahm und mir den einen oder anderen Tipp gab, mich zu mäßigen. IM Reinhold Bieneck berichtete: *„Im Parteilehrjahr zum Thema ‚Die RGW-Entwicklung bis zum Jahre 2000‘ drückte der Ampler seine Unzufriedenheit über den Lebensstandard in der DDR aus. Dabei bemängelte A. insbesondere die langen Wartezeiten für eine Autoanmeldung. … Er vertritt die Meinung, da in der DDR die Warendecke zu klein ist, verteuert der Staat die Waren, um damit den Kaufkraftüberhang der Bevölkerung abzubauen“.* Später weiß er: *„Der Trainer Klaus Ampler vertritt die Meinung, dass man die angekündigten Kontrollen an den Grenzübergangsstellen lieber im Bereich der Volkswirtschaft der DDR durchführen sollte. Vielleicht wäre es dann möglich, die Beschränkungen im Reiseverkehr aufzuheben.“* Meinen Wunsch, die Funktion des Parteisekretärs abzugeben, kommentierte er natürlich auch: *„Als Trainer hat er fast alles erreicht, von Zeit zu Zeit lässt er Tendenzen erkennen, die den notwendigen ‚Biss‘ vermissen lassen. So z.B. äußerte er mehrfach, dass er kein Interesse hat ins Ausland zu fahren (will kürzer treten). … Die Funktion des APO-Sekretärs erfüllte er gut, in Diskussionen und Gesprächen äußert er offen und kritisch seine Meinung. Er besitzt einen festen Klassenstandpunkt, neigt aber oft zu kleinbürgerlichem Denken, ‚meckert‘ gern, ist materiell interessiert.“* Ich war froh, dass Michael Schiffner bereit war, mir diese Aufgabe abzunehmen.

Tour de France

Die Träume meiner Jugend, die sich insbesondere durch die Lektüre der französischen Sportzeitung „L'Equipe“ an den großen Erfolgen der Berufsfahrer ausgerichtet hatten, waren trotz vieler schöner und wichtiger Erfolge für mich nicht in Erfüllung gegangen. In meiner Laufbahn waren mir die ganz großen Rennen wie die Tour de France oder die traditionsreichen Klassiker in Belgien oder Frankreich unzugänglich oder aber auch erspart geblieben. Es war schön, dass wenigstens Uwe noch diese Rennen bestreiten konnte, wenn auch nicht mit dem Erfolg, dem man ihm zunächst prophezeit hatte.

Mit der Tour de France machte ich 1990 zum ersten Mal persönlich Bekanntschaft. Ich war damals noch Trainer an der DHfK und fuhr zunächst mit meinen Aktiven zum Rennen „Rund um den Elm“ in Braunschweig. Dort übernahm Michael Schiffner dann die Betreuung, während ich mich in Richtung Frankreich aufmachte, um zumindest einen Tag lang die Tour de France zu erleben und zu verfolgen, wie es dort für Uwe läuft. Im Startort des Einzelzeitfahrens von Vittel nach Epinal hatte ich ein Zimmer im Hotel des PDM-Teams bekommen. Es wurde ein sehr interessanter Tag – zuerst das bunte Spektakel der Werbekarawane, dann der Start der Fahrer. Für die Mannschaft von Sportdirektor Jan Gisbers wurde es ein sehr erfolgreiches Rennen, der Mexikaner Raul Alcala gewann die Etappe und Uwe fuhr als Achter auch ein gutes Resultat heraus. Danach sprang ich wieder ins Auto und machte mich bei strömenden Regen auf den Heimweg. Für Uwe endete die erste Tour de France-Teilnahme nach einem zweiten Platz am Mont Blanc, nur wenig später während der dreizehnten Etappe. Kniebeschwerden und ein Sturz am Begleitfahrzeug zwangen ihn zu vorzeitigen Aufgabe.

Zwei Jahre später, Uwe fuhr inzwischen beim Bonner Team Telekom, fuhr ich mit Waltraut zusammen zur Tour. Dort hatte ich ein Geschäftstreffen unseres Radgroßhandels, danach wollten wir die Reise fortsetzen und Urlaub machen. Wir sahen zunächst die Zielankunft in Koblenz und sind dann zum Zeitfahren nach Luxemburg gefahren. Dort allerdings bekam Uwe diesmal kein Bein auf die Erde, machte sportlich einen heruntergewirtschafteten Eindruck. Mir war klar – hier steigt er bald aus.

Er hielt sich noch bis zur 12. Etappe und nahm dann Abschied von der Tour – es sollte seine letzte sein.

Training auf den Anstiegen der Tour de France

Ich selbst kam von der Tour nicht los. Ab 1998 fuhr ich jedes Jahr im Juli mit Reisegruppen zur „Großen Schleife" nach Frankreich. Jedesmal gab es dabei sehr interessante Erlebnisse am Rande des Renngeschehens. Bei der 99er Tour traf ich auf einen alten Bekannten. Wir waren zum Start einer Etappe gefahren, und in dem Gelände einer Pferderennbahn war der Werbekonvoi zur Abfahrt aufgereiht. Bei den roten Coca Cola-Fahrzeugen entdeckte ich den Franzosen Jean-Pierre Danguillaume, den Sieger der Friedensfahrt 1969. Wir begrüßten uns sehr herzlich und Jean-Pierre wies mit großer Freude auf meine immer noch sehr kräftigen Waden. Die hatte er nicht vergessen, auch wenn er als Profi viele große Rennen gefahren und dabei auf eine Vielzahl anderer Kollegen getroffen war. Seine Erfolge nach dem Friedensfahrt-Triumph waren beachtlich, immerhin hatte er bis Ende der siebziger Jahre sieben Etappen der Tour de France gewonnen und das hatte sich natürlich auch bei uns herum gesprochen.

Gemeinsam mit dem Leipziger Jens Wöhlert und seiner Mitarbeiterin Melanie Mikosch organisiere ich seitdem nun jedes Jahr eine Reise zur Tour de France.. Mit rund vierzig Personen starten wir in einem großen Bus zu einer achttägigen Tour-Exkursion. Die Teilnehmer haben dabei die Möglichkeit ihr eigenes Rad mitzunehmen und dann verschiedene Streckenabschnitte selbst zu erkunden. Wir besuchen Etappenstarts, Zielankünfte und verschiedene Bergpassagen mit attraktiven Beobachtungspunkten, wo man sich als Zuschauer an der Strecke positionieren kann, bis der riesige Werbekonvoi und das bunte Peloton der Profis vorbeigezogen sind. Mit der umfangreichen Vorbereitung der einzelnen Tagesabschnitte geben wir uns viel Mühe, und hoffen, den Teilnehmern die Tour und den Radsport so nahe wie möglich zu bringen. Der große Zuspruch bestätigt uns, dass es bisher recht ordentlich gelungen ist. Auch 2005 waren wir wieder eine tolle Truppe und haben sehr schöne Tage bei der "Tour" verbracht.

„Rentner haben niemals Zeit"

Nicht nur durch unsere jährlichen Reisen zur Tour de France halte ich noch eine feste Verbindung zum Radsport der Gegenwart. Während ich fast jeden Tag noch mit dem Rad unterwegs bin, um mich fit zu halten, ist mein Terminkalender dicht gefüllt mit Terminen bei Veranstaltungen, gelegentlichen Prominentenrennen, Trainingscamps und vielerlei Festivitäten. Der Titel der DDR-Fernsehserie "Rentner haben niemals Zeit" bestätigt sich also auch in meinem Alltag.

Ende der neunziger Jahre gab es für mich ein besonders schönes Wiedersehen in Schwerin. Dort hatte der radsportbegeisterte Steffen Güll das „Pfaffenteichrennen" wiederbelebt und anlässlich des 50-jährigen Jubiläums 1997 sogar den frischgebackenen Tour de France-Sieger Jan Ullrich an den Start gebracht. Dafür wurde er mit viel Publikum belohnt, denn es hatten sich wie einst in den fünfziger und sechziger Jahren viele Zuschauer eingefunden. Natürlich gab es dabei auch die Gelegenheit mit den Gefährten früherer Tage in Erinnerungen zu schwelgen. Nicht nur einmal musste ich erzählen, dass ich nach meinem Sieg 1963 sogar offene Schwielen an den Händen hatte, da der Kopfsteinpflasterkurs über die siebzig Kilometer wirklich alles abverlangte. Für diesen Erfolg beim damaligen „Großen Preis des Post- und Fernmeldewesens" erhielt ich übrigens eine besondere Briefmarkensammlung mit Marken aus der Zeit

Eine unserer Tour-Reisegruppen

Im Interview mit Heinz Florian Oertel beim Thüringer Burgenfahrt-Cup

Showeinlage mit Dagmar Frederic

zwischen 1947 und 1963. Seither haben sich schon viele für diesen Preis interessiert, doch natürlich werde ich diese Sammlung nicht hergeben. Das Pfaffenteichrennen erlebte ich auch in den Jahren nach dem großen Jubiläum mit und beteiligte mich 2000 am „Jedermann-Rennen“ – als Sieger in der Altersklasse der Erwachsenen.

Eine schöne Sache sind für mich immer wieder Veranstaltungen wie die “Sonnenschein-Tour” oder die “Tour de Hoffnung”, wo prominente Sportler für einen guten Zweck, so zum Beispiel Spenden für krebskranke Kinder, bestimmte Tagesstrecken zurücklegen. Oft führen mich solche Veranstaltungen auch in meine alte Heimatstadt Rostock. Dort nahm ich im August 2001 an der „Tour de Ostsee“ teil, die allerdings nichts mit der einst so populären Ostsee-Etappenfahrt zu tun hatte. Es handelte sich dabei um eine 400 km-Radtour nonstop von Rostock nach Leipzig. Gemäß einer Wette unter zwei Geschäftsleuten sollte diese Distanz innerhalb von 24 Stunden absolviert werden. Pro gefahrene zehn Kilometer wollte man dann eine Prämie von 10 DM zugunsten der Zoos in Rostock und Leipzig, sowie des Leipziger Völkerschlachtdenkmales auszahlen. Ich nahm gemeinsam mit Uwe und Martin Goetze als Teamkapitän einer der drei Gruppen an der Fahrt teil – mit dem gewünschten Erfolg! Nach 18 Stunden trafen wir bereits am Leipziger Zoo ein. Dort bereiteten uns viele Leipziger, Familienangehörige und das MDR-Fernsehen einen tollen Empfang.

Eine ähnliche Tour bestritten wir im Juni 2005. Wieder ging die Reise von einem Zoo zum anderen, diesmal von Eberswalde nach Rostock. Mit „nur“ 315 km etwas kürzer als die „Tour de Ostsee“ war sie zwar nicht so extrem lang, aber die Strecke reichte genauso gut. In der Nacht zuvor schliefen wir in der bekannten Wandlitz-Siedlung, die jetzt ein Rehabilitationszentrum ist. Einquartiert waren wir dort im ehemaligen Haus von Erich Honecker – es schlief sich gut. Nach einem kleinen Transfer starteten wir dann im nicht weit entfernten Eberswalde. Der dortige Zoo-Direktor ist der Vater von Dagmar Frederic und so war es keineswegs zufällig, dass auch die bekannte Sängerin am Ziel in Rostock für Stimmung sorgte. Sie begrüßte mich mit dem Satz „Mensch Klaus, Dich habe ich aber schon lange nicht mehr gesehen!“ und hatte Recht, denn mittlerweile waren mehr als sechs Jahre vergangen, seitdem wir einmal in einer MDR-Fernsehshow, bei einem Ihrer Titel, gemeinsam auftraten.

Sich für einen guten Zweck zu engagieren, macht mir immer wieder Freude. Ist es doch erstaunlich, was dabei an Geld zusammenkommt, und wie man Menschen helfen kann, die schwere Krankheiten haben oder durch Unfälle in schwierige Lebenssituationen gekommen sind. Im Herbst 2003 erlebten wir das sogar in der eigenen Familie. Ende September hatte Uwe einen furchtbaren Unfall. Bei einer seiner täglichen Trainingsfahrten nahm ihm ein Autofahrer die Vorfahrt und fuhr ihn um. Glücklicherweise war sein Freund Silvio Mahla dabei und konnte schnell Hilfe holen. Uwe hatte sich schwere Kopfverletzungen zugezogen und war bewusstlos. Nach dem Flug ins Krankenhaus wurde er in ein künstliches Koma versetzt. Lange bangten wir um seine Gesundheit und hofften. Als ihn die Ärzte schließlich aus dem Koma erwachen ließen, zeigte sich Schritt für Schritt, dass er großes Glück hatte. Zwar musste er noch einige Zeit in der Rehabilitationsklinik verbringen und mit viel Geduld an sich arbeiten, doch er ist heute glücklicherweise fast wieder der „Alte“.

Neben der Thüringer Burgenfahrt, an der wir praktisch jedes Jahr „in Familie“ teilnehmen, fahren wir auch sehr gern zum Radsport-Treffen „Journee des Retrouvailles“ im französischen Regnie-Durette-en-Beaujolais. Der Ortsname sagt es schon – hier handelt es sich um eines der bedeutenden Weinanbaugebiete des Landes. Im Oktober kommen dort seit Jahren zahlreiche Radsport-Asse von einst und heute zusammen und verleben gemeinsam einige schöne Stunden des gemeinsamen Erinnerns aber auch gemeinsamer Aktivitäten. So gibt es nach verschiedenen Altersklassen besetzte Rennen, in denen die Teilnehmer innerhalb von mehreren Nationalteams starten. Wir Deutschen fuhren dabei bisher sogar in extra zur Verfügung gestellten schwarz-rot-goldenen Trikots. Ich ging 2001 so u.a. mit Rolf Wolfshohl, Karl-Heinz Kunde, Günter Haritz oder Wilfried Bölke an den Start. Für Frankreich fuhren zum Beispiel Andre Darrigade, Raymond Poulidor oder Jean Stablinski. In der belgischen Mannschaft waren Benoni Beheyt, Ferdinand Bracke oder Herman Van Springel, im Team der Niederländer Jan Janssen und der inzwischen so überraschend verstorbene Gerrie Knetemann mit von der Partie. Die begeisterten Zuschauer bilden jedes Mal eine stimmungsvolle Kulisse und ich bin immer wieder überrascht, wie viele mich dort in Frankreich erkennen und Autogramme wünschen. Schließlich war ich ja im Mutterland des Radsports so gut wie nie als Aktiver unterwegs.

Mit Uwe als Ehrengast bei der Thüringer Burgenfahrt

In den Rennen, die immer auf einem zwei Kilometer langen Rundkurs ausgetragen werden, fahren wir dann jedesmal auf Anschlag. Von Daniel Mangeas, dem weit über die Landesgrenzen hinaus bekannten Sprecher der Tour de France angefeuert, rasen wir über den Kurs. Wer hier nicht mehr trainiert ist, hat ganz schnell das Nachsehen. Einige Übermütige, die immer wieder gleich nach dem Start an der Spitze Gas geben, sieht man kurze Zeit später völlig fertig am Straßenrand stehen. Ein lockeres Rundenfahren gibt es nicht. Hier wird in jedes Loch hineingefahren, niemandem etwas geschenkt – ganz so wie zu unseren aktiven Zeiten. Am Abend ist dann mit etwas mehr Ruhe ausführlich Zeit zum Wiedersehen und miteinander plaudern. Im vergangenen Jahr hieß es allerdings, der langjährige Organisator der Veranstaltung würde seine Arbeit nicht fortsetzen. Nun hoffen alle Teilnehmer, dass es trotzdem auch in Zukunft ein „Journee des Retrouvailles“ geben kann – es wäre schade darum.

Eine ganz besondere Überraschung erlebte ich im November 2004. Bei der Sächsischen Sportgala im Dresdener "Congress Center" bekam ich die „Sportkrone für das Lebenswerk“ überreicht. Die bewegende Laudatio hielt Uwe Raab, worüber ich mich ganz besonders gefreut habe. Darin

Von Laudator Uwe Raab erhalte ich die „Sportkrone für das Lebenswerk"

hieß es u.a.: „Als junger Sportler sagte ich: Bei dem willst du mal nie trainieren, eher hörst du auf." Zum Glück hat er sich dann aber anders entschieden. Der Weltmeister von 1983 war neben unserem Sohn der wohl erfolgreichste Rennfahrer, der aus einer meiner DHfK-Trainingsgruppen hervorgegangen war. Seine Etappensiege beim "Course de la Paix" und zahlreichen internationalen Rennen und dann eben seine Fahrt zum WM-Titel in Altenrhein – das waren Erfolge, die uns viel Freude bereiteten und die erfolgreiche Tradition des Leipziger Klubs in den 80er Jahren fortsetzten. Sein Regenbogentrikot hat uns sicherlich auch viele der Wege geebnet, über die dann solche Möglichkeiten entstanden, die ich zum Beispiel in meinen Schilderungen zur Colorado-Rundfahrt 1985 angesprochen habe. Das "Molle" Raab dann am Ende seiner Karriere auch bei den Profis nochmal kräftig nach sportlichem Lorbeer greifen konnte und bis zu seinem Abschied einer der wichtigsten Partner von Olaf Ludwig in der Vorbereitung der Zielspurts blieb, hat auch mich begeistert – auch wenn mein Anteil als ehemaliger Trainer daran doch relativ gering war. Ich war verblüfft, als "Molle", der eigentlich kein Mann großer Worte war, an diesem Abend eine so schöne Rede hielt. Mir kamen die Tränen.

Die dritte Generation

Als ich am Kindertag 1952 in Altenhagen mein erstes Radrennen gewann, hätte ich mir nicht träumen lassen, dass ich eines Tages u.a. einmal die längste Friedensfahrt aller Zeiten gewinnen könnte. Das unser Sohn dann fast alle Erfolge zum Teil mehrfach toppen würde und als Weltmeister und Olympiasieger noch viel mehr erreichen könnte, war nicht im geringsten zu erahnen. Inzwischen hat auch unser Enkel Rick das Interesse am Radsport entdeckt. Auch er fährt wieder für den SC DHfK Leipzig und hat bereits im Jugendbereich bei nationalen und internationalen Rennen sehr ordentliche Platzierungen herausgefahren. Damit ist nun die dritte Ampler-Generation in den Resultatslisten dieser schönen Sportart präsent. Wir sind gespannt, was daraus wird, unter Druck ist er keinesfalls. Wir haben ihn auch nicht absichtlich für den Radsport begeistert, denn wir wissen nur zu gut, wie hart diese Sportart ist. Rick war zweimal bei unseren Tour de France-Reisen dabei und war danach immer unglaublich begeistert. Er liest alle möglichen Radsport-Zeitungen und kann sich natürlich unserer Unterstützung immer sicher sein. Auch wenn Uwe und ich oftmals andere Vorstellungen vom Training oder der Wettkampfgestaltung haben, so ist es uns doch eine mächtige Freude seine Entwicklung zu erleben. Es scheint so, als würde aus ihm einmal ein Bergspezialist, allerdings nur wenn er weiter am Ball bleibt. Das wäre die wichtigste Voraussetzung, denn groß sind heutzutage die Verlockungen einer Vielzahl anderer Freizeitbeschäftigungen nachzugehen. Wenn es dann auch wieder einmal eine Friedensfahrt gäbe ... aber das ist nun wirklich Zukunftsmusik!

Ausgewählte Resultate meiner aktiven Laufbahn

1952 – 1955	**(Schüler ohne Lizenz)**
01.06.1952	Sieger Radrennen anl. des Kindertages in Altenhagen
01.06.1953	Zweiter Radrennen anl. des Kindertages in Altenhagen
August 1954	Sieger Radrennen anl. des Erntefestes in Altenhagen
August 1955	Sieger Radrennen anl. des Erntefestes in Altenhagen

1956 (Jugend)

Mai 1956	Sieger „Greifswald – Ribnitz – Greifswald“
Mai 1956	Rostocker Kreismeister Straßeneinzel (Rostock-Dierkow)
17.06.1956	Rostocker Bezirksmeister Straßeneinzel (Rostock)
Sept. 1956	Zweiter „Großer Rügen-Preis“ (Rostock)
Okt. 1956	Zweiter „Neustrelitzer Rundstreckenrennen“

1957 (Jugend)

27.01.1957	Dritter Rostocker Bezirksmeisterschaft Querfeldein (Rostock)
10.02.1957	Zweiter DDR-Meisterschaft Querfeldein (Erfurt)
28.04.1957	Sieger Rundstreckenrennen (Wismar)
02.06.1957	Sieger „Berlin-Cottbus-Berlin“
16.06.1957	Sieger Bezirksmeisterschaft Rostock (Wismar)
29.09.1957	Sieger Rundstreckenrennen (Neustrelitz)
17.11.1957	Zweiter Querfeleinrennen am Ravensberg (Potsdam)
15.12.1957	Sieger „Querfeldein durch das Köppernitztal“ (Wismar)

1958 (Jugend)

Frühj. 1958	Sieger „Neubrandenburg-Teterow-Neubrandenburg“
Frühj. 1958	Sieger Rundstreckenrennen (Malchow)
Frühj. 1958	Zweiter Rundstreckenrennen (Wittenberge)
18.05.1958	Sieger „Doberaner Bäderrennen“ (Bad Doberan)
Juni 1958	Zweiter Bäderrennen Heringsdorf – Ahlbeck
29.06.1958	Zweiter Harzrundfahrt (Magdeburg)
03.08.1958	Sieger Rundstreckenrennen (Ückermünde)

1959 (Männer)

31.05.1959	Sieger Bezirksmeisterschaft Rostock (Bergen)
07.06.1959	Sieger „5. Bäderrennen auf Usedom“ (Ahlbeck)
13.06.1959	Dritter „Rund u.d. Martin-Andersen-Nexö-Platz“ (Rostock)
14.06.1959	Sieger „Rund um den Vögenteich“ (Rostock)
21.06.1959	Sieger „Rund um das Gummiwerk“ (Waltershausen)
28.06.1959	Sieger „Großer Renakpreis“ (Reichenbach)
08.08.1959	Etappenzweiter der DDR-Rundfahrt (Potsdam)
08.08.1959	56. Gesamtwertung der DDR-Rundfahrt (Potsdam)
23.08.1959	Sieger „Rund um Berlin“
28.08.1959	Sieger Mannschaftszeitfahren Landsportspiele (Pleven/BUL)
30.08.1959	Zweiter im Einzelrennen Landsportspiele (Pleven/BUL)
20.09.1959	Sieger „Rund um Sebnitz“
26.09.1959	Sieger „Um die Spitze“ (Forst)
04.10.1959	Sieger „Rund um den Vögenteichplatz“ (Rostock)
08.10.1959	Dritter „Pokal der Stadt Haldensleben“

1960

26.01.1960	Etappenzweiter Ägypten-Rundfahrt (Sohag)
27.01.1960	Etappendritter Ägypten-Rundfahrt (Assint)
28.01.1960	Etappensieger Ägypten-Rundfahrt (Minjeh)
30.01.1960	Etappenzweiter Ägypten-Rundfahrt (Gisheh)
03.02.1960	Etappensieger Ägypten-Rundfahrt (Chebin)
03.04.1960	Sieger Rundstreckenrennen (Potsdam)
14.04.1960	Dritter „Rund um den Stadtbezirk West“ (Leipzig)
18.04.1960	Zweiter Rundstreckenrennen (Wismar)
01.05.1960	Sieger Straßenrennen (Döbeln)
08.05.1960	Zweiter Auswahlrennen (Venusberg)
26.05.1960	Dritter „Rund um die Hainleite“ (Erfurt)
12.06.1960	Zweiter Rundstreckenrennen (Waltershausen)
15.06.1960	Dritter Rundstreckenrennen (Gotha)
19.06.1960	Zweiter Rundstreckenrennen (Ilmenau)
07.07.1960	Siebenter Gesamtwertung Ostsee-Woche (Rostock)
31.07.1960	Dritter Deutsche Straßenmeisterschaften (Schleiz)
02.08.1960	Zweiter „Großer Preis der Jungen Welt“ (Leipzig)
04.09.1960	Sieger „Rund um Berlin“

24.09.1960	Etappenzweiter Bulgarien-Rundfahrt (Haskovo)
26.09.1960	Etappendritter Bulgarien-Rundfahrt (Burgas)
27.09.1960	Etappendritter Bulgarien-Rundfahrt (Warna)

1961

07.05.1961	Sieger „Rund um den Vögenteich“ (Rostock)
14.05.1961	Sieger „Rund um das Saaletal“ (Pößneck)
Mai 1961	Etappensieger „Wien – Gresten – Wien“ (Gresten)
Mai 1961	Gesamtsieger „Wien – Gresten – Wien“ (Wien)
08.06.1961	Zweiter „Rund um den Schönbrunn“ (Arnstadt)
11.06.1961	Sieger „LVZ-Pressefestrennen“ (Leipzig)
15.06.1961	Sieger „Rund um das Technikum“ (Altenburg)
17.06.1961	Sieger Rundstreckenrennen (Greifswald)
18.06.1961	Sieger Straßenrennen (Greifswald)
10.07.1961	Etappensieger „Ostsee-Woche“ (Rostock)
11.07.1961	Etappendritter MZ „Ostsee-Woche“ (Wismar)
12.07.1961	Etappenzweiter „Ostsee-Woche“ (Rostock)
14.07.1961	Etappensieger „Ostsee-Woche“ (Greifswald)
15.07.1961	Gesamtsieger „Ostsee-Woche“ (Rostock)
13.08.1961	Sieger „Rund um Buna“ (Merseburg)
18.08.1961	Etappenzweiter DDR-Rundfahrt (Cottbus)
18.08.1961	Etappensieger DDR-Rundfahrt (Zittau)
19.08.1961	Etappenzweiter DDR-Rundfahrt (Aue)
20.08.1961	Etappenzweiter DDR-Rundfahrt (Jena)
23.08.1961	Etappendritter DDR-Rundfahrt (Kyffhäuser)
25.08.1961	Gesamtzweiter DDR-Rundfahrt (Potsdam)
15.09.1961	Etappensieger Rumänien-Rundfahrt (Oradea)
22.09.1961	Gesamtneunter Rumänien-Rundfahrt
29.11.1961	Sieger „Stunde der Bolzer“ (Winterbahn/Leipzig)

1962

18.04.1962	Sieger Testrennen FF-Zeitfahrkurs (Jena)
22.04.1962	Sieger „Quer durch den Bezirk Leipzig“ (Leipzig)
02.05.1962	Etappenvierter Internationale Friedensfahrt (Berlin)
03.05.1962	Etappenvierter Internationale Friedensfahrt (Leipzig)
13.05.1962	Etappenzweiter Internationale Friedensfahrt (Opole)

14.05.1962	Etappendritter MZ Internationale Friedensfahrt (Wroclaw)
17.05.1962	Gesamtsiebenter Internationale Friedensfahrt (Warschau)
25.05.1962	Etappenvierter Internationale Schwedenwoche (Kumla)
05.06.1962	Sieger „Rund um das Braunkohlenwerk Phönix“ (Langendorf)
07.06.1962	Sieger „Rund um den Brückenkopf“ (Torgau)
10.06.1962	Dritter Bezirksmeisterschaft Straßeneinzel (Mügeln)
23.06.1962	Sieger „Rund um den Schönbrunn“ (Arnstadt)
24.06.1962	Dritter „Rund um das Glaswerk“ (Ilmenau)
28.06.1962	Zweiter „LVZ- Pressefestrennen“ (Leipzig)
Juni 1962	Sieger Rundstreckenrennen (Wurzen)
05.08.1962	Sieger Deutsche Meisterschaft Straßeneinzel (Neugersdorf)
12.08.1962	Zweiter „Harzer Bergpreis der Tribüne“ (Blankenburg)
14.08.1962	Etappensieger DDR-Rundfahrt (Nordhausen)
16.08.1962	Etappensieger DDR-Rundfahrt (Plauen)
18.08.1962	Etappenzweiter DDR-Rundfahrt (Zittau)
19.08.1962	Etappensieger DDR-Rundfahrt (Görlitz)
22.08.1962	Gesamtsieger DDR-Rundfahrt (Schönebeck)
26.08.1962	Sieger „Renak-Preis“ (Reichenbach)
02.09.1962	Sieger „Rund um Potsdam“
11.09.1962	Zweiter „Rund um den Brückenkopf“ (Torgau)
14.09.1962	Dritter „Rund um den Goethepark“ (Zeitz)
16.09.1962	Zweiter „Rund um Berlin“
20.09.1962	Dritter Internationales Mannschaftszeitfahren (Lübben)
23.09.1962	Dritter „Rund um Sebnitz“
07.10.1962	Sieger Aschenbahnrennen mit Dieter Kutz (Rostock)

1963

07.04.1963	Dritter „Berlin – Leipzig“
20.04.1963	Sieger Rundstreckenrennen (Zeitz)
21.04.1963	Dritter Rundstreckenrennen (Altenburg)
25.04.1963	Sieger Rundstreckenrennen (Hainichen)
09.05.1963	Etappenfünfter Internationale Friedensfahrt (Prag)
11.05.1963	Etappensieger MZ Internationale Friedensfahrt (Bratislava)
13.05.1963	Etappensieger Internationale Friedensfahrt (Kosice)
17.05.1963	Etappensieger Internationale Friedensfahrt (Torun)
22.05.1963	Etappensieger Internationale Friedensfahrt (Dresden)

23.05.1963	Etappenzweiter Internationale Friedensfahrt (Erfurt)
24.05.1963	Etappenzweiter Internationale Friedensfahrt (Magdeburg)
25.05.1963	Gesamtsieger Internationale Friedensfahrt (Berlin)
25.05.1963	Mannschaftssieger Internationale Friedensfahrt (Berlin)
06.06.1963	Sieger Deutsche Meisterschaft Mannschaftsfahren (Lübben)
09.06.1963	Sieger Deutsche Meisterschaft Straßeneinzel (Mittweida)
27.07.1963	Etappensieger DDR-Rundfahrt (Bad Langensalza)
29.07.1963	Etappensieger DDR-Rundfahrt (Aue)
30.07.1963	Etappensieger DDR-Rundfahrt (Annaberg-Buchholz)
31.07.1963	Etappensieger DDR-Rundfahrt (Löbau)
02.08.1963	Gesamtsieger DDR-Rundfahrt (Merseburg)
23.08.1963	Sieger „Rund um den Pfaffenteich" (Schwerin)
Sept. 1963	Etappensieger MZ Schweden-Rundfahrt (Umea)
Sept. 1963	Etappenzweiter Schweden-Rundfahrt (Sundsvall)
Sept. 1963	Etappensieger Schweden-Rundfahrt (Uppsala)
Sept. 1963	Gesamtdritter Schweden-Rundfahrt (Uppsala)

1964

26.04.1964	Zweiter Rundstreckenrennen (Hainichen)
10.05.1964	Etappensieger MZ Internationale Friedensfahrt (Lodz)
24.05.1964	16. Gesamtwertung Internationale Friedensfahrt (Prag)
24.05.1964	Mannschaftsieger Internationale Friedensfahrt (Prag)
21.06.1964	Sieger „Rund um die Dresdner Heide" (Dresden)
24.06.1964	Zweiter 4000 m-Verfolgungsfahren (Karl-Marx-Stadt)
09.08.1964	Zweiter „Rund um Potsdam"
06.09.1964	Sieger „Rund um das Braunkohlenkombinat" (Lauchhammer)
13.09.1964	Sieger „Rund um Berlin"
24.09.1964	Dritter Deutsche Meisterschaft Mannschaftsfahren (Lübben)
27.09.1964	Sieger „Rund um den Vögenteich" (Rostock)
28.09.1964	Sieger „3. Bäderrennen" (Rostock)
04.10.1964	Sechster Deutsche Bergmeisterschaft (Großer Inselsberg)

1965

28.03.1965	Dritter Berliner Saisonauftakt (Ahrensfelde)
09.04.1965	Dritter FF-Test- Einzelzeitfahren (Wandlitz)
11.04.1965	Sieger „Rund um Leipzig"

29.04.1965	Dritter „Rund um Spindlerfeld“ (Berlin)
09.05.1965	Etappensieger MZ Internationale Friedensfahrt (Cottbus)
14.05.1965	Etappenfünfter Internationale Friedensfahrt (Pardubice)
19.05.1965	Etappenzweiter Internationale Friedensfahrt (Krakow)
23.05.1965	10. Gesamtwertung Internationale Friedensfahrt (Warschau)
15.06.1965	Sieger Bezirksmeisterschaft Mannschaftsfahren (Markleeberg)
16.06.1965	Sieger Olympia-Preis 4000 m-Einzelverfolgung (Leipzig)
09.07.1965	Etappenzweiter „Ostseewoche“ (Bergen)
09.07.1965	Etappenzweiter „Ostseewoche“ (Rostock)
10.07.1965	Etappensieger „Ostseewoche“ (Rostock)
11.07.1965	Etappensieger „Ostseewoche“ (Rostock)
15.07.1965	Sieger Pressefestpreis der „Freiheit“ (Halle)
18.07.1965	Zweiter „Rund um den Kalbischen Werder“ (Kalbe / Milde)
20.07.1965	Sieger 4000 m-Einzelverfolgung (Leipzig)
00.07.1965	Dritter Deutsche Meisterschaft Mannschaftsfahren (Lübben)
29.07.1965	Zweiter Internationales Rundstreckenrennen (Helsingborg)
04.08.1965	Sieger Deutsche Meisterschaft 4000 m - Einzelverfolgung (Gera)
06.08.1965	Sieger WM-Qualifikationsrennen (Crimmitschau)
23.08.1965	Etappendritter DDR-Rundfahrt (Zeitz)
25.08.1965	Etappenzweiter DDR-Rundfahrt (Johanngeorgenstadt)
25.08.1965	Gesamtsechster DDR-Rundfahrt (Johanngeorgenstadt)
02.09.1965	Fünfter Weltmeisterschaft Mannschaftszeitfahren (Lasarte)
16.09.1965	Sieger 4000 m-Einzelverfolgung (Dresden)
19.09.1965	Sieger „Rund um Berlin“

1966

03.04.1966	Sieger „Rund um Spindlersfeld“ (Berlin)
08.04.1966	Sieger „Rund um Werdau“
09.04.1966	Dritter „Großer Preis des ND“ (Leipzig)
19.05.1966	Sieger „Rund um die Hainleite“ (Erfurt)
24.05.1966	Etappensieger „Schwedische Radsportwoche“ (Uppsala)
00.05.1966	Etappenzweiter „Schwedische Radsportwoche“ (Örebro)
19.06.1966	Sieger „Rund um den Brückenkopf“ (Torgau)
21.06.1966	Zweiter Kriterium (Leipzig)
22.06.1966	Sieger 4000 m-Einzelverfolgung (Leipzig)
04.07.1966	Sieger Deutsche Meisterschaft 4000 m Einzelverfolgung (Berlin)

13.07.1966	Etappenzweiter DDR-Rundfahrt (Rostock)
14.07.1966	Etappenzweiter DDR-Rundfahrt (Greifswald)
15.07.1966	Etappenzweiter DDR-Rundfahrt (Schwedt)
18.07.1966	Gesamtsechster DDR-Rundfahrt (Bernburg)
29.07.1966	Zweiter Auswahlrennen (Berlin)
01.08.1966	Sieger 4000 m-Einzelverfolgung „1. Geraer Sommerfilmtage“
06.08.1966	Sieger Auswahlrennen (Leipzig)
22.08.1966	Sieger Rahmenwettb. Länderkampf England - DDR (Berlin)
29.08.1966	12. Qualifik. Weltmeisterschaft Einzelverfolgung (Frankf./Main)
10.09.1966	Dritter Ländervergleich CSSR-DDR Einzelverfolg. (Brno)
18.09.1966	Etappendritter Bulgarien-Rundfahrt (Sofia)
19.09.1966	Etappenzweiter Bulgarien-Rundfahrt (Somakow)
20.09.1966	Etappenzweiter Bulgarien-Rundfahrt (Plowdiw)
21.09.1966	Etappensieger Bulgarien-Rundfahrt (Kardschali)
26.09.1966	Etappensieger Bulgarien-Rundfahrt (Russe)
29.09.1966	Gesamtzweiter Bulgarien-Rundfahrt (Sofia)

1967

15.04.1967	Sieger Friedensfahrt-Qualifikation (Leipzig)
17.04.1967	Zweiter EZ Friedensfahrt-Qualifikation (Halle)
30.04.1967	Sieger „Rund um Potsdam“
01.05.1967	Sieger „Rund um den Schloßteich“ (Karl-Marx-Stadt)
10.05.1967	Etappenvierter Internationale Friedensfahrt (Warschau)
12.05.1967	Etappenzweiter Internationale Friedensfahrt (Bydgoszcz)
25.05.1967	22. Gesamtwertung Internationale Friedensfahrt (Prag)
06.07.1967	Sieger Einzelverfolgung (Gera)
06.07.1967	Sieger Mannschaftsverfolgung (Gera)
12.07.1967	Zweiter DDR-Meisterschaft Einzelverfolgung (Leipzig)
22.07.1967	Etappensieger EZ DDR-Rundfahrt (Meiningen)
23.07.1967	Etappensieger DDR-Rundfahrt (Falkenstein)
26.07.1967	Vierter Gesamtwertung DDR-Rundfahrt (Fürstenwalde)
30.07.1967	Fünfter DDR-Meisterschaft Straßeneinzel (Eisenach)
03.08.1967	Sieger Internationaler Olympiapreis MZ (Lübben)
24.08.1967	15. Weltmeisterschaft Einzelverfolgung (Amsterdam)
02.09.1967	14. Weltmeisterschaft Straßeneinzel (Heerlen)
09.09.1967	7. „Rund um Berlin“

19. 10. 1967	Dritter Vorolympisches Mannschaftszeitfahren (Mexico-City)
Okt. 1967	Dritter Vorolympisches Einzelrennen (Mexico-City)

1968

März 1968	Zweiter Einzelrennen (Algier)
19. 04. 1968	Sieger FF-Qualifikation „Berlin-Fürstenberg-Berlin“
21. 04. 1968	Sieger FF-Qualifikation „Rund um Leipzig“
12. 05. 1968	Etappensieger Internationale Friedensfahrt (Aue)
24. 05. 1968	Etappensieger Internationale Friedensfahrt (Warschau)
24. 05. 1968	13. Gesamtwertung Internationale Friedensfahrt (Warschau)
22. 07. 1968	Etappendritter DDR-Rundfahrt (Wittenberg)
25. 07. 1968	24. Gesamtwertung DDR-Rundfahrt (Lübbenau)
28. 08. 1968	Sieger Straßenrennen Olympia-Vorbereitung (Leipzig)
Sept. 1968	13. Mannschaftszeitfahren Olympische Spiele (Mexico-City)

1969

15. 05. 1969	Etappenvierter Internationale Friedensfahrt (Walbrzych)
21. 05. 1969	Etappensechster Internationale Friedensfahrt (Cottbus)
25. 05. 1969	Sechster Gesamtwertung Internationale Friedensfahrt (Berlin)
22. 06. 1969	Sieger „Rund um Langenau“
05. 07. 1969	Etappensieger Jugoslawien-Rundfahrt (Banja Luka)
10. 07. 1969	Elfter Gesamtwertung Jugoslawien-Rundfahrt (Ljubljana)
20. 07. 1969	Zweiter „Buckower Dreiecksrennen“
10. 08. 1969	Dritter DDR-Meisterschaft Straßeneinzel (Schleusingen)
24. 08. 1969	51. Weltmeisterschaft Straßeneinzel (Brno)
05. 09. 1969	Dritter DDR-Meisterschaft Einzelverfolgung (Leipzig)
06. 09. 1969	Sieger DDR-Meisterschaft Mannschaftszeitfahren (Lübben)
13. 09. 1969	Sieger „Rund um Berlin“
15. 09. 1969	Dritter „Großer Preis der Stadt Torgau“

1970

März 1970	Etappendritter Algerien-Rundfahrt I (Biskra)
März 1970	Etappenzweiter Algerien-Rundfahrt II (Tenes)
März 1970	Achter Gesamtwertung Algerien-Rundfahrt II (Algier)
19. 04. 1970	Vierter FF-Qualifikation „Rund um Wiederau“
20. 04. 1970	Fünfter FF-Qualifikation Einzelzeitfahren (Bad Schmiedeberg)

25.05.1970	Etappenfünfter Internationale Friedensfahrt (Leipzig)
26.05.1970	11. Gesamtwertung Internationale Friedensfahrt (Berlin)
30.05.1970	10. Gesamtwertung Grand Prix „L'Humanite“ (Le Havre)
07.06.1970	Sieger „Rund um Langenau“
16.06.1970	Zweiter Mannschaftszeitfahren (Lübben)
28.06.1970	Dritter Kriterium (Blankenburg)